해설이 있는

영국문학개관

INTRODUCTION TO
ENGLISH LITERATURE

고영란 지음

신아사

해설이 있는
영국문학개관

머리말

영국문학개관 혹은 영국문학사는 우리나라 많은 대학의 영어영문학과에서 전공필수로 개설되고 있다. 보통 한 학기라는 짧은 시간에 고대로부터의 유구한 역사를 자랑하는 영국문학을 섭렵할 것이 기대되기 때문에 깊이 있는 사고와 성찰을 자극할 틈이 없이 피상적인 지식 전달로 흐르기 쉽다. 이는 이 과목을 20여 년에 걸쳐 강의해온 필자 자신이 직접 강의 현장에서 맞닥뜨린 경험이기도 하다. 필자는 그간 어떻게 하면 학생들이 영국문학개관/영국문학사에 흥미를 느끼게 할 수 있을지, 더 나아가 주옥같은 개별 문학 작품들을 깊이 있게 감상하면서 삶에 대한 성찰에까지 이르도록 할 수 있을까 많은 고민을 해왔다. 이 책은 그러한 고민의 작은 결과물이다.

영국문학을 제대로 개관하려면 『노턴 앤쏠로지』(*Norton Anthology*)에 나오는 수많은 작품을 접하고 이해해야겠지만 한 학기라는 짧은 시간에 이를 소화해내는 것은 현실적으로 불가능하다. 또한 항상 취업을 염두에 두며 실용적으로 접근하지 않을 수 없는 작금의 대학생들 역시 수많은 작가와 작품 앞에서 도전 의지를 상실하기 쉽다. 따라서 이 책에서는 아주 중요하다고 생각되는 작품만을 최소한으로 선택해서 학생들이 이를 집중적으로 자세히 읽고 깊게 생각해보는 기회를 제공하려 했다. 이와 함께 각 시대별 역사적, 사회적 배경을 이해하면서 각 작품과 그것이 쓰여 진 시대와의 연관성을 찾아보게 하는데 초점을 두었다. 영국사라는 큰 맥락을 이해할 뿐 아니라 그 맥락 속에서 개별 문학 작품들을 입체적으로 조망하게 하는 것이다.

소개할 작가와 작품 소개의 비중은 그간 영문학사에서 차지해온 중요도에 따라 결정했다. 문학 장르 중에서는 고대로부터 쓰여 졌을 뿐 아니라 다른 장르에 비해 길이가 짧으면서도 완결성이 있는 시에 중점을 두었다. 긴 시 및 드라마와 소설의 경우에는 발췌하여 일부만 실었다. 각 시 및 드라마에는 주, 우리말 해석, 그리고 해설을, 각 소설에는 우리말 번역과 해설을 달았다.

이 책은 영국사를 배경으로 하여 문학 전반의 흐름을 고찰하는데 중점을 둔다. 이를 위해 중세에서 20세기까지 각 시대의 역사, 사회적 배경을 살펴보고, 시대별 문학 작품들을 장르별로 개관한 다음, 대표적인 문학작품을 읽도록 한다. 이와 함께 문학용어와 그 의미를 제공하여 문학의 온전한 이해를 도모한다. 이 책의 구성은 다음과 같다. 제1부 중세(450-1485), 제2부 르네상스기(16세기와 17세기 전반), 제3부 신고전주의 시대: 왕정복고와 18세기, 제4부 낭만주의 시대(1798/1785-1830/1837), 제5부 빅토리아 시대(1837~1901), 제6부 20세기, 제7부 문학용어, 그리고 연표이다.

이 책을 효과적으로 활용하기 위해서는 다음과 같이 거시적/미시적 관점을 균형 있게 취할 것을 추천한다. 이 책이 워낙 광범위한 시대와 많은 작가 및 작품을 망라하고 있으므로 먼저 전체적인 틀과 맥락을 크게 잡고 큰 그림을 명확하게 그리는데 집중한다. 그렇게 큰 줄기를 잡은 다음 서서히 각자의 수준에 맞게 구체적인 살을 조금씩 붙여나간다. 그 과정에서 수시로 <역사, 사회적 배경> 난이나 <연표>를 보면서 지금 읽고 있는 작가의 작품이 어느 시대에 속하는지, 그 시대에는 어떤 역사적 사실이 일어났고 사회, 문화적 배경은 어떠했는지, 그 이전 시대 및 그 이후 시대와 비교했을 때 어떠한 변화와 발전을 보였는지를 확인한다. 부분에 매몰되지 않으면서 큰 그림을 그리고 이를 바탕으로 속을 촘촘하게 채워감으로써 입체적이고 다각적인 이해에 이르는 것이다.

이 책은 기본적으로는 영문학을 전공하는 대학생들을 위한 책이다. 하지만 영문학에 관심이 있는 일반 독자들도 가벼운 마음으로 관심분야에 맞춰 취사선택하면서 읽어나갈 수 있겠다. 아무쪼록 이 책이 독자들로 하여금 영국의 역사, 사회적 배경이라는 큰 틀 속에서 주옥같은 영국 문학 작품들을 깊이 있게 감상하고 이를 바탕으로 인간과 인생에 대한 이해의 폭을 넓히도록 이끌어 주는 친근하고 유익한 길잡이가 될 수 있다면 더 바랄 바가 없겠다.

이 책을 집필하는 과정에서 그 사이 출판된 많은 관련 도서들과 인터넷 자료의 도움을 받았다. 특히 수년 동안 필자가 영국문학사를 강의하면서 부분적인 교재로 활용했던 바나드(Robert Barnard)의 『영국문학소사』(*A Short History of English Literature*)와 『노턴 앤쏠로지』

의 도움이 컸다. 시를 해석함에 있어서는 탐구당 영미시 총서, 소설을 번역함에 있어서는 기존의 번역서들을 참조했다. 이 자리를 빌려 크고 작은 도움을 주신 여러 동학들께 심심한 감사를 드린다.

2015년 여름

저자 고영란

해설이 있는
영국문학개관

목차

Ⅱ. 르네상스기: 16세기와 17세기 전반 • 49

Ⅲ. 신고전주의 시대: 왕정복고와 18세기 • 119

V. 빅토리아 시대 (1837-1901) • 201

VI. 20세기 • 255

Ⅶ. 문학용어 • 309

해설이 있는

영국문학개관

** '영국' 개관

영국의 공식 국호는 '그레이트 브리튼과 북아일랜드 연합왕국'(United Kingdom of Great Britain and Northern Ireland)이며, 줄여서 UK (United Kingdom), 그레이트 브리튼(Great Britain), 브리튼(Britain) 등으로 지칭된다. 영국은 잉글랜드(England), 웨일즈(Wales), 스코틀랜드(Scotland), 북아일랜드(Northern Ireland)의 네 지역으로 구성되어 있다. 잉글랜드는 1292년 전쟁으로 웨일즈를 합병했고, 앤 여왕 시대인 1707년 통합법에 의해 스코틀랜드와 합병하여 그레이트 브리튼 왕국이 되었다. 따라서 엄밀하게 말하면 이때부터 영국이라고 지칭할 수 있으며, 그 전에는 잉글랜드로 지칭하는 것이 맞다. 이 책에서는 역사적 배경을 설명할 때는 이를 따랐으며 문학에 대해 언급할 때는 편의상 영국으로 표기했다. 1800년 아일랜드가 영국에 연합되었으나, 아일랜드는 1922년 아일랜드 자유국으로, 1937년에는 정식으로 독립했다. 현재는 아일랜드(에이레) 공화국이며, 북부의 일부인 '북아일랜드'만 영국의 영토이다.

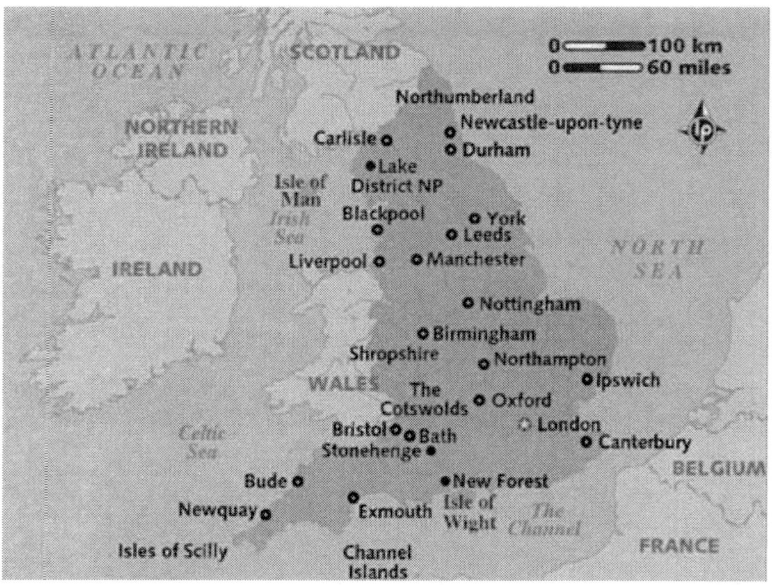

면적: 243,610 km^2 (세계 80위)
인구: 6400만 명 (2013년)
화폐: 파운드(Pound) 혹은 스털링(Sterling)

Ⅰ. 중세 (450-1485)

영국 역사에서 중세는 앵글로 색슨(Anglo-Saxon)족의 시대가 된 450년경부터 튜더(Tudor) 왕조가 시작된 1485년까지를 지칭한다. 이 시기는 1066년 '노르만 정복'(Norman Conquest)을 전후로 두 개로 구분된다. 노르만 정복 이전의 시기를 고대/중세 전기, 그 이후의 시기를 중세 후기라고 부른다. 고대/중세 전기라고 병기한 이유는 영국의 고대가 유럽 역사의 중세 전기(400-1100)에 해당되기 때문이다. 이 시기에는 앵글로 색슨족이 영국 땅을 차지하면서 주도적으로 이끌어나갔기 때문에 앵글로 색슨 시대라고도 한다. 이후에는 프랑스의 북쪽 해안 지역인 노르망디 지방에 살고 있던 노르만인들이 영국을 정복하여 지배세력이 된다. 이후 노르만인 공주와 프랑스인 귀족의 혼인으로 태어난 아들이 플랜태지니트(Plantagenet) 왕가를 세워 대를 이어가다 백년전쟁 중 랭카스터(Lancaster) 왕조가 들어섰다. 그 후 요크 가문과 랭카스터 가문이 장미전쟁을 벌였다. 결국 랭카스터 가문이 승리하여 튜더 왕조 시대를 엶으로써 중세는 막을 내리게 된다.

1. 고대/중세 전기(450경-1066): 앵글로 색슨 시대

1) 역사, 사회적 배경

영국은 원시 시대부터 여러 차례 다양한 인종이 침입하고 그 인종이 기존에 살고 있던 인종과 동화되기를 반복해온 역사를 갖고 있다. 구석기 시대의 영국에는 원시 지중해 인이 살고 있었고, 신석기 시대 말기인 기원전 6세기 경 켈트족(Celts)이 이베리아 반도에서 이주해 왔다. 켈트족의 이주와 함께 영국은 선사시대에서 역사시대로 진입하였다. 금발에 푸른 눈의 백인인 켈트족은 활동적이고 호전적인 유목민으로서, 부족 중심의 공동체를 구성하고 용맹성을 최고의 미덕으로 여기며 살았다. 이들은 기원전 55년과 54년에 로마인(Romans)의 침공을 받았다. 이때 로마의 왕은 줄리어스 시저(Julius Caesar, 102?-44 B.C.)였다. 로마인은 몸에 그림을 새기는 풍습을 따르고 있던 켈트족을 브리튼인(Britons)이라고 불렀다. 이 용어는 '몸에 그림을 그린 사람'을 지칭하는 그리스어 '프레타니카이'에서 연유한 것이다. 이를 계기로 영국은 브리튼, 영국 땅은 브리튼 섬으로 지칭되었다.

로마는 43년 다시 침공하여 잉글랜드와 웨일즈를 속국으로 만들고 이를 브리타니아(Britannia)로 명명했다. 이 당시 켈트족 일부는 로마에 대항하다가 현재의 스코틀랜드 산악지역으로 도망쳤는데, 로마는 끝내 현재의 스코틀랜드를 점령하지는 못했다. 하지만 켈트족의 다른 일부는 서서히 로마인들과 동화되었고, 그 결과 로마 문명과 켈트족의 문명이 융합되었다. 로마의 지배를 받는 동안 로마의 선진문명이 영국에 들어왔고, 이때 도입된 라틴어는 영어의 근간이 되었다. 로마군은 북쪽 지방에서 침입해오는 외부 세력을 막기 위해 성벽과 요새를 만들었다. 이때 템스 강가에 세워진 요새가 나중에 런더니움(Londonium)이라는 도시로 발전했고 후에 런던으로 지칭되었다.

쇠퇴기에 있었던 로마 제국은 북유럽의 게르만족의 침입을 받자 410년 로마군을 철수시킨다. (이후 로마는 476년 멸망했다.) 로마인들이 떠나자 북쪽 지역에서 살고 있던 켈트족들이 남하하여 혼란 상태가 초래되었다. 이 틈을 타 450년경에 게르만족의 일원으로서 지금의 독일 서북부에 살던 앵글족(the Angles)과 색슨족(the Saxons), 그리고 덴마크 제도 북쪽에 거주하던 주트족(the Jutes)이 침입하였다. 척박한 땅인 북유럽에서 해적질을 하며 살아오던 색슨족과 앵글족은 잉글랜드의 온화한 기후와 비옥한 토지를 보자, 켈트족을 몰아내고 550년경 그곳에서 아예 정착해서 농사를 짓고 살게 되었다. 이들 앵글로 색슨족이 오늘날 영국인의 직접적인 조상이다. 이중 앵글족이 가장 강력하였기 때문에 '앵글족의 나라'(Angles' land)라는 뜻에서 잉글랜드(England)라는 이름이, 그리고 앵글족의 언어인 앵글리스(englis)에서 영어를 뜻하는 잉글리쉬(English)라는 단어가 생겨났다.

이들 앵글로 색슨족들은 7세기에 7개의 왕국을 세웠다. 켄트(Kent), 에섹스(Essex), 서섹스(Sussex), 웨섹스(Wessex), 머시아(Mercia), 앵글리아(East Anglia), 노섬브리아(Northumbria)가 7 왕국이다. 앵글로 색슨족에 저항하던 켈트족은 웨일즈, 스코틀랜드, 아일랜드 등으로 달아났는데, 그들은 서쪽으로 세력을 넓혀나가던 앵글로 색슨족과 충돌하곤 했다. 이 시기를 배경으로 한 것이 '아서(Arthur) 왕의 전설'인데, 아서는 켈트계 브리튼족의 지도자로서 앵글로 색슨족의 침입에 맞서는 인물이다.

8세기에 이르면 앵글로 색슨족의 7 왕국 중에서 노섬브리아, 머시아, 웨섹스의 3개의 왕국만이 남았다. 아직 국가적 형태의 집권체제를 갖추지 못한 채 부족 중심의 왕국을 이루고 있었던 앵글로 색슨족은 8세기 후반 10년에 걸쳐 덴마크 바이킹(Viking)족의 침입을 받는다. 잉글랜드 남서 지역에 위치한 웨섹스의 알프레드 왕은 여러 앵글로 색슨 부족들을 통합하여 바이킹족의 침입을 막아냈고 9세기에 최초로 통일 왕국을 건설했다. 이로써 그는 처음으로 '앵글로 색슨족의 왕'(King of the Anglo-Saxons)인 알프레드 대왕(Alfred, 재위 871-899)이 되었다. 알프레드 대왕은 문화를 부흥시키는 데 힘을 쏟았고, 그 결과 이 시대에 앵글로 색슨족이 이룩한 최고의 문화가 꽃피었다. 그는 라틴어를 영어로 직접 번역하는 등 학문과 교육의 보급에 앞장섰다. 당대의 사회상을 기록한 『앵글로 색슨 연대기』(*The Anglo-Saxon Chronicle*)도 이 시대에 쓰여 졌다.

알프레드 대왕이 죽자 잉글랜드는 9세기 말 또다시 덴마크의 바이킹족의 침입을 받았다. 당시 덴마크는 노르웨이와의 전쟁을 종결짓고 전열을 가다듬은 상태였다. 그때 바이킹을 이끌었던 덴마크 왕의 동생 크누트(Cnut)에 의해 잉글랜드의 앵글로 색슨 왕조는 붕괴되었다. 크누트(재위 1016-1035)는 1016년에 잉글랜드 왕위에 올랐고 1018년에는 덴마크 왕을 겸하였으며, 1028년에는 노르웨이 왕으로 추대되어 '스칸디나비아 연합 제국'을 구축했다. 그는 잉글랜드의 문화와 전통을 존중하면서 앵글로 색슨족과 데인족의 평화로운 융화를 도모했고 이를 통해 강력한 통일국가를 만들었다.

1035년 크누트가 죽자 잉글랜드는 다시 분열했는데 이때 노르망디(Normandy) 공국의 윌리엄(William)이 1066년 침략한다. 이를 노르만 정복(Norman Conquest)이라고 한다. 노르망디는 원래 프랑스 땅이었는데 바이킹족이었던 노르만(Norman)의 침입이 거세지자, 프랑스는 국왕을 향한 충성을 조건으로 하여 이들이 이 지역에 정착해 살도록 허락해주었다. 그리고 이 지역을 노르망디라 명명했다. 이곳에 자리 잡고 살던 노르만 바이킹들은 프랑스어를 배우고 현지의 프랑스 문화를 받아들이는데 적극적이었다. 이들 노르만인들이 1066년 잉글랜드를 정복함으로써 잉글랜드는 본격적인 중세기에 접어들게 된다.

2) 언어와 종교

영어의 토대는 게르만어 계통의 앵글로 색슨어이다. 앵글족의 언어인 앵글리쉬(Anglish, englis)가 영어의 기원이다. 9세기경 바이킹의 침략으로 스칸디나비아 계통의 어휘가 유입되었고 굴절이 단순화 되었으며, 명사뿐 아니라 동사, 형용사, 대명사 등이 차용되었다. 이렇게 해서 형성된 언어가 고대영어(Old English)이다. 고대영어는 노르만 정복으로 프랑스어가 유입되기 전까지, 즉 대략 450년부터 1100년까지의 언어를 가리킨다. 고대영어는 어형변화와, 시제, 격, 수, 성, 인칭을 나타내는 어휘변화를 특징으로 하며, 현재 통용되고 있는 영어보다 오히려 독일어에 더 가깝다.

기독교는 로마시대부터 조금씩 확산되었는데, 서기 700년경 즉 8세기까지는 앵글로 색슨족은 물론 스코틀랜드와 아일랜드의 켈트족까지 기독교로 개종했다. 이로써 영국은 유럽의 기독교 문명에 편입되었다. 기독교도가 됨으로써 영국인은 게르만족과 켈트족의 문화나 토속 신앙으로부터 벗어나게 되었다. 한편 기독교의 성서적 내용이 앵글로 색슨족의 문화와 융합되면서 두 이질적인 요소가 혼합된 독특한 문학작품이 등장했다. 문자를 통한 기록을 독려한 기독교의 영향을 받아, 그간 앵글로 색슨족이 자신들의 뿌리인 북유럽의 신화나 전설을 담아 전승해오던 구비문학이 고대영어로 기록될 수 있게 되었다. 이때 필사한 사람이 기독교인이었기 때문에 앵글로 색슨 족의 이교도문학에는 기독교적인 요소가 섞이게 되었다.

3) 앵글로 색슨 문학

(1) 고대 영시

게르만족의 일종인 앵글로 색슨족은 부족 단위로 공동체를 이루며 살았는데 각 부족 간에는 전쟁이 빈번했다. 전쟁이 일상사인 상황에서 용맹함은 가장 중시되는 덕목이었다. 이들은 영웅의 명예를 중시했고 복수를 허용했다. 기독교가 들어오기 전이라서 죄의식은 아직 사람들의 마음속에 자리 잡지 않았다. 항상 전쟁을 치러야 하는 군주와 그를 따르는 전사 혹은 무사(thane)들은 굳은 충성과 이에 대한 보상을 기반으로 한 계약관계, 즉 코미타투스(comitatus)로 맺어져 있었다. 용맹하고 전사들에게 후하게 베푸는 군주가 칭송받았다. 군주와 전사는 전쟁에서 잠시 벗어난 시기에는 홀(hall)에 모여 군주의 영웅적 덕목을 기리는 시를 들으며 휴식을 취했다. 이때 음유시인들은 홀 안에서 이야기에 리듬을 붙여 하프로 연주하며 음유 시인의 시를 낭송했다. 이러한 시가 고대 영시에 속한다.

고대 영시는 거의 다 영웅 서사시이다. 고대 영시에서는 남녀 간의 낭만적인 사랑은 전혀 나타나지 않으며, 항상 운명에 맞서서 비장하게 싸울 준비를 하고 있거나 싸우는 남자들이 등장한다. 따라서 시의 전체적인 분위기는 무겁고 우울하다. 한편 기독교가 앵글로 색슨족에게 전파되자 그들은 기독교를 그들의 영웅적 이상에 맞게 소화해낸다. 그 결과 영웅시와 종교시가 결합된 시가 출현했다. 이러한 시에서 그리스도와 하느님 아버지는 이름난 공적을 쌓은 영웅의 모습으로 그려진다. 가령 7세기 말에 쓰인 캐드먼(Caedmon)의 「찬미가」(“Hymn”)에서는 하나님의 천지창조가 영웅적 공적으로 그려지고, 「십자가의 꿈」(“The Dream of the Road”)에서는 십자가에 매달린 그리스도가 ‘힘세고 용감한 젊은 영웅’으로 묘사된다. 십자가에 못 박힌 것을 수난으로 보는 것이 아니라 오히려 영웅적인 행위로 본 것이다. 「방랑자」(“The Wanderer”)나 「바다 항해자」(“The Seafarer”)도 영웅시와 종교시가 결합된 작품이다.

고대 영시는 모두 두운시이다. 두운(alliteration)은 어두 또는 강세가 있는 자음이 연속해서 되풀이되는 형식이다. 고대 두운시에서 각 행은 중앙의 휴지를 중심으로 둘로 나뉘지고, 약음절과 강음절의 강세의 배치에 따라서 리듬이 조절된다. 강약을 리듬의 기초로 삼은 것이다. 두운은 아직 각운이 발달하지 않은 상황에서 시에 리듬과 음악성을 부여하는 역할을 한다. 또한 명사를 다른 말 즉 동의어, 복합어 또는 어군으로 풀어서 표현하는 우언법이 사용되었다. 가령 바다(sea)를 백조의 길(the swan's path), 고래의 길(the whale's road), 파도(waves)로, 선원(sailor)을 바다 여행자(sea-traveller), 바다 사람(seaman) 등으로 표현했다. 우언법의 사용으로 고대 영시에서는 간접적인 묘사가 많았다.

(2) 『베어울프』

『베어울프』(*Beowulf*)는 가장 오래된 영시이자 영국 최초의 서사시이다. 대략 7세기 후반 혹은 8세기 초반에 쓰여 구술되다가 10세기경 필사 된 것으로 추정되는 이 시는 1부와 2부로 나뉘어 있고 약 3,000행으로 이루어졌다. 『베어울프』에는 용맹을 중시하는 이교도적 가치가 주를 이루는 가운데 당시 기독교가 전파된 탓에 구약성서가 언급되어 있다. 하지만 신약성서나 그리스도의 헌신에 대한 언급은 전혀 없다. 한편 이교도적 생각과 기독교가 혼합된 형태로 모습을 드러내기도 한다. 가령 하느님이 천지창조자로 되어 있는가하면 그의 의지가 운명(wyrd)과 동일시되기도 한다.

『베어울프』는 덴마크 데인(Dane)족의 흐로스가르(Hrothgar) 왕에 대한 전설에 바탕을 두고 있다. 공간적 배경은 독일 북방에서 스칸디나비아에 걸쳐 있는 호수와 늪, 바다, 궁전 등이다. 이 시는 홀에서의 생활, 무시무시한 괴물과 용감하게 싸우는 영웅의 모습, 그리고 육지와 바다에서의 힘든 삶을 잘 버텨내는 사람들의 모습을 그리고 있다. 이야기 내용은 다음과 같다. 스웨덴 예이츠(Geat)족의 젊은 영웅 베어울프는 흐로스가르 왕의 궁전에 수년간 출몰하여 폐해를 주는 괴물 그렌델(Grendal)과 맞서 싸운다. 그는 격투 끝에 괴물의 한 팔을 잡아 빼 가져온다. 다음날 밤 괴물의 어미가 복수하러 습격해 와서 그렌델의 팔을 가지고 도망친다. 베어울프는 수중에서 괴물 어미를 추격해 살해하고 그렌델의 목을 베어 가지고 돌아온다. 여기까지가 1부이다. 2부에서는 베어울프가 고국 스웨덴으로 돌아와서 예이츠족의 왕이 되어 50년 동안 선정을 베풀다가 용과 맞서 싸우는 내용을 다룬다. 노왕이 된 베어울프는 전국토를 화염으로 황폐화시키는 용과 대결하여 용을 살해하지만 그도 화염에 상처를 입고 죽는다. 그의 시체가 화장되는 모습을 백성들이 바라보면서 비통한 애도의 노래를 부르는 것으로 이 시는 끝난다.

『베어울프』에서는 전사의 용맹성을 강조하던 고대 영웅주의 가치관과, 당한 만큼 되갚아주는 복수의 가치관이 드러난다. 또한 인간이 어쩔 수 없이 앙갚음과 되갚음의 순환 고리 속에 갇혀있다는 강한 숙명의식이 나타나 있다. 베어울프는 죽음을 불사하며 운명이 허용하는 한 용기 있게 적에 맞서려 하고 결국 죽음을 통해 영웅으로 승화된다. 베어울프의 죽음으로 마무리되는 이 시는 베어울프가 그 용맹성으로 인해 이교적인 불멸성으로 보상받는다는 사실을 시사한다. 이 시의 전반적인 분위기는 엄숙하고 장엄하면서도 다른 한편 운명의 힘 앞에서의 무력감으로 인해 어둡고 침울하다.

『베어울프』는 영문학사의 관점에서 볼 때 현존하는 가장 오래된 서사시로서 고대 영어의 형성과정을 잘 보여주고 있는 언어학적 자료이다. 또한 고대 게르만 영웅서사시 문학의 주제와 형식을 짐작할 수 있게 해주는 문학 연구의 귀중한 자료이기도 하다. 앵글로 색슨족의 민족성과 문화적 특징을 보여주는 문화적 자료로서의 가치 또한 갖고 있다.

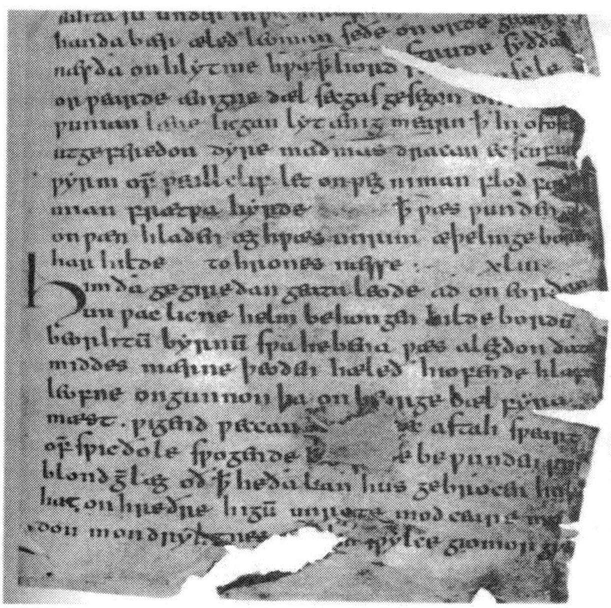

고대영어로 쓰여 진 『베어울프』의 일부 행

2. 중세 후기 (1066-1500)

1) 역사, 사회적 배경

유럽에서 중세 시대는 서로마 제국이 멸망한 476년에서 르네상스 시대가 시작되기 전인 1400년경까지로 구분된다. 하지만 영국에서의 중세 시대는 엄밀하게 말해 1066년 노르만 정복부터 1485년 장미전쟁까지라고 할 수 있다. 그 이유는 윌리엄 1세의 노르만 정복 이후에 중세의 특징인 봉건제가 실시되고 교회 교권의 세속화가 이루어 졌기 때문이다. 이 책에서는 1066년부터 1500년까지를 중세 후기로 구분하기로 한다.

(1) 노르만 정복과 노르만 왕조 (1066-1154)

증세 후기는 노르만 정복부터 시작된다. 노르망디 공국의 통치자였던 윌리엄은 크누트 사후 잉글랜드에서 왕위계승분쟁이 벌어지자 왕위계승권을 주장하면서 침공하였다. 크누트와 마찬가지로 자신도 바이킹의 후예이므로 잉글랜드 왕권이 자신에게 있다는 논리였다. 윌리엄은 잉글랜드 남동부 헤이스팅스 전투(the Battle of Hastings, 1066)에서 승리하여 잉글랜드 왕위에 올랐고, 이를 노르만 정복이라 부른다. '정복 왕 윌리엄'(William the Conqueror, 1066-1087)은 윌리엄 1세가 되어 잉글랜드의 노르만 왕조(1066-1154)를 열었다. 정복 당시, 프랑스 문화에 동화되어 있던 노르만인들의 문화는 앵글로 색슨족의 문화보다 더 발전해 있었다. 노르만인의 문화의 바탕은 봉건 제도였고 그것은 토지소유를 근간으로 했다. 윌리엄 1세는 영토내의 모든 토지소유권을 박탈했고, 세금과 토지조사 대장인 『둠스데이

북』(*Doomsday Book*)을 1086년에 완성했다. 그는 이 장부를 이용해서 지주나 고위 성직자 등의 지배층을 노르만인으로 교체했다. 윌리엄은 국토의 부분만을 소유했고, 그 외는 모두 영주와 기사에게 분배하면서 충성을 맹세 받았다. 이로써 가신관계의 봉건제도가 형성되었다. 봉건 제도 하의 왕은 절대군주가 아니며 영주들보다 조금 더 강력한 권력을 가졌을 뿐이었다. 지배층 노르만인들은 고향인 노르망디가 13세기 초 프랑스에 귀속된 후에는 잉글랜드인으로서의 정체성을 자각하고 앵글로 색슨족과 동화하기 시작했다.

(2) 플랜태지니트 왕조 (1154-1399)

잉글랜드의 노르만 왕조를 열었던 정복 왕 윌리엄 1세는 노르망디 공국의 통치자이기도 했는데 이는 후일 잉글랜드와 프랑스 간에 벌어진 100년 전쟁의 불씨가 된다. 1087년 윌리엄 1세의 죽음에 이은 아들들 간의 불화 후 윌리엄의 셋째 아들 헨리가 헨리 1세(Henry Ⅰ, 재위 1100-1135)로 왕위에 오른다. 헨리 1세는 아들이 죽자 딸 마틸다(Matilda)를 프랑스 앙주(Anjou) 백작인 제프리 플랜태지니트(Geoffrey Plantagenet)와 혼인시킨 후 그 아들에게 왕위를 승계하였는데 그가 헨리 2세(Henry Ⅱ, 재위 1154-1189)이다. 이렇듯 노르만계와 프랑스 계가 섞여서 플랜태지니트 왕조(The Plantagenet, 1154-1399)가 세워졌다.

헨리 2세는 프랑스의 루이 7세의 왕비 엘리노어(Eleanor)와 사랑에 빠지게 되고 결국 루이 7세와 이혼한 엘리노어와 결혼한다. 혼인으로 인해 헨리 2세는 엘리노어의 소유였던 프랑스 남부의 방대한 땅을 차지하게 된다. 헨리 2세는 프랑스의 노르망디와 아버지로부터 이어받은 앙주 영주를 합쳐 프랑스 안에서 프랑스 왕보다 더 많은 영토를 지배하게 된다. 헨리 2세 시대에는 엘리노어의 강력한 영향력 하에 프랑스의 화려하고 세련된 궁정 문화가 잉글랜드 궁정을 지배했다. 한편 왕권을 강화하려 했던 헨리 2세는 캔터베리 대주교 토마스 베케트(Thomas Beckett)와 충돌하게 되고 결국 베케트는 캔터베리 대성당에서 무참히 살해당하였다. 토마스 베케트는 사망 즉시 순교자로 선포되었으며 교황은 그를 성인으로 공포했다. 헨리 2세는 공식적으로 잘못을 고백하기에 이르렀고, 이 사건을 계기로 헨리 2세는 교황에게 굴복하게 된다. 한편 헨리 2세는 잉글랜드를 여러 지역으로 분할하고 순회재판을 위한 판사를 지명했으며 배심원의 기능을 확대하는 등 사법제도를 정착시키는 공을 세웠다.

헨리 2세에게는 두 명의 아들, 즉 큰 아들 리차드(Richard)와, 작은 아들 존(John)이 있었다. 헨리 2세가 존에게 왕위를 물려주려 하자 리차드가 반란을 일으켜 아버지를 내쫓고 왕이 된다. 사자왕으로 불렸던 리차드 1세(Richard Ⅰ, 재위 1189-1199)는 호전적이고 용맹스러웠다. 모하메드(Mohammad, 570-632) 신자들로부터 성지를 되찾자는 목표를 내건 십자군 전쟁(the Crusades, 1096-1270)에 직접 출정한 리차드 1세는 전쟁터에서 전사하고 만다. 이어 왕이 된 존(John, 재위 1199-1216)은 헨리 2세가 보장했던 재판 규정을 무시하고 재판 없이 사람을 구속하여 국민의 불신을 자초한다. 1204년 프랑스 내의 노르망디를 잃은 데다 실정으로 인해 정치적 입지가 약화되자 존 왕은 프랑스와 전쟁을 벌였지만 패배한다. 존 왕의 실정, 징병, 과세, 임의 구속 등에 불만을 품은 귀족들과 기사들은 합세하여 반란을 일으킨다. 승기를 잡은 귀족들은 왕권을 축소하는 헌장을 만들어 존 왕으로 하여금 서명하게 하는데, 이 헌장이 바로 '대헌장'(Magna Carta, 1215)이다. 이때 "의회 승인(대표) 없이 과세 없고 국법 아니면 체포, 감금할 수 없다"는 원칙이 국왕에게 강요된다. 왕도 법규를 준수하고 법 안에서 통치해야 한다고 규정한 이 문건은 근대헌법의 토대이자 영국 의회 민주주의의 출발점이 된다.

존 왕의 뒤를 이은 헨리 3세(Henry Ⅲ, 재위 1216-1272)는 프랑스의 공주와 결혼한 후 프랑스의 힘을 배후에 업고 귀족들을 억압했다. 헨리 3세의 귀족 탄압 정책에 그의 매부인 프랑스인 시몽 드 몽포르(Simon de Monfort) 백작이 반기를 든다. 몽포르 백작의 군대는 왕의 군대를 격파하고 귀족과 평민을 아우르는 대표단체인 의회를 1265년 소집하였다. 이는 영국 하원의 기초가 되었다.

헨리 3세의 죽음 후 그 조카가 에드워드 1세(Edward Ⅰ, 재위 1272-1307)로 즉위했다. 강력한 왕권을 수립한 그는 1277년 웨일즈를 정복한 후 웨일즈 주민을 회유하기 위해 자신의 왕세자를 웨일즈 공(Prince of Wales)으로 칭했다. 이 전통은 지금까지 이어지고 있다. 1296년 에드워드 1세는 스코틀랜드에서의 왕권을 주장하며 스코틀랜드를 침략했다. 하지만 스코틀랜드 평민 출신의 기사 윌리엄 월레스(William Wallace, 1272-1305)가 농민들을 이끌고 지휘한 스털링 전투(1297)에서 에드워드 1세는 패했고 이로써 스코틀랜드 정복에 실패했다. 한편 에드워드 1세는 1295년 귀족부터 하급목사에 이르기까지 다양한 계층이 참여하는 의회를 열어 의회제도의 문을 열었다. 에드워드 1세 시대에 영어가 궁정에서 사용되면서 차차 사회 모든 계층에서도 사용되었다. 또한 사람들은 자신을 '잉글랜드인'으로 생각하는 정체성을 갖게 되었다. 그의 뒤를 이은 에드워드 2세(Edward Ⅱ, 재위 1307-1327) 때 왕권은 약화되었다.

(3) 백년 전쟁 (1337-1453)

에드워드 3세(Edward Ⅲ, 재위 1327-1377)는 왕권을 강화했다. 그의 시대에 상업과 무역업이 발달했고 이로 인해 국력도 크게 번창했다. 1328년 프랑스 카페 왕조의 마지막 후손인 샤를 4세(Charles Ⅳ, 재위 1322-1328)가 계승자 없이 죽게 되자, 에드워드 3세는 자신의 어머니가 샤를 4세의 여동생임을 내세우며 프랑스와 백년전쟁(1337-1453)을 시작한다. 전쟁 초기에는 도버해협을 장악한 잉글랜드가 우위를 점했고 주로 프랑스에서 전쟁을 치렀다. 하지만 1348년에는 전쟁 중 유럽을 휩쓴 전염병 흑사병(Black Death)이 잉글랜드에도 상륙해서 큰 인명피해를 남겼다. 에드워드 3세의 아들 흑태자(Edward, the Black Prince)가 백년전쟁 중 사망하자 그의 아들 리차드가 왕위를 승계하여 리차드 2세(Richard Ⅱ, 재위 1377-1399)가 된다. 그는 백년전쟁 중 전비를 충당하고자 인두세를 부과하였는데, 이는 1381년 농민반란을 촉발하는 계기가 되었다. 결국 에드워드 3세의 아들인 곤트의 존(John of Gaunt)의 아들인 랭커스터(Lancaster) 공작, 즉 헨리 볼링브룩(Henry Bolingbroke)이 왕위를 찬탈하여 헨리 4세(Henry Ⅳ, 재위 1399-1413)로 즉위한다. 이로써 플랜태지니트 왕가는 끝나고 랭카스터 왕가(1399-1461)가 시작되었다. 헨리 5세(Henry Ⅴ, 재위 1413-1422)는 백년전쟁을 재개하여 전쟁에서 눈부신 승리를 거두었다. 그는 프랑스의 샤를 6세(Charles Ⅵ, 재위 1380-1422)의 딸과 결혼하여 잉글랜드와 프랑스의 통일왕국을 이룰 기회를 가졌는데 요절하는 바람에 꿈을 이루지 못했다. 전쟁 후기인 1429년 잔다르크(Joan of Arc, 1412-1431)의 등장과 함께 잉글랜드는 프랑스에게 승기를 빼앗겼다. 1431년 잉글랜드는 잔다르크를 생포하여 처형했음에도 프랑스에게 번번이 패배했다. 결국 헨리 6세(Henry Ⅵ, 재위 1422-1461, 1470-1471)는 칼레를 제외한 프랑스 영토 모두를 잃고 1453년 백년전쟁을 종결지었다. 비록 잉글랜드는 전쟁에서 졌지만 이 전쟁을 계기로 노르만 인과 앵글로 색슨족 간의 마찰은 사라지게 되었다.

(4) 장미전쟁 (1455-1485)

전쟁에서 패배한 잉글랜드에서는 장미전쟁(Wars of the Roses, 1455-1485)이 일어났다. 헨리 6세 때 요크 공 리차드는, 후에 헨리 4세가 된 헨리 볼링브룩이 리차드 2세로부터 왕위를 찬탈했으므로 실제로는 자신에게 왕위계승권이 있다고 주장하면서 내란을 일으켰다. 1455년에서 1485년까지 30년 동안 지속된 이 전쟁은 랭커스터가의 문장이 붉은 장미이고 요크가의 문장이 흰색 장미였기 때문에 장미전쟁이라고 불린다. 요크 공 리차드의 아들 에드워드는 헨리 6세를 런던탑에 가두고 에드워드 4세(Edward Ⅳ, 재위 1461-1470)로 즉위했다. 에드워드 4세는 요크 가문의 워릭 백작(Earl of Warwick, 1428-1471)에 의해 국외로 추방당하기도 했지만 다시 돌아와 워릭 백작을 물리치고 헨리 6세를 살해했다. 이로써 랭커스타 왕조는 마감되었다. 에드워드 4세가 죽고 어린 에드워드 5세(Edward Ⅴ, 1483-1483)가 왕이 되자 섭정을 맡았던 삼촌은 왕위를 찬탈하여 리차드 3세(Richard Ⅲ, 재위 1483-1485)로 즉위하고 조카들을 감금하여 귀족들의 반발을 샀다. 한편 외국으로 망명해있던 헨리가 잉글랜드로 복귀하여 1485년 보즈워스(Bosworth) 전투를 통해 리처드 3세를 무찔렀다. 이 헨리가 요크가의 엘리자베스와 결혼하며 헨리 7세(Henry Ⅶ, 재위 1485-1509)로 등극함으로써 튜더(Tudor) 왕조를 열었다.

30년에 걸친 귀족들 간의 전쟁인 장미전쟁의 여파로 귀족의 세력은 약해졌고 봉건제도 또한 약화되었다. 그 결과 왕권이 강화되어 잉글랜드도 프랑스와 마찬가지로 중앙집권국가가 형성된다. 이와 함께 유럽에서 건너온 르네상스가 개화하기 시작한다.

2) 언어와 종교

프랑스에 자리 잡고 살면서 프랑스 문화에 동화되었던 노르만족이 1066년 잉글랜드를 정복한 후 프랑스어가 잉글랜드 내에서 사법과 행정의 공식 언어로 쓰였으며, 궁중 및 상류계층의 언어가 된다. 앵글로 색슨족의 영어는 프랑스어의 영향을 받게 되면서 게르만계의 복잡한 굴절 어미가 간소화되고 어휘도 훨씬 풍성해진다. 당시 노르만 귀족층은 프랑스어를, 피지배계층인 앵글로 색슨족은 영어를 사용했다. 계층 간 언어 사용이 다름으로 인해 다음과 같이 흥미로운 현상이 생겼다. 가축을 뜻하는 용어(cow, swine/pig, sheep/lamb)는 영어지만, 그것을 원료로 하여 만든 요리 명인 쇠고기(beef), 돼지고기(pork), 양고기(mutton)는 불어이다. 이는 가축을 기르는 계층은 앵글로 색슨 평민이고 그것을 소비하는 계층은 노르만 귀족이었기 때문인 것으로 추측된다.

1066년부터 1204년의 150년 동안을 영어의 암흑기라 한다. 그러다가 1205년 프랑스 내부의 노르망디를 잃고 난 후에는 영어에 대한 상류층의 관심이 커져 상류사회에 영어가 퍼지기 시작했다. 또한 일반인들을 많이 접하게 되는 성직자들이 영어를 사용할 필요성을 느끼기 시작했다. 이런 과정을 거쳐 에드워드 1세의 이름 에드워드가 순수 영어이고 그의 궁정에서 영어가 사용되었을 정도로 영어는 점차 중요한 위치를 점하게 된다. 1349년 이후 영어는 모든 학교에서 다시 사용되기 시작하고 1350년경에 이르면 국민언어로 다시 자리를 잡게 된다. 영어의 발달에 획기적 기여를 한 것은 위클리프(John Wycliff, 1324-1384)가 착안한 영어 성경번역 작업이었다. 위클리프의 성경 번역으로 중세 표준 영어가 확립되었다.

1350년 이후 1500년까지의 영어를 중세영어(Middle English)라 부른다. 중세 영어는 그 형태가 고대 영어와는 달랐고, 중세 영어에는 프랑스어와 라틴어, 고대 영어와 지역 방언의 요소들이 뒤섞여 있었다. 1476년 윌리엄 캑스턴(William Caxton, 1421-1491)은 최초로 인쇄기를 이용해 책을 찍어내기 시작했고, 이후 『켄터베리 이야기』를 포함한 100권이 넘는 책이 출판되었다. 이후 런던 영어는 대량으로 전국에 보급될 수 있었다. 중세영어 시대는 1500년경 근대영어가 형성될 때까지 지속되었다.

기독교는 노르만 정복으로 왕위에 오른 윌리엄 1세 때 세속권력으로 자리 잡게 되었다. 유럽에서 교회는 476년 서로마 제국이 멸망한 지 약 3세기 후인 8세기에 세속권력이 되었는데 이의 영향을 받은 것이다. 중세 영국에서는 수도원에서 교육이 이루어졌는데, 성직자들은 수도원의 젊은이들에게 종교적 가르침 뿐 아니라 그리스와 로마의 고전도 가르쳤다. 현존하는 중세 저작물은 대부분 종교적인 것이었고 인쇄술이 발명되기 전에는 성직자가 필사본을 만들었다. 책을 기록하고 보관하는 기관 또한 수도원이었다. 1167년에는 옥스퍼드(Oxford) 대학이, 1233년에는 케임브리지(Cambridge) 대학이 설립되었다.

잉글랜드의 중세는 서서히 와해되었는데 그 계기는 14세기 중엽 국민의 40% 정도의 생명을 앗아간 전염병 흑사병(Black Death)의 유행이었다. 이와 함께 교황의 아비뇽 유수(로마 교황청을 로마에서 아비뇽으로 옮겨 교황이 1309년부터 1377년까지 머무름)로 교황의 권위가 추락했고 성직자들의 타락으로 민심을 잃었다. 중세 말의 교회는 매우 타락했다. 주교와 사제들이 세속 권력에 깊숙이 끼어들었고 승직은 매매되었으며 성직자들은 무식하고 태만했다. 이러한 상황에서 위클리프가 나서서 교황의 권력과 로마 가톨릭교회의 교리를 공격하고 교회의 부패상을 비판하고 나서면서 반교회정서가 널리 퍼지게 되었다. 그는 제도화된 교회의 권위를 무시하고 일반인도 성직자의 도움 없이 성경을 읽고 이해할 수 있을 뿐 아니라 성직자까지도 될 수 있다는 획기적인 주장을 펼쳤다. 위클리프의 가르침은 롤라드(Lollard) 부흥운동을 촉진시켰고 교회에 큰 위협을 가했다. 그와 그의 추종자들은 이단으로 몰려 박해받았지만 그들이 당시 교회를 둘러싼 사회적 분위기에 끼친 영향은 엄청났다. 1381년 소작농들이 일으켰다가 무참하게 진압된 농민반란(Peasants' Revolt. 와트 타일러의 난(Wat Tyler's Rebellion)으로 불리기도 함)도 위클리프의 영향을 받은 것이었다. 농민반란은 인두세(poll tax)의 도입으로 촉발되어, 농노제도(serfdom)의 폐기 등 요구 사항을 관철시켰다. 하지만 리차드 2세는 농민들을 해산시키자 이 약속들을 파기해버렸다. 그럼에도 이 반란으로 인해 중세의 근간이 무너지게 되었다. 농민 수의 감소로 인해 부역이 폐지되었고 장원이 붕괴되었기 때문이다.

중세 후기에는 상업 중심지로서 도시가 발달하게 되었고, 상인, 기술자, 직조공, 목수, 잡화상인 등의 중산계급의 세력이 커졌다. 이들은 동업조합을 만들어 자신들의 권리 보호에 나섰다. 한편 사람들은 인간의 사회적 위계질서가 고정되어 있다거나, 세속적인 생활이 아닌 내세가 중요하다는 중세적 생각에 회의를 품기 시작했다. 르네상스의 기운이 일었던 것이다.

3) 문학

중세에는 고대 영웅 서사시에서 벗어나서 실제 삶의 다양한 경험을 생생하게 그려낸 대중문학이 등장했고 내용과 형식이 다양해졌다. 중세 영문학은 고대 영문학과는 달리 일반대중을 상대로 말을 하기 때문에 표현이 한결 직접적이다. 여성이 문학의 소재로 등장한 것도 고대 영문학과 확연히 다른 점이다. 또한 비장함과 어두움이 감돌던 고대 영문학과는 달리 해학적 요소가 가미된 중세 영문학에는 쾌활한 유머가 스며 있다.

(1) 중세 드라마

극은 그리스 시대 술과 풍요의 신인 디오니소스의 제사의식에서 출발했다. 로마 시대의 극은 저속하고 퇴폐했다. 때문에 6세기에는 기독교 교회에 의해 탄압받았다. 하지만 극은 중세 때 교회를 중심으로 재탄생했다. 중세 교회는 성서적 내용을 문맹인 대중에게 전파하고 대중을 교화시킬 목적으로 예수 수난이나 구약 장면들을 극을 통해 보여주었다. 교회 극은 10세기 경 교회 내에서 예배식 연극의 형태로 공연되었다.

본격적인 의미의 중세 극은 13, 14세기에 출현했다. 이 시기에 연극은 교회의 테두리에서 벗어났는데 그럼에도 여전히 종교적 신비와 기적을 다루었으므로 "신비극"(Mystery Play) 또는 "기적극"(Miracle Play)이라고 불린다. 기적극은 성경에 나타나는 인류의 역사를 전체의 싸이클(cycle)로 하여 그것을 몇 개의 삽화(episode)로 나누어 보여주었다. 따라서 중세 극을 싸이클 플레이(cycle plays)라고 부른다. 당시 연극은 도시의 동업조합인 길드와 교회의 협업으로 이루어졌고, 길드나 숙련된 직공들이 상연과 연출을 맡았다. 집단별로 직공들은 성경 이야기 중에서 그들의 기술을 발휘할 수 있는 분야를 담당했다. 가령 극단 조선공들은 「방주의 건설」(*The Building of the Ark*)을 맡았고, 극단 어부와 선원들은 「노아와 홍수」(*Noah and the Flood*)를, 극단 제빵업자들은 「최후의 만찬」(*The Last Supper*)을 맡았다. 공연은 높인 단 위, 혹은 여러 도시로 끌고 다닐 수 있는 일련의 마차들 즉 이동식 마차무대(pageant) 위에서 펼쳐졌다. 기독교적 교리와 내용을 일반 대중들이 쉽게 접할 수 있도록 한 기적극과 신비극은 14세기부터 상연되기 시작하여 15세기에 번창했다. 하지만 차츰 비 성경적인 요소가 끼어들거나 성경 인물들이 종교적 틀을 벗어나 일반인들과 유사한 모습으로 등장하기 시작했다. 기적극과 신비극은 16세기에 접어들면서 쇠퇴했다.

15세기 후반에 도덕극(Morality Play)이 나타나기 시작한다. 도덕극은 기적극과 마찬가지로 기독교의 신앙을 가르치는 것을 목적으로 했다. 그러나 성서 속의 인물 대신 악덕, 미덕, 자만, 사랑, 자선, 우정, 친절, 선행, 앎, 미 등의 추상적인 개념을 극적 인물로 의인화하는 알레고리를 활용하여 도덕적이고 영적인 교훈을 전달했다. 때문에 도덕극은 극화된 설교라 할 수 있다. 대표적인 도덕극은 그 날 죽어야 한다는 계시를 받은 한 인간의 마지막 하루를 묘사한 『만인』(*Everyman*)인데, 그 줄거리는 다음과 같다. 만인(Everyman)은 죽음(Death)으로부터 호출을 받는다. 공포에 사로잡힌 만인은 평소의 우인들, 즉 우정(Fellowship), 친지(Kindred), 지식(Knowledge), 미(Beauty), 힘(Strength) 등에게 죽음(Death)으로 향하는 길에 동행해

줄 것을 부탁한다. 그러나 모든 우인들은 그를 떠나며, 선행(Good Deeds)만이 그와의 동행을 허락한다. 이런 식으로 『만인』은 인간의 삶에서 가장 중요한 것이 과연 무엇인지를 일깨워준다.

도덕극은 전문적인 소규모 순회 극단에 의해서 자택이나 궁정에서 상연되었고, 단조로운 기적극에 비해 오랫동안 인기가 있었다. 점차로 극작가들과 배우들은 편협한 교훈자적 태도에서 벗어나 세속적인 막간극(Interlude)을 쓰기 시작했고 도덕극의 막간에 상연했다. 도덕극이 인생을 총괄적으로 다룬 반면 막간극은 인생의 어떤 단면만을 희극적으로 다루었다.

(2) 중세 산문

존 위클리프가 라틴어로 된 성서를 영어로 번역하여 1382년에 완성한 성서, 존 맨더빌(John Mandeville)의 『여행기』(*Travels*), 그리고 여러 편의 연대기(chronicle)들이 있다.

(3) 중세 영시

중세 영시에서 가장 특징적인 장르는 로맨스다. 로맨스는 12세기에 프랑스에서 처음으로 생겼고 영국에서는 13세기 말에 이르러서야 가장 유행하는 문학 장르가 되었다. 로맨스는 주로 멀리 떨어져 있는 시간과 공간을 배경으로 하며 주어진 과업을 이루기 위해 모험을 하는 기사의 이야기이다. 기사의 행동철학인 기사도는 중세의 가장 숭고한 이상으로서, 명예, 예의범절, 자애, 순결, 충성심 등의 덕목이다. 로맨스에 등장하는 기사는 용맹스러울 뿐 아니라 도덕성과 자기 절제, 인내심과 같은 덕성을 갖추고 있고, 용이나 거인 같은 적을 물리치고 나라를 지켜 그 대가로 아름다운 공주를 아내로 맞아 왕국을 잇기도 한다. 또는 외적인 압력뿐 아니라 내면의 유혹을 물리친 후 영광스럽게 성배를 찾기도 한다. 기사의 모험담에는 마법, 예언, 신비 등 초자연적인 요소가 많이 등장하여 비현실적이고 공상적인 경우가 많다.

중세 로맨스에서는 미혼의 기사가 자신보다 신분이 높은 여인을 열렬히 숭배하고 충성을 맹세하며, 그녀에 대한 자신의 사랑을 증명하기 위해 목숨을 걸고 모험이나 결투, 시합에 자원하기도 한다. 그런데 이 여인은 기혼녀일 경우가 많아서 이들의 사랑은 이루어질 수 없다. 이러한 상황에 처한 기사들은 개인적 욕망과 사회적 도의 사이에서 갈등하면서 내적 성찰을 통해 성장하기도 한다.

중세 영국의 로맨스에는 전설적인 아서왕과 원탁의 기사들을 둘러싼 이야기가 많다. 아서왕의 전설을 소재로 한 대표적인 로맨스는 14세기 후반 '가웨인 시인'(Gawain Poet)이라고 불리는 무명의 시인이 쓴 「가웨인 경과 녹색의 기사」("Sir Gawain and the Green Knight", 1375)와 『진주』(*The Pearl*), 그리고 15세기 토마스 맬러리(Thomas Malory, ? -1471)가 산문으로 쓴 로맨스인 『아서왕의 죽음』(*Le Morte Darthur*)이 있다.

1350년부터 1400년까지의 14세기 후반기에는 많은 시가 쓰여 졌다. 이 시기는 영어가 프랑스어를 대체하여 교육받은 사람들의 언어가 되면서 영어로 쓰인 작품들이 다수 생산되었다. 14세기 후반에는 고대 영시와 유사한 두운법을 따른 서사시들이 다수 발표되었고, 이를 '두운법의 부흥'이라고 부른다. 이 시기의 시로는 확실하지는 않으나 윌리엄 랭런드(William Langland, 1332-1400)가 썼다고 전해지는 『농부 피어스의 꿈』(*The Vision of Piers Plowman*)이 있다. 『농부 피어스의 꿈』은 종교적 환상을 배경으로 알레고리적 인물을 등장시켜 당대 종교적 부패와 기독교인으로서의 올바른 삶의 태도를 제시했다. 이 작품은 1391년의 농민반란을 촉발했다고 평가받는다. 이와 함께 초서(Geoffrey Chaucer, 1342/43-1400)의 『캔터베리 이야기』(*The Canterbury Tales*, 1475)와 『트로이러스와 크리세이드』(*Troylus and Cryseyde*), 존 가우어(John Gower, 1330-1408)의 『연인의 고백』(*Confessio Amantis*) 등의 작품이 있다. 초서 이후 15세기의 작품은 대부분이 초서의 아류로서 문학성 있는 작품은 거의 없었다.

(4) 초서와 『캔터베리 이야기』

중세의 가장 대표적인 시인은 초서이다. 초서는 백년전쟁(1337-1453)이 진행 중이던 시기에 살았는데 이 시대의 영국은 중세의 봉건질서가 서서히 무너지면서 정치적, 사회적으로 아주 불안했다. 흑사병이 창궐(1348-1350)했고, 농민반란(1381)이 발발했다.

초서는 이태리 르네상스 작가들에게서 받은 영향을 바탕으로 영국적인 특색을 나타내는 작품을 썼다. 프랑스 작품을 번역하거나 모방한 이전 작품들과는 달리 영국적인 작품을 영어로 썼다. 초서는 런던의 영어를 중심으로 중세영어의 표준을 세웠다. 초서는 영시의 기본 운율(meter)인 약강 5보격(iambic pentameter)에 각운을 달아서 영웅이행연구(heroic couplet)를 만들었다. 이로써 그는 영시에서의 이행연구 형식 사용을 확립했다. 음악적 감흥을 불러일으키는 시어 선택 및 배열에서도 그는 독창성을 발휘했다. 그의 언어는 간결하면서도 때로는 우회적이고 생생하며 박진감이 넘친다. 그래서 18세기의 문필가 드라이든(John Dryden, 1631-1700)은 그를 '영시의 아버지'라고 평가했다.

초서의 대표작 『캔터베리 이야기』는 영문학의 최대 걸작 중의 하나로 평가받고 있다. 재미있고 도덕적인 이야기 모음집으로서 영국 사회를 재현한 독창적인 소재와 내용을 다루고 있다. 캔터베리의 성지로 순례를 가는 30여명이 여관에서 여관 주인의 제의에 따라 번갈아가며 서로에게 이야기를 들려주는 형식이 이 작품의 전체 틀을 이룬다. 원래는 여관 주인을 제외한 30명이 갈 때 2편, 올 때 2편, 총 120편의 이야기를 하기로 했지만 1400년 작가가 사망하면서 약 24편의 미완성의 이야기로 남게 되었다. 중세에 쓰였지만 초서가 르네상스를 경험했던 연유로 인본주의 성격이 강하다.

초서는 이 작품에서 각계각층의 인간 군상들을 풍자는 하되 관용과 유머가 가득 찬 여유 있는 필치로 그려냈다. 각 인물마다 그 신분과 성격에 부합하는 언어를 사용함으로써 그 인물을 더욱 현실감 있고 생생하게 보여준 초서의 인물형상화는 압권이다. 그는 우회적이고 풍자적인 이야기를 통해 종교적 권위를 남용하는 위선적인 성직자들을 강도 높게 비판했다. 그의 풍자와 비판은 교회 전체를 향한 것이 아니라 타락한 성직자에 국한된 것이었다.

캔터베리는 당시 신성한 성지 순례지로 각광받았는데 그렇게 된 배경은 다음과 같다. 영국 교회가 세속권력으로부터 끊임없는 도전을 받고 있던 중 12세기에 캔터베리 대성당에서 살인극이 벌어지게 되었다. 헨리 2세와 사사건건 맞서며 로마의 교권을 옹호하던 캔터베리 대주교 토마스 베케트를 왕의 부하 네 사람이 대성당 안에서 도끼로 찍어 죽였다. 이 사건 이후 토마스 베케트 대주교는 순교자가 되고 캔터베리는 일약 유명한 순례지가 되었다. 하지만 당시의 순례여행이란 본래의 경건한 목적에서 크게 벗어나 초서 시절에는 미풍양속을 해칠 우려가 있는 난잡한 집단 소풍행각으로 타락해 가고 있었다. 이러한 사실이 『캔터베리 이야기』에 그대로 반영되어 있다.

초서는 가공의 순례여행을 꾸며내어 그것을 다수의 이야기를 한데 묶는 '이야기 틀'(framing device)로 이용했다. 『캔터베리 이야기』는 열 명의 등장인물이 열흘 동안에 각기 1개씩 총 일백 개의 이야기를 하는, 이태리 작가 보카치오(Giovanni Boccaccio, 1313-1375)의 『데카메론』(*Decameron*, 1350?-1353)과 유사한 형식을 띠고 있다. 하지만 초서는 이 형식을 차용하되 독창성을 발휘했다. 보카치오의 경우에는 화자와 그가 하는 이야기 사이에 별다른 관련성이 없어서 화자와 이야기를 연관 짓는 것이 무의미하다. 그러나 『캔터베리 이야기』에서 순례자가 하는 이야기는 순례자 자신과 밀접한 연관성을 가지면서 서로를 조망해준다. 각 이야기는 말하는 순례자의 성격을 드러내주는 한편, 순례자들 사이의 다툼과 논쟁을 유발하는 역할을 한다. 각 이야기 사이사이의 '연결부'(links)에서 순례자 끼리 주고받는 적의 있는 앙갚음은 그들의 성격을 드러내는 하나의 드라마가 된다. 순례자의 이야기와 순례자들 사이의 관계를 둘러싼 드라마가 동시에 주어지는 것이다.

초서는 『캔터베리 이야기』에서 당대 유행했던 여러 형식들, 즉 로맨스, 우화시(fabliau), 성인전(legend), 설교문(sermon), 교훈담(exemplum) 등을 차용하되 그 운용에 있어서 독창성을 발휘했다. 그 결과 초서는 널리 알려져 식상할 수도 있는 이야기를 재기발랄하고 활기 찬 이야기로 바꿔 놓았다.

「총 서시」는 순례에 참가한 인물들의 여행 동기, 행색, 그리고 성격을 묘사하고 있다. 30여명의 인물이 묘사되어 있는데 이들은 중세 말 영국사회의 각계각층을 망라한다. 전투에 참가하여 이교도들과 싸운 이상적인 기사(Knight), 일반적인 연애시에 흔히 등장하는 유형의 수습기사(Squire), 풍자문학에서 수녀들을 비난할 때 항상 등장하는 수녀원장(Prioress), 중세기 풍자의 대상이었던 사냥꾼 수사

(Monk)와 아첨꾼 탁발승(Friar), 변호사(Lawyer), 자유농민(Franklin), 사기꾼 의사(Physician), 다섯 번이나 결혼한 바스의 여장부(The Wife of Bath), 목사(Parson), 간교한 장원지기(Reeve), 공갈과 협박에 능한 소환리(Summoner), 야비한 위선자인 면죄부 판매자(Pardoner), 대학생(Clerk)에서부터, 방앗간 주인(Miller), 목수(Carpenter), 직조공(Weaver), 농부(Plowman), 요리사(Cook), 선원(Shipman) 등의 하류계층의 사람들까지 등장한다. 이렇듯 초서는 중세 말 영국 사회의 거의 모든 계층과 직업을 대변하는 다양한 인간 군상을 통해 그 시대의 생활상과 그들의 다양한 가치관을 생생하게 포착해냈다. 동시에 시공을 초월한 갖가지 전형적인 인간의 모습으로 형상화했다.

다음은 860행으로 이루어진 「총 서시」("The General Prologue") 중 1-18행이다.

Whan that April with his showers soote — Its / sweet
The droughte of March hath perced to the roote,
And bathed every veine in swich licour, — such / liquid

캔터베리로 향하는 순례객들

「캔터베리 이야기」

Of which vertu engendred is the flowr;
Whan Zephyrus eek with his sweete breeth — also
Inspired hath in every holt and heath — grove / field
The tender croppes, and the yonge sonne — shoots
Hath in the Ram his halve cours yronne,
And smale fowles maken melodye
That sleepen al the night with open yë- — eye
So priketh hem Nature in hir corages -
Thanne longen folk to goon on pilgrimages, — go
And palmeres for to seeken straunge strondes
To ferne halwes, couthe in sondry londes; — known
And specially from every shires ende
Of Engelond to Canterbury they wende,
The holy blisful martyr for to seeke
That hem hath holpen whan that they were seke. — helped / sick

주

vertu: power.

Ram: 태양의 궤도인 황도를 중심으로 남북으로 각각 8도의 폭을 가진 상상적인 구대인 황도대(zodiac) 안에서 태양과 달 및 주요 행성이 운행한다고 보았다. 이 구대를 12등분하고 거기에 별자리를 하나씩 배치하여 황도 12궁이라 한다. Ram은 백양궁으로 춘분점(3.21)을 기점으로 한다.

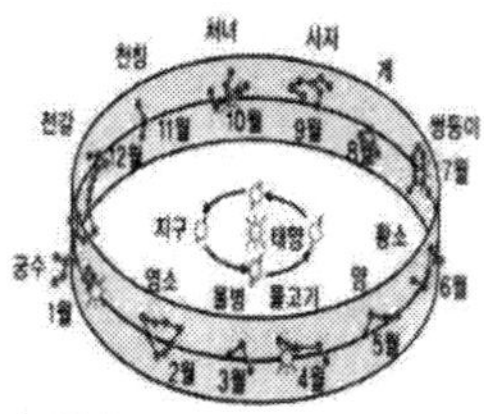

황도 12궁

straunge: starange. 낯선.

ferne: far-off.

halwes: holy places, shrines.

hallow: 성자.

sondry: sundry. various.

wende: went.

다음은 중세영어로 쓰인 시의 철자를 현대 영어식으로 고쳐놓은 라이트(David Wright)의 번역이다.

When the sweet showers of April have pierced
The drought of March, and pierced it to the root,
And every vein is bathed in that moisture
Whose quickening force will engender the flower;
And when the west wind too with its sweet breath
Has given life in every wood and field
To tender shoots, and when the stripling sun
Has run his half-course in Aries, the Ram,
And when small birds are making melodies,
That sleep all the night long with open eyes,
(Nature so prompts them, and encourages):
Then people long to go on pilgrimages,
And palmers to take ship for foreign shores,
And distant shrines, famous in different lands;
And most especially, from all the shires
Of England, to Canterbury they come,
The holy blessed martyr there to seek,
Who gave his help to them when they were sick.

4월의 감미로운 소나기가
3월의 가뭄을 뿌리까지 속속들이 꿰뚫고,
꽃을 피게 하는 축축한 습기로
온 세상 나뭇가지의 잎맥을 적시어 줄 때,
서녘 바람 또한 달콤한 입김으로
모든 숲과 들판에서 부드러운 새순에 생명력을 불어넣어 줄 때,
갓 나온 태양이 백양궁의 반절을 달렸을 때,
밤새도록 온통 뜬 눈으로 잠을 자던
작은 날짐승들이 저마다 노래를 부를 때,
(자연은 그렇게도 그들의 가슴을 설레게 하네)
이때 사람들은 순례를 떠나고 싶어 하며
성지 순례자들은 낯선 해안을 향하여,
그리고 다른 나라에서 널리 칭송되는
멀리 있는 성지를 찾아가려 하네.

특히 영국에서는 고을마다 앞을 다투어
캔터베리로 사람들이 몰려들어,
병들어 고생할 때, 그들을 도와준
거룩하고 축복받은 순교자들을 찾아가네.

해설

중세기에 쓰인 이 작품이 고대영시인 『베어울프』와 다른 점은 다음과 같다. 첫째 영웅담이 아니라 각계각층의 인간 군상이 등장하는 순례객들의 이야기이다. 둘째 『베어울프』의 분위기는 장엄하면서도 침울하지만, 여유 있는 필치로 쓰인 『캔터베리 이야기』는 쾌활한 유머로 가득하다.

순례를 목표로 모인 사람들이 봄을 맞은 행락객처럼 묘사된 것이 흥미롭다. 사람들이 종교적 열정에서 순례를 떠나기로 했다기보다는 춘정을 이기지 못해 길을 나선 것이다. 여기에 중세 후기의 세속적 분위기가 잘 포착되어 있다.

Ⅱ. 르네상스기: 16세기와 17세기 전반

튜더 왕조가 문을 연 1485년부터 시작해서 엘리자베스 시대, 제임스 1세(James Ⅰ, 재위 1603-1625)와 찰스 1세(Charles Ⅰ, 재위 1625-1649)의 재코비안 캐롤라인(Jacobean Caroline) 시대, 그리고 청교도 혁명과 공화정을 거쳐 1660년 왕정복고 전까지를 르네상스기로 구분한다. 세분하면, 15세기 말에서 16세기 문학은 엘리자베스 시대 문학이라고 지칭할 수 있다. 17세기 문학은 제임스 1세가 즉위한 1603년부터 찰스 1세가 크롬웰의 의회파에 의해 참수된 1649년까지의 재코비안 캐롤라인 시대의 문학과, 17세기 후반의 왕정복고 시대 문학으로 나뉜다. 재코비안 시대(1603-1625)는 제임스 1세의 통치 기간을 지칭하는데, 이 이름은 제임스 1세의 라틴어 이름인 재코버스(Jacobus)에서 유래했다. 캐롤라인 시대(1625-1649)는 찰스 1세의 라틴어 이름인 캐로러스(Carolus)에서 연유한 것이므로 찰스 1세의 치세기간을 가리킨다. 16, 17세기 동안 잉글랜드는 봉건적인 정치, 경제, 종교 체제를 벗어나 근대적인 국가로 급속하게 발전했다. 유럽의 변방 국가에서 강대국 중의 하나가 되었고, 가톨릭 국가에서 영국 국교회 국가로 변모했다.

1. 16세기 (1485-1603, 튜더왕조 시대)

1) 역사, 사회적 배경

귀족들끼리 벌였던 장미전쟁을 종식시키고 튜더 왕조 시대의 막을 연 헨리 7세는 새롭게 부상하고 있는 중류 계층을 관료로 임용하여 귀족을 견제하면서 왕권을 강화했다. 그는 왕을 중심으로 한 중앙집권적 근대국가의 형태를 갖추어 나갔다. 헨리 7세의 아들인 헨리 8세(Henry Ⅷ, 재위 1509-1547)는 세금을 징수하여 재정을 확보해 나가면서 중앙집권적 왕권을 강화하고 해군력을 증강했다. 1536년 헨리 8세는 웨일즈를 합병했고, 아일랜드를 대대적으로 침략하여 식민지로 만들었다. 아일랜드의 식민사는 이때 시작된 것으로 1937년 정식으로 독립할 때까지 약 400년간 잉글랜드의 통치를 받았다.

헨리 8세는 원래 독실한 가톨릭 신자로서 본의 아니게 종교개혁을 하게 되었다. 잉글랜드의 종교개혁은 왕위를 계승할 적자 아들을 얻기 위해 이혼을 합법화하려는 과정에서 이루어진 것으로서, 루터(Martin Luther, 1483-1546)와 캘빈(John Calvin, 1509-1564)이 교회 제도의 부패를 비판하면서 주도한 유럽의 급진적인 종교개혁과는 그 성격이 달랐다. 헨리 8세는 죽은 형의 아내인 아라곤의 캐서린(Catherine of Aragon)과 결혼했지만 아들이 없자 이혼 후 독신의 신분으로 앤 볼린(Anne Boleyn, 1504-1536)과 결혼하려 했다. 교황이 이혼을 반대하자 헨리 8세는 교황권을 철폐하고 잉글랜드 국교회(Church of England, Anglican church)를 만들어 1534년 '수장령'(Act of Supremacy)을 발표하면서 자신이 수장이 된다. 로마 가톨릭 교회에서 잉글랜드 교회를 분리하는 잉글랜드식 종교개혁이라고 할 수 있는데, 국교회는 예배형식이 가톨릭교와 유사하다는 점에서 유럽의 신교(Protestant)와는 다르다. 잉글랜드 국교회는 성공회라고도 지칭된다. 헨리 8세는 교황의 교권을 부인하며 세속적, 종교적 모든 재판권을 자신이 행사해서 수도원을 해산하고 그 재산을 몰수했다. 이를 바탕으로 잉글랜드는 국왕 중심의 근대 국민국가가 되었다.

헨리 8세가 여러 번의 이혼을 불사하면서 힘겹게 얻은 아들 에드워드 6세(Edward Ⅵ, 재위 1547-1553)가 요절하자 캐서린의 딸인 메리(Mary Ⅰ, 재위 1553-1558)가 왕위에 올랐다. 메리는 이미 국교회 국가가 된 잉글랜드에서 스페인 출신 어머니의 종교인 가톨릭을 부활시키고 국교에 가담한 많은 신교도들을 희생시켰다. 때문에 메리는 "피의 메리"(Bloody Mary)라는 별칭을 얻었다.

메리의 죽음 후 앤 볼린의 딸인 엘리자베스(Elizabeth, 재위 1558-1603)가 왕위에 올랐다. 엘리자베스의 즉위 후 메리의 박해를 피해 대륙으로 망명했던 신교도들이 영국으로 돌아왔다. 종교적으로 분열된 상황 속에서 엘리자베스는 성공회가 국교임을 재차 확인하면서도 중도 노선을 취했다. 국교회의 예배 형식은 강요했지만, 신앙은 가톨릭교나 청교도나 각자 알아서 갖도록 허용한 것이다. 국교회는 가톨릭적인 요소를 적지 않게 답습했는데 16세기 후반에 국교회 내부에서 생긴 청교도(Puritan)는 캘빈의 사상에 따라 교회를 개혁하려 했다. 신교도들은 엘리자베스 1세의 중도정책에 반대하면서 가톨릭적 요소를 제거할 것을 주장했다. 16세기, 17세기 내내 잉글랜드는 가톨릭, 국교회, 청교도로 나뉘어 심각한 종교적 갈등을 겪게 된다.

엘리자베스 때의 잉글랜드는 가톨릭 국가들인 스페인 및 프랑스가 국내의 가톨릭 세력인 아일랜드, 스코틀랜드와 연합하여 포위함으로써 대외적으로 고립의 위기에 처하기도 했다. 하지만 엘리자베스는 자신의 결혼 가능성을 전략적으로 활용하여 강국들 사이에서 균형을 잡으며 안정을 유지했다. 국내외의 위기 속에서 엘리자베스는 든든한 구심점이 되어 국민으로서의 의식이 강해지기 시작했던 잉글랜드 인들을 결속시켰다. 강력한 통일국가를 정립한 엘리자베스 여왕은 후에 숭배의 대상으로까지 추앙될 정도로 국민들로부터 절대적 지지를 받았다. 여왕은 해적 출신 드레이크(Francis Drake)를 해군 제독으로 임명하여 1588년 스페인의 아마다(Armada) 무적함대를 격파하게 했다. 이로써 잉글랜드는 해상권을 제패했고 이는 해외 무역의 번성으로 이어졌다. 1600년 설립된 '동인도회사'는 그 전초기지였다. 동인도회사는 1595년 네덜란드가 인도 항로로 진출하여 향료 무역을 본격적으로 개시하자 이에 자극 받은 런던의 상인들이 중심이 되어 설립되었는데 엘리자베스 1세는 이곳에 특허를 주어 동인도 지역 무역을 독점하게 했다. 동인도회사는 후에 영국이 인도를 지배하게 되는데 큰 역할을 하게 되었다. 정치적 안정과 경제적 번영을 기반으로 엘리자베스 여왕 시대에는 문화가 활짝 꽃을 피웠다.

스페인 무적함대 격파

동인도회사

헨리 8세와 엘리자베스 1세의 튜더 왕조는 중앙집권적 절대군주제를 정립했다. 15, 16세기에 걸쳐 전개된 1차 인클로저 운동을 통해 대토지를 소유한 자영농민들이 막대한 부를 축적했고, 16세기 후반 생산의 축이 토지에서 상업으로 이동한 결과 상인 등이 부상했다. 이들 중산계급들은 젠트리(gentry)라고 지칭된다. 지방의 부유한 젠트리 계층은 중앙 정부로 진출할 기회도 잡았다. 젠트리의 약진으로 문학적 관심이 귀족에서부터 중산계층으로까지 넓혀졌으며 이는 16세기 말 문학의 내용과 형식에 영향을 미쳤다.

2) 문학

16세기 초의 영국은 중세 교회의 권위에서 벗어나 르네상스의 이념을 받아들였다. 이에 따라 영국인의 사상과 생활은 급속도로 변해갔다. 고전학문과 이태리 및 프랑스 문학의 영향을 받는 가운데 문학적으로도 여러 새로운 실험이 행해졌다. 소네트 형식의 도입과 영국화가 그 하나의 예이다.

(1) 16세기 시

16세기의 대표적인 시는 소네트(sonnet)이다. 소네트는 각운을 가진 14행의 서정시이다. 14세기 이태리의 궁정문학으로 유행했고 그 대표적인 시인은 페트라르크(Petrarch)이다. 그의 이름을 따서 페트라르칸 소네트(Petrarchan sonnet)라고 부르기도 한다. 페트라르칸 소네트는 abba abba/ cde cde의 각운을 가지며 앞의 8행을 옥타브(octave), 뒤의 6행을 세스텟(sestet)이라고 하는데, 보통 옥타브와 세스텟으로 나뉘어 그 내용이 전개된다. 이 시들은 주로 보답 받지 못하는 사랑을 주제로 했는데 여기에서 '페트라르칸 러브'라는 용어가 생겨났다.

북상하는 르네상스의 기운 속에 소네트를 이태리에서 영국으로 처음 들여온 사람은 와이어트(Thomas Wyatt, 1503?-1542)였다. 와이어트는 페트라르칸 소네트 형식과 함께 궁정풍 연애시(courtly love poetry) 양식을 처음으로 영국에 도입했다. 이어 써리 백작(Earl of Surrey, 1717?-1547)은 소네트를 영어로 쓰기 쉬운 형식으로 바꾸고 무운행(blank verse), 즉 각운이 없는 약강 5음보(Iambic Pentameter)를 영문학 사상 최초로 사용하면서 영국적으로 만들었다. 그는 각운을 abab cdcd efef로 바꾸고 각 4행을 기본적 단위로 하여 생각을 순차적으로 발전시켜 나갔다. 이 무운행은 이후 영문학에서 가장 기본적인 스타일이 된다. 셰익스피어도 이 영국식 소네트를 이용했고 영국식 소네트는 '셰익스피어식 소네트'(Shakespearean Sonnet)라고도 불린다. 소네트는 1590년경에 연작의 형태로 발전하는데, 이를 소네트 연작(sonnet sequence)이라고 한다. 소네트는 엘리자베스 여왕 말기에 번창했다가 17세기에 소멸했다.

이 외에도 스페인의 무적함대 격파 이후부터 세기말에 이르기까지 훌륭한 문학작품이 많이 나왔다. 대표적인 시인인 스펜서(Edmund Spencer, 1552-1599)는 서사시와 영웅적 이상이라는 고전적 요소를 기사도 문학이나 알레고리 등의 중세적 요소와 결합했다. 이러한 문학작품을 통해 스펜서가 의도한 것은 16세기 영국의 정치, 사회적 관심사에 대한 자신의 입장 표현이었다. 알레고리적 성격이 강한 운문 로맨스인 『선녀 여왕』(*The Faerie Queene*, 1590-1596)에서 스펜서는 이상화된 과거인 아서 왕과 그 기사들의 영광스러운 세계를 재창조했다. 요정의 나라에 군림하는 선녀 왕 글로리아나(Gloriana)는 엘리자베스 1세를 칭하는 것으로, 엘리자베스 여왕을 찬미하는 것이 이 책의 궁극적 목적이다. 이 점에서 이 작품은 기사도 로맨스이면서 다른 한편으로는 엘리자베스 여왕을 정점으로 한 국가적 서사시이기도 하다. 이 시는 1권에서 7권까지 독립된 이야기를 주제로 하여 구성되었다. 각 권마다 주인공은 기사에게 필수적인 덕목을 상징하는 신성(Holiness), 절제(Temperance), 순결(Chastity), 우정(Friendship), 정의(Justice), 불변(Constancy)과 같은 알레고리(우의)적 인물들이다. 영웅담, 애정담, 일화들로 구성되는데 각각은 정치적, 도덕적, 종교적인 비유의 의미를 함축하고 있다. 스펜서는 여기에서 신교도를 옹호했다.

시드니(Philip Sydney, 1554-1586)는 영국 최초의 소네트 연작인 「아스트로펠과 스텔라」("Astrophel and Stella", 1581-1583)를 썼다. 여러 소네트가 각기 독립되어 있지만 전체적으로는 통일된 이야기와 구조를 갖고 있는 형식의 연작이다. 이 시집의 주제는 이루어질 수 없는 사랑의 아픔, 즉 '페트라르칸 러브'이다. 제목인 아스트로펠과 스텔라는 별을 사랑하는 사람과 별이라는 의미를 갖고 있어서 이 시의 주제를 압축적으로 시사한다. 이 밖에도 시드니는 목가 로맨스인 『아케이디아』(*Arcadia*, 1590)와, 『시의 옹호』(*An Apologie for Poetrie*, 1583)를 썼다. 『시의 옹호』에서 시드니는 문학이 거짓말을 진실처럼 말하기 때문에 부도덕하다는 청교도적 비판에 맞서기 위해, 고대와 중세에 있었던 문학관을 총동원하여 문학의 도덕적 유용성을 주장했다.

(2) 16세기 드라마

16세기까지도 중세 드라마인 싸이클 플레이(cycle play)가 사라지지는 않았다. 하지만 르네상스의 영향으로 로마 시대의 극작가 테렌스(Terence)와 세네카(Seneca)의 영향을 받게 되면서, 1550년대에 이르러 근대극으로서의 모습을 갖추기 시작했다. 중세 영국의 극작가들이 고전비극이나 아리스토텔레스의 비극 이론을 알고 있지 못했던 반면, 엘리자베스 시대의 극작가들은 16세기 중엽에 소개된 고전극과 아리스토텔레스의 극 이론의 영향을 받았다. 엘리자베스 시대 극작가들은 세네카 비극의 영향을 받아 5막 구조, 시간과 장소의 일치, 코러스, 과장된 문체, 격렬하고 피비린내 나는 플롯, 웅변적이고 수사적인 연설조의 대사 등을 활용했다. 당시에 세네카의 비극을 모방한 최초의 작품은 왕위 계승 분쟁의 위험을 극화한 토마스 새크빌(Thomas Sackville)과 토마스 노턴(Thomas Norton)의 『고보덕』(*Gorboduc,* 1561)이었다. 이 극이 상연된 1562년은 엘리자베스 여왕 즉위 4년 후, 즉 셰익스피어(Shakespeare)가 태어나기 2년 전이었다. 왕이 왕국을 미리 세 자녀에게 나누어주었다가 비참한 결과를 맞이하게 된다는 것이 이 극의 내용이었다. 고전적인 형식에 영국적인 내용을 융합시킨 이 새로운 형태의 극은 엘리자베스 여왕 시대에 역사극이 발달하는데 영향을 주었다. 영국 드라마 역사상 최초로 무운행으로 쓰여 진 이 극은 근대극의 효시로 평가받고 있다.

엘리자베스조의 혈기왕성한 사람들은 교수형과 참수형을 포함하여 무대 위에 유혈이 낭자한 격렬한 이야기를 좋아했다. 가령 토마스 키드(Thomas Kyd, 1558-1594)의 『스페인 비극』(*The Spanish Tragedy,* 1592)은 스페인의 왕후와 귀족 사이에 만연한 음모에 가련한 젊은 남녀의 순애보가 얽히는 복수에 관한 이야기인데 살인으로 대단원의 막을 내린다. 이 복수극은 세네카가 애용한 복수, 살인, 유령, 대학살 등의 요소를 활용했다. 세네카의 극이 폭력과 살상을 단지 보고하는데 그쳤다면 키드는 그것을 직접 무대에 올렸다. 이와 함께 심리적 비극성을 보여줌으로써 고양된 비극 양식을 선보였다. 『스페인의 비극』

이후에 유혈과 복수를 주제로 하는 비극이 유행하게 되었는데, 셰익스피어의 『햄릿』도 이 유형에 속한다.

근대로 접어들면서 관객과 극장과 전문 직업배우가 생겨났다. 이는 축제의 날 혼잡한 거리의 임시무대에서 아마추어 배우인 동업조합원들이 극을 공연했던 이전 시대와는 달라진 점이다. 언제든지 연극을 보고 싶어 하는 사람들과, 연극 공연을 직업으로 삼으려는 사람들이 점차 늘어나기 시작하면서 극장이 생겨난 것이다. 장소는 여관 안의 앞마당이었다. 당시의 여관은 안마당을 빙 둘러 에워싼 형태로 세워진 건물이었는데, 배우들은 마차를 타고 안마당으로 들어가, 그 마차를 무대로 삼아 연기했다. 여관 객실의 손님들은 복도로 나와 안마당을 내려다보며 연극을 구경했다. 마을 사람들은 안마당에 서서 마차를 올려다보며 연극을 보았다. 연극의 인기가 좋을 경우 하루나 이틀 동안 같은 장소에서 공연을 계속했다.

16세기 후반기에는 여인숙 안마당 등 임시로 마련된 공간이 아닌 전용 공간에서 연극이 공연되기 시작했다. 최초의 상업극장은 1576년 제임스 버비지(James Burbage)가 세운 극장(The Theatre)이었다. 이 극장이 세워진 곳은 런던 시 외곽, 즉 시의 사법권이 미치지 못하는 교외였다. 이는 런던 시의 경건한 시민들 특히 청교도들이 극장이 부도덕하다고 생각하며 적대적이었기 때문이다. 뒤이어 1577년 커튼 극장(The Curtain), 1592년 장미 극장(The Rose), 1596년 백조 극장(The Swan) 등이 잇달아 세워지고 마침내 1608년에는 셰익스피어 극단의 전용

글로브 극장(The Globe)

극장인 글로브 극장(The Globe)이 세워졌다. 셰익스피어 극단은 글로브 극장 이외에도 블랙프라이어즈(Blackfriars) 극장에서 공연했다.

전형적인 엘리자베스 시대의 극장은 3층의 원형(또는 8각형) 건물이었다. 돌출된 무대 앞에 앞마당이 있었고, 이 앞마당을 둘러싼 삼면에는 좌석이 있는 객석이 있었다. 앞마당의 좌석은 일반석 관객들(groundlings)을 위한 무대 앞 맨바닥(pit) 자리이고, 복도는 지붕이 덮인 화랑(gallery)인 상층 관람석이었다. 객실에서 그대로 구경하는 고급 관람석은 특별석(box)이라고 불렸다. 일반석 관객들보다 더 적은 관람료를 낸 사람들은 무대 앞에 서서 연극을 보았는데, 무대가 마당 쪽으로 튀어 나와 있었기 때문에 관객들은 무대를 빙 둘러서서 구경할 수 있었다. 앞마당과는 달리 무대 위에는 궂은 날씨를 대비해 지붕이 있었다.

엘리자베스 시대 극장의 무대 배경은 보잘것없었다. 하지만 화려한 의상이나 깃발 등을 사용해 시각적 볼거리를 제공해 주었고, 유연한 연출과 속도감 있는 연기로 극은 활력이 넘쳤다. 온갖 계층이 몰

엘리자베스 시대의 극장 구조

려들어 연극을 즐겼는데, 이는 엘리자베스 시대 드라마가 갖는 역동성의 원천이었다. 이 시대의 극은 독자적인 근대국가를 형성해가던 영국 국민들을 하나로 통합하는 중요한 역할을 했다.

엘리자베스 시대에는 전문적인 극단이 처음으로 출현했다. 중세에는 각 길드조합이 축제 때 공연을 담당했었고 16세기 중반까지도 귀족의 하인이나 대학생들과 같은 아마추어들이 연극을 공연했다. 그러다가 16세기 중반에 들어와서 전문적으로 공연을 하는 순회극단이 생겨난 것이다. 이들은 법적으로 부랑아 같은 신분이었는데, 최소한의 법적인 보호를 받기 위하여 명목상 귀족의 하인이 되거나 궁정관리 소속이 되기도 했다. 가령 셰익스피어가 속했던 퀸즈 멘(Queen's Men)과 에섹스 멘(Essex's Men) 등이 그 예이다. 이 시기의 극단에서는 남자배우만 활동할 수 있었으므로 여성 역할은 아직 변성기가 안 된 소년배우가 맡았다. 무대에 실제로 여성 배우가 등장한 것은 1660년 왕정복고 이후의 일이었다.

극작가들의 경우, 처음에는 런던의 법률학교(Inns of Court) 출신의 아마추어들이 극을 썼다. 이들은 법률을 공부하면서 크리스마스 때 자신들의 창작물이나 라틴 극을 제작해서 학교 안에서 비상업적으로 공연을 하곤 했다. 그러다가 대학 출신의 작가(University Wits)들이 본격적으로 극을 쓰게 되면서 전업 작가로 활동하게 되었다. 그 대표적인 인물이 크리스토퍼 말로우(Christopher Marlowe, 1564-1593)이다. 대학 출신의 작가들이 극작가로 나서게 되면서 영국의 극은 그리스와 라틴 극의 영향을 받게 된다. 엘리자베스 시대 극작가로는 토마스 키드(Thomas Kyd, 1558-1594)와 크리스토퍼 말로우 등의 비극작가와, 낭만 희극을 썼던 존 릴리(John Lyly, 1553-1606)와 로버트 그린(Robert Greene, 1558-1592)이 있다.

셰익스피어는 희극, 비극, 희비극, 사극의 장르를 넘나들면서 엘리자베스 시대와 제임스 시대에 걸쳐 많은 걸작을 남겼다. 1590년대 즉 엘리자베스 시대 말기에는 주로 희극과 사극을 썼고, 1600년대에는 비극과 희비극을 썼다. 그의 희극은 대부분 남녀의 구애와 결혼을 다룬 낭만희극으로 화해와 희망을 지향한다.

(3) 16세기 산문

르네상스(Renaissance), 즉 문예부흥은 중세 말에 고대 그리스와 로마의 고전을 재발견하고 인간 중심의 가치관을 부활하여 중세 봉건제와 교회의 속박으로부터 인간을 해방시키려는 풍조를 가리킨다. 14세기 이태리에서 시작된 르네상스는 16세기에 이르러서야 영국에 도입되었다. 르네상스를 이끈 주된 이념은 신이 아닌 인간을 사유의 중심에 놓고 인간의 존엄성을 존중하는 휴머니즘, 즉 인본주의 혹은 인문주의이다. 영국의 르네상스는 엘리자베스 시대에 정점에 이르렀다. 당시 정치적, 경제적, 종교적 변화 속에서 인간을 중심으로 생각하는 인문주의자들이 등장하여 사회를 개조하려 했다.

영국의 선구적인 인문주의자는 『유토피아』(*Utopia*, 1516)를 쓴 토마스 모어(Thomas More, 1460?-1524)이다. 모어는 교회의 문제점들을 지적하고 신랄하게 비판했다. 이는 중세교회의 독단적이고 절대적인 권위를 그대로 수용하는 것이 아니라 신과 인간의 관계를 새롭게 바라보려는 르네상스적 관점에서 비롯된 것이다.

인문주의자들은 인간의 능력과 가능성이 교육에 의해 최대한도로 개발된다고 믿고 있었기 때문에 교육과정에 각별한 관심을 쏟았다. 교육은 고전과 성경에 바탕을 두어야 하고, 수사학, 윤리, 문학, 역사 등의 일반교양 과목에 치중해야 하며, 성직자를 길러내는 데 치우칠 것이 아니라 국가가 필요로 하는 교양과 지성을 겸비한 인재를 양성해야 한다는 것이 인문주의자들의 생각이었다. 교육을 강조한 대표적인 인문주의자들로는 네덜란드에서 건너와 영국의 교육과 사상 면에서 큰 영향을 미친 에라스무스(Erasmus), 『통치자』(*The Book named the Governor*, 1531)와 『아동교육론』(*A Declamation on the Subject of Early Liberal Education for Children*, 1529) 등 교육에 대한 저술을 남긴 교육이론가 토마스 엘리어트(Thomas Elyot, 1490-1546)가 있다. 이 밖에 휴머니즘에 입각한 문학 옹호론을 남긴 필립 시드니(Philip Sydney, 1554-1586)도 당시의 인문주의자이다.

1500년부터 1650년경까지의 영국의 문예 부흥기에는 고전어인 그리스, 라틴어에 대한 관심이 높아졌고, 버질(Virgil), 오비드(Ovid), 호러스(Horace), 테렌스(Terence), 그리고 호머(Homer) 등의 고전 작품 번역이 활발하게 이루어졌다.

(4) 개별 작가와 작품

① 크리스토퍼 말로우

말로우(Christopher Marlowe, 1564-1593)는 시인이자 극작가이다, 제화업자의 아들이었으나 케임브리지에서 학위를 받을 만큼 교육을 잘 받았다. 무신론, 동성애, 폭음, 싸움 등으로 악명을 떨칠 정도로 분방하고 격렬한 삶을 살다가 젊은 나이에 세상을 떠났다. 르네상스 시대를 산 시인답게 인간과 인간의 잠재력에 관심이 많았다.

말로우는 셰익스피어 이전의 극작가 중에서 가장 위대한 작가로서 엘리자베스조의 극문학 특히 비극을 본격적인 궤도에 올려놓았다. 그는 야망을 추구하면서 인간의 한계를 초월하려는 인물들을 극화함으로써 르네상스 특유의 정신을 잘 그려냈다. 플롯의 통일성이 결여

되어 완성도가 떨어진 면이 있으나 그의 극은 강렬하고 힘차다. 여러 편의 비극에서 말로우는 무운행을 거의 완성의 경지에 올려놓았다. 또한 웅대한 스케일로 극적 갈등을 박진감 있게 표출해낸 것도 그의 예술적인 성취이다. 그래서 말로우는 '영국 시극의 아버지'라고 불린다. 그의 대표작은 『탬벌레인 대왕』(*Tamburlaine the Great*, 1587), 『파우스터스 박사』(*The Tragical History of Doctor Faustus*, 1588), 『몰타 섬의 유대인』(*The Jew of Malta*, 1590) 등이다. 『템벌레인 대왕』은 일개 목동이었던 템벌레인이 그칠 줄 모르는 권력욕으로 정복 왕이 되는 과정을 극화했고, 『몰타 섬의 유대인』은 부를 향한 끝없는 욕망을 다루었다. 이 작품들의 주인공은 각각 이문화 사회로부터의 침략자, 악마에게 영혼을 판 무신론자, 유대인 대금업자이다.

『파우스터스 박사』는 1588년에 초연을 했고 1604년에 출판되었다. 이 드라마는 독일에서 중세기부터 전해지는 파우스터스 전설을 르네상스 양식으로 재구성했는데, 줄거리는 다음과 같다. 파우스터스 박사는 깊은 학문의 경지에 이르렀음에도 불구하고 끝없는 지식을 갈망한다. 그는 마법으로 악마 메피스토펠레스(Mephistopheles)를 소환해서 24년 동안 자기의 바람을 모두 이루는 조건으로 마왕 루시퍼(Lucifer)에게 영혼을 판다. 이는 사후에 구원받는 것보다는 생전에 인간의 한계를 넘어서서 무한대로 성취하고 싶어 한 르네상스 정신의 표현이었다. 계약 기간 동안 온갖 지상적 소망이 성취되지만 마침내 24년의 기간이 다 끝나고 최후의 시간인 밤 12시가 임박해 오자 파우스터스 박사는 공포에 떨며 회한에 젖는다. 마침내 뇌성이 울려 퍼지는 가운데 그는 지옥으로 끌려간다는 내용이다.

말로우는 『파우스터스 박사』에서 권력과 끝없는 지식에 대한 인간의 필사적인 갈망을 강렬하게 포착하고 있다. 그는 무한한 지식욕을 지닌 파우스터스 박사의 파멸을 통해 인간의 한계를 넘어서려는 오만의 끔찍한 대가를 보여주지만 동시에 그 불굴의 정신과 추구를 고귀하게 그려낸다. 인간의 한계를 거부하고 끝없는 지식을 필사적으로 열망하는 주인공을 내세운 점에서 이 드라마는 르네상스 시대 정신에 부합한다. 또한 알레고리적인 인물 대신 사실적인 인물을 등장시켜 주인공의 내적 갈등 및 성격의 발전 과정을 보여준다. 이 점에서 『파우스터스 박사』는 권선징악적인 도덕극을 넘어서며, 셰익스피어에 의해 꽃을 피우는 영국 드라마의 발전 과정에서 중요한 과도기적 위치를 차지하고 있다. 다음은 『파우스터스 박사』의 53행부터 62행까지를 발췌한 것이다.

O, what a world of profit and delight,
Of power, of honour, of omnipotence,
Is promised to the studious artisan!
All things that move between the quiet poles
Shall be at my command: emperors and kings
Are but obeyed in their several provinces,
Nor can they raise the wind, or rend the clouds,
But his dominion that exceeds in this,
Stretcheth as far as doth the mind of man;
A sound magician is a demi-god…

아, 얼마나 유익하고 기쁘고,
권력 있고, 명예롭고 전지전능한 세계가,
학구적인 장인에게 약속되는가!
조용한 천극들 사이를 움직이는 모든 것들이
내 명령대로 움직일 것이다. 황제와 왕들은
단지 자기들의 땅에서만 지배할 뿐,
그들은 바람을 일으킬 수도, 구름을 가를 수도 없으나,
이에 있어 월등한 그의 통치 영역은,

인간의 마음 닿는 데까지 펼쳐진다.
견실한 마법사는 반신반인이다. …

말로우는 극작가일 뿐 아니라 분방한 감정을 지닌 서정 시인이기도 했다. 그는 다음과 같은 목가시를 썼다.

"The Passionate Shepherd to His Love" (1599, 1600)

Come live with me and be my love,
And we will all the pleasures prove
That valleys, groves, hills, and fields,
Woods, or steepy mountain yields.

And we will sit upon the rocks,
Seeing the shepherds feed their flocks,
By shallow rivers to whose falls
Melodious birds sing madrigals.

And I will make thee beds of roses
And a thousand fragrant posies,
A cap of flowers, and a kirtle
Embroidered all with leaves of myrtle;

A gown made of the finer wool
Which from our pretty lambs we pull;
Fair lined slippers for the cold,
With buckles of the purest gold;

A belt of straw and ivy buds,
With coral clasps and amber studs:
And if these pleasures may thee move,
Come live with me, and be my love.

The shepherds' swains shall dance and sing
For thy delight each May morning:
If these delights thy mind may move,
Then live with me and be my love.

주

prove: experience, test.
craggy: steepy.
yield: give.
to whose falls: ~떨어지는 소리에 맞춰.
madrigals: songs.
kirtle: skirt, petticoat.

「열렬한 목동이 애인에게」

그대 내 사랑이 되어 함께 살아요.
그럼 우리 골짜기와 작은 숲, 언덕, 들,
숲이나 가파른 산들이 주는
온갖 즐거움 함께 즐길 거예요.

우리 바위 위에 함께 앉아
목동들이 양떼 먹이는 모습 봐요.
냇물 소리에 맞춰
새들이 아름다운 노래하는 얕은 시냇가에서.

장미의 침대도 만들어주고
천 개의 향기로운 꽃다발과,
꽃 모자와, 도금양 잎으로
온통 수놓은 치마도 만들어 줄게요.

우리 예쁜 어린양에서 깎은
제일 부드러운 털로 짠 잠옷과,
발 시리지 않게 고운 안감대고

순금 조임쇠 단 실내화도 만들어 줄게요.

산호 고리와 호박 단추 달아,
밀집과 담쟁이 순으로 허리띠도 만들어줄게요.
이 즐거운 것들에 마음 동하면
와서 나랑 같이 살며 내 사랑 되어 주오.

오월 아침마다 당신을 기쁘게 하려고
양치는 목동들은 노래하고 춤출 거예요.
이 즐거운 것들에 마음 동하면
그럼 나랑 살며 내 사랑 되어 줘요.

해설

목동의 노래답게 정교한 수사나 세련된 어법을 사용하지 않고 단순하고 투박하게 자신의 순수한 마음과 강한 사랑을 직설적으로 표현한 시이다. 이 시의 화자는 시골 젊은이로서 사랑에 눈이 멀어 애인에게 자신이 생각할 수 있는 가장 좋은 것들을 다 주겠다고 말한다. 그의 말에는 허황된 과장이 나타난다.

② 월터 롤리 경

롤리 경(Sir Walter Raleigh, 1552-1618)은 필립 시드니와 더불어 영국 르네상스 시대의 전형적인 인물이다. 그는 군인, 궁정인, 시인, 탐험가였을 뿐 아니라, 아메리카 대륙의 버지니아(Virginia)를 탐사해서 엘리자베스 여왕에게 바친 식민지 개척자이기도 했다. 신대륙에서 담배와 감자를 영국에 맨 처음 들여온 인물이기도 하다. 그는 말로우의 '열렬한 목동'에게 다음과 같이 답시를 썼다.

"The Nymph's Reply to the Shepherd" (1600)

If all the world and love were young,
And truth in every shepherd's tongue,
These pretty pleasures might me move
To live with thee and be thy love.
Time drives the flocks from field to fold.
When rivers rage and rocks grow cold,
And Philomel becometh dumb;
The rest complains of cares to come.

The flowers do fade, and wanton fields
To wayward winter reckoning yields;
A honey tongue, a heart of gall,
Is fancy's spring, but sorrow's fall.

Thy gowns, thy shoes, thy beds of roses,
Thy cap, thy kirtle, and thy posies
Soon break, soon wither, soon forgotten.
In folly ripe, in reason rotten.

Thy belt of straw and ivy buds,
Thy coral clasps and amber studs,
All these in me no means can move
To come to thee and be thy love.

But could youth last and love still breed,
Had joys no date nor age no need,
Then these delights my mind might move
To live with thee and be thy love.

주

And truth: And truth were.
But: only if.
date: ending.

「목동에게 보내는 아가씨의 응답」

온 세상과 사랑이 항상 젊을 수 있다면,
모든 목동들의 말에 진실이 담겨 있다면,
그 예쁘고 즐거운 것들 내 마음 움직여
그대와 살며 그대 연인이 될 수 있으련만.

강물 사나워지고 바위들 차가워지면
시간은 양떼를 들판에서 우리로 몰아내고,
나이팅게일은 입을 다물고,
남은 새들은 닥쳐 올 시름을 한탄하네.

꽃들은 시들고, 무성한 들녘은
닥쳐오는 심술궂은 겨울에 굴복하네.
달콤한 말에 쓰디쓴 마음은,
공상의 봄이지만 슬픔의 가을.

그대의 가운, 신발, 장미의 침대,
그대의 모자, 치마, 꽃다발은
이내 부서지고, 이내 시들고, 이내 잊혀지리라.
어리석음 속에 익고, 제 정신일 때 썩으리.

밀짚과 담쟁이 순으로 만든 그대의 허리띠,
산호 고리와 호박 단추,
그 모든 것 결코 내 마음을 움직이지 못하니
가서 그대의 사랑 될 수 없어라.

하지만 젊음이 지속되고 사랑도 항상 새롭게 싹튼다면,
즐거움에 끝이 없고 노년에 아쉬움이 없다면,
그렇다면 이 즐거움들이 내 마음 움직여
그대와 살며 그대 연인이 될 수 있으련만.

해설

롤리는 이 시에서 현실을 직시하는 사실주의에 입각하여 환상과 허황된 과장이 덧없고 부질없다는 점을 지적한다. 단순하고 직설적인 그의 시는 장식적인 표현들과 부드러운 음악적 리듬을 지닌 당대 엘리자베스 시대의 다른 시인들의 시와 대조된다.

3) 윌리엄 셰익스피어

셰익스피어(William Shakespeare, 1564-1616)가 작가로서 활동한 시기는 1590년경부터 1612년경까지 약 20여 년간으로서, 그 기간은 16세기의 엘리자베스 1세(재위 1558-1603) 시대와 17세기 전반의 제임스 1세(재위 1603-25) 시대에 걸쳐 있다. 셰익스피어가 활동을 시작했던 16세기 후반은 엘리자베스 여왕의 시대로서 봉건 체제에서 근대국가 체제로 전환한 시기였다. 상업이 발달했으며 무적함대의 격파를 시작으로 영국은 유럽 열강에 편입되었다. 하지만 외형적인 발전의 저변에서는 인종 문제의 부상과 사회의 유동화에 따른 계층의 와해 조짐 등이 일어나고 있었다.

셰익스피어는 1553년부터 1556년에 걸쳐 소네트를 썼다. 셰익스피어 소네트는 약강 5보격(iambic pentameter)의 시로 이행연구(couplet)로 마무리된다. 운율은 abab cdcd efef gg 혹은 abba cddc effe gg에 따른다. 셰익스피어는 154편의 소네트가 실린『소네트 시집』(*The Sonnets,* 1594)을 냈다. 이『소네트 시집』은 1590년대 소네트 연작시의 궁정풍이나 신화와 연관된 요소들을 추방하고 새로운 정념의 영역을 탐색한다.

(1) 소네트

① 154편중 첫 126편에서 화자는 지체 높고 준수한 청년을 상대로 말하고 있다. 다음은 그중 18번 소네트이다.

SONNET 18

Shall I compare thee to a summer's day?
Thou art more lovely and more temperate:
Rough winds do shake the darling buds of May,
And summer's lease hath all too short a date:
Sometime too hot the eye of heaven shines,
And often is his gold complexion dimmed;
And every fair from fair sometime, declines,
By chance or nature's changing course untrimmed;
But thy eternal summer shall not fade,
Nor lose possession of that fair thou ow'st;
Nor shall Death brag thou wander'st in his shade,
When in eternal lines to time thou grow'st:
    So long as men can breathe, or eyes can see,
    So long lives this, and this gives life to thee.

주

date: period.
untrimmed: 손질이 안 된, 치장이 안 된.

소네트 18

내 그대를 여름날에 비해 볼까요?
그대는 더 사랑스럽고 더 온유해요.
거친 바람이 오월의 아리따운 봉오리를 흔들고
여름의 세 낸 기간도 너무나 짧아요.

때로 하늘의 눈, 태양은 너무 뜨겁게 빛나고
그의 황금빛 얼굴 자주 흐려져요.
우연이나 자연의 변화가 고운 치장 앗아가
미인은 누구나 언젠가는 그 아름다움 잃지요.
하지만 그대의 영원한 여름은 시들지 않고
그대가 지닌 그 아름다움 잃지 않을 거예요.
이 불멸의 시 안에서 그대가 영생을 얻을 때
죽음도 그대가 제 그늘에서 헤맨다고 뽐내진 못할 거예요.
　인간이 숨을 쉬고 눈으로 볼 수 있는 한
　이 시는 길이 살아남아 그대에게 생명을 줄 거예요.

해설

화자에게 있어서 젊은이는 시적 영감의 원천이며 이상적인 아름다움의 전형이다. 화자는 사랑스러운 젊은이를 온유함, 따뜻함, 맑음, 밝음, 아름다움을 지닌 여름날에 견주면서 찬미한다. 이어 젊은이가 시간의 파괴력을 넘어설 수 있는 영원한 자신의 시 안에서 이상적인 아름다움을 지닌 채 영원히 살게 할 것이라고 말한다.

② 127번부터 152번까지의 소네트에서 화자는 '검은 귀부인'(Dark Lady)에 대한 사랑을 말하거나 그녀의 불성실성을 책망한다. 이 여인은 검은 눈과 암갈색 피부를 지닌 것으로 그려진다. 'dark'라는 표현은 청년과의 이상적 사랑에 대비되는 어두운 정욕을 상징적으로 나타내기 위한 비유적 표현이라 할 수 있다. 남편이든 애인이든 쉽게 배반하는 이 유부녀가 시인이 흠모하는 청년을 유혹하여 그와 가까워지자, 시인은 상심하면서 그녀를 버리고 그 청년을 향한 사랑을 이어간다. 이후의 153번과 154번 소네트에서는 큐피드가 자기 횃불을 잃어버린 얘기를 공상적으로 다루고 있다.

다음 「소네트 130」은 페트라르카의 시를 패러디하면서, 페트라르카풍의 소네트가 여인을 이상화하고 과장하는 방식을 조롱한다. 당시 르네상스 시대의 소네트에서는 사랑을 현실과 동떨어진 이상적이고 신비로운 것으로 여겼고, 사랑하는 여인을 천상의 여인처럼 과장하면서 온갖 화려하고 지나친 수식어로 표현했다. 그러나 이 시는 현실에 바탕을 둔 사랑을 그리고 있다.

SONNET 130

My mistress' eyes are nothing like the sun;
Coral is far more red than her lips' red;
If snow be white, why then her breasts are dun;
If hairs be wires, black wires grow on her head.
I have seen roses damask'd, red and white,
But no such roses see I in her cheeks;
And in some perfumes is there more delight
Than in the breath that from my mistress reeks.
I love to hear her speak, yet well I know
That music hath a far more pleasing sound;
I grant I never saw a goddess go;
My mistress, when she walks, treads on the ground:
And yet, by heaven, I think my love as rare
As any she belied with false compare.

주

why: 그렇다면. 어쩌면. 뜻밖의 발견을 나타낼 때 쓰인다.
damasked: 무늬로 꾸민.
belied: 거짓 꾸며지다.

소네트 130

내 애인의 눈은 전혀 태양 같지 않고
그녀의 입술은 산호만큼 붉지 못하다.
눈이 희다면 그녀의 가슴은 거무스름하고
머리칼이 철사라면 검은 철사가 그녀의 머리 위에 자라지요.
나는 붉고 흰 무늬의 장미를 본 적이 있지만
그녀의 볼에서 그와 같은 장미를 본 적이 없지요.
어떤 향수에서는 내 애인의 숨결보다
더 큰 즐거움 주는 향기가 있어요.
나는 그녀의 말을 듣는 것을 좋아하지만
그녀의 목소리는 음악보다 더 듣기 좋은 것은 아니지요.
나는 분명 여신이 걸어 다니는 모습을 본 적이 없지만
나의 애인이 걸어갈 때는 그냥 땅을 밟고 걷지요.
그러나 맹세코 나는 내 애인이 진귀하다고 생각하오.
거짓 비유로 꾸며진 다른 어떤 여인보다도.

해설

이 소네트는 페트라르카 소네트에서 여성의 아름다움을 묘사하면서 사용하는 과장법들을 배격한다. 시각, 후각, 청각 면에서 여인의 미를 찬미할 때 사용되었던 과장법이 현실적이지 못함을 지적하면서 있는 그대로의 여인에 대한 진솔한 사랑을 노래한다.

(2) 셰익스피어의 극

셰익스피어는 다재다능했다. 글로브 극장을 전속무대로 하는 영국 최대의 극단 킹즈 멘(King's Men)의 단원이 되어 연기도 하면서 전속작가이자 공동경영자로 활동했다. 셰익스피어는 고전 작품을 비롯하여 여러 작가의 작품을 모방하면서도 이를 뛰어넘는 자신만의 독창적인 작품세계를 만들어냈다. 말로의 무운시를 더욱 정교하게 가다듬어 시극(poetic drama)을 만들어 낸 것이 그 하나의 예이다. 사극과 희극, 그리고 사극과 비극을 융합해낸 것도 그의 업적이다.

셰익스피어 극은 세네카 모방작들과는 다른 독창적인 면을 갖고 있다. 첫째 비극적 주인공의 형상화와 플롯에 있어서 아리스토텔레스의 규범을 따르지 않았다. 가령 맥베스의 주인공은 비극적인 잘못을 저지르는 선한 인물이 아니며 왕관을 차지하려고 고의로 왕을 살해하는 야심가이다. 또한 『리어 왕』은 곁 줄거리(sub-plot)을 가지고 있어서 아리스토텔레스가 내세운 이야기의 일치(unity of plot)를 지키지 않았다. 둘째 희비극(tragicomedy)이라는 순수 영국의 형식을 창조해냈다. 희비극은 죽는 사람이 없어서 비극이 아니고, 비극에 근접하는 상황이 있으므로 희극이 아니다. 죽게 되었던 안토니오가 갑작스러운 상황의 역전으로 행복한 결말을 맺는 『베니스의 상인』(*The Merchant of Venice*)이 그 예이다.

① 제 1기의 극

셰익스피어의 희곡 37편은 상연 연대에 따라 대개 4기로 분류된다. 제 1기는 습작기(1590-1595)로 주로 사극과 희극을 썼다. 이 시기는 셰익스피어가 런던에 와서 체임벌린 극단(Lord Chamberlain's Men)에 참여하기 전까지의 기간에 해당한다. 이 시기의 작품으로는 『리차드 3세』(Richard Ⅲ, 1592-1593), 『헨리 6세』(*Henry* Ⅵ, 1592-1593)의 3부작, 『헨리 4세』(*Henry* Ⅳ, 1592-1593) 제 1부 및 제 2부의 사극, 세네카 풍 복수 비극 『타이투스 안드로니쿠스』(*Titus Andronicus,* 1594), 경쾌한 희극인 『사랑의 헛수고』(*Love's Labour's Lost,* 1594-1595), 『말괄량이 길들이기』(*The Taming of the Shrew,* 1593-1594), 그리고 초기 낭만 비극의 걸작인 『로미오와 줄리엣』(*Romeo and Juliet*, 1594-1595)이 있다. 이 시기에 셰익스피어는 대중적 호응과 국가적 관심에 부응하는 작품을 집필했다.

『리차드 3세』는 조카 에드워드 5세를 살해하고 왕위를 찬탈한 리차드 3세의 이야기이다. 무서운 용모를 한 악마적 인간인 리차드는 왕좌에 오르지만 곧 헨리 7세에게 패한다. 이 극은 리차드 3세의 왕위 승계의 부당성과 헨리 7세가 시작한 튜더 왕조의 정당성을 함축하고 있다.

『헨리 4세』 제 1부 및 제 2부에서 셰익스피어는 헨리 4세의 아들 핼 왕자(Prince Hal)가 그의 친구인 술주정뱅이이자 허풍장이 존 팔스타프 경(Sir John Falstaff)과 어울려 다니다가 결국에는 팔스타프 경과 관계를 끊고 위엄 있는 국왕이 되는 과정을 그려냈다. 궁정 뿐 아니라 궁 바깥의 하류계층 사람들과 어울리는 폭넓은 경험을 통해 핼 왕자는 현명한 군주로 태어난다. 이 극에서 셰익스피어는 국가 그 자체에 대해 통찰하기 시작한다. 팔스타프는 셰익스피어가 창조한 최고의 희극적 인물이라는 평가를 받기도 한다.

② 제 2기의 극

제 2기인 성장기(1595-1600)에는 로맨틱한 희극과, 일련의 사극을 통해 영국 역사가 새로운 질서를 확립하는 과정을 묘사했다. 희극인 『헛소동』(*Much Ado About Nothing*, 1598-1599)은 왕정복고기의 풍속 희극을 예견하는 작품이다. 『좋으실 대로』(*As You Like It*, 1599-1600)는 목가적 양식을 이용한다. 극의 주 무대인 아든 숲(the Forest of Arden)은 사랑의 즐거움과 고통이 엮어지는 이상적인 무대이다. 이 밖에도 『베니스의 상인』(*The Merchant of Venice*, 1596-1597), 『한 여름 밤의 꿈』(*A Midsummer Night Dream,* 1595-1596), 『베로나의 두 신사』(*The Two Gentlemen of Verona,* 1594-1595) 등을 썼다. 『베니스의 상인』은 극적 구성이나 성격 묘사가 뛰어난 희극이다. 안토니오(Antonio)는 친구 바사니오(Bassanio)가 포샤(Portia)에게 구혼하는데 필요한 돈을 빌리기 위해 유대인 고리대금업자 샤일록(Shylock)에게 자신의 살덩이 1파운드를 저당 잡힌다. 소유선 난파로 돈을 갚지 못하게 되자 샤일록은 살덩이를 청구하는데 법률가로 변장한 포샤의 계략으로 안토니오는 위기에서 벗어난다는 내용이다. 『한 여름 밤의 꿈』은 현실과 공상이 얽히는 실수의 희극으로 4인 남녀의 사랑의 갈등과 결혼에 관한 내용이다. 『십이야』(*Twelfth Night,* 1602)는 소년처럼 분장한 여자의 등장으로 시작한다. 오시노(Orsino) 공작을 사랑하는 남장한 바이올라(Viola)를 올리비아(Olivia)가 사랑하게 되고 오시노 공작은 올리비아를 사랑하게 되는 삼각관계를 중심으로 희극이 펼쳐진다. 사극으로는 『리차드 2세』(*Richard* Ⅱ, 1595-1596), 『헨리 5세』(*Henry* Ⅴ, 1598-1599), 『줄리어스 시저』(*Julius Caesar,* 1600-1601), 『리처드 3세』(*Richard III,* 1601) 등이 있다. 이 시기에 셰익스피어는 비극, 희극, 사극이라는 모든 장르에서 명성을 쌓았다.

이중 『리차드 2세』는 세익스피어가 쓴 8편 사극의 시발점이 되는 작품이다. 리처드 2세는, 국외로 추방되었다가 아버지 존 오브 곤트(John of Gaunt)인 랭커스터(Lancaster) 공작이 죽은 후 반군을 이끌고 쳐들어온 헨리 볼링브로크(Henry Bolinbroke)에 의해 투옥된 후 감옥에서 살해당한다. 헨리 볼링브로크는 후에 헨리 4세가 된 인물이다. 리처드의 비극은 그의 성격에서 비롯된 것으로 볼 수 있다. 그는 영민함을 갖추지 못했고 군왕으로서의 카리스마도 없다. 현실감각이 없고 자기도취에 쉽게 빠져들 뿐만 아니라 유약하고 감상적인 인물이

기도 하다. 다음은 존 오브 곤트가 임종 시 리차드 2세의 경솔한 언행을 한탄하는 2막 1장의 장면이다.

This royal throne of kings, this sceptr'd isle
This earth of majesty, this seat of Mars,
This other Eden, demi-paradise
Is now leas'd out -I die pronouncing it, -
Like to a tenement or pelting farm;
England, bound in with the triumphant sea,
Whose rocky shore beats back the envious siege
Of watery Neptune, is now bound in with shame,
With inky blots, and rotten parchment bonds:
That England, that was wont to conquer others,
Hath made a shameful conquest of itself.

주

sceptr'd isle: 제왕의 홀, 왕권이 지배하는 섬.
seat: 본고장.
was wont to: 늘 ~하다.

이 제왕의 권좌, 이 왕권이 지배하는 섬,
이 장엄한 땅, 군신의 본고장,
또 하나의 에덴, 준 낙원,
이제 임차 기간이 끝났다 -나는 이를 선언하며 죽노라,-
셋방이나 보잘것없는 농장의 임차 같이:
영국, 의기양양한 바다에 둘러싸여,
그 바위투성이 해안이 바다의 신 넵튠의
시샘하는 포위를 물리치던 그 영국이, 이제는 치욕으로,
잉크 얼룩으로, 썩은 양피지 증서들로 둘러싸였다:
다른 나라들을 정복하곤 했던, 바로 그 영국이,
수치스럽게도 스스로를 정복하고 말았다.

해설

존 오브 곤트가 임종하면서 하는 말 속에는 영광스러웠던 과거의 잉글랜드가 현재 수치스럽게 변해버렸다는 개탄이 담겨 있다. 첫 3행에서 과거의 잉글랜드를 찬미하는 곤트는 4행부터는 현재 국가가 처한 상황을 격렬하게 혐오하는 비관적인 태도를 보인다.

③ 제 3기의 극

제 3기는 원숙기(1601-1607)로서 셰익스피어의 인생과 인간에 대한 통찰력이 가장 깊어졌던 시기였다. 이 기간에 4대 비극으로 꼽히는 『햄릿』(*Hamlet*, 1600-1601), 『오셀로』(*Othello*, 1604-1605), 『리어왕』(*King Lear*, 1605-1606), 『맥베스』(*Macbeth*, 1605-1606)가 상연되었다. 이들 비극에서는 주인공의 성격적 결함으로 인해 비극이 발생한다. 가령 오셀로는 질투심, 리어왕은 진실을 알아보지 못한 면, 햄릿은 우유부단함, 맥베스는 권력욕이 비극적 결함이라고 할 수 있다. 이는 주변상황이나 우연에서부터 비극이 초래되는 초기작 『로미오와 줄리엣』과 다른 점이다. 이들은 '개인'의 '성격비극'이면서도 '국가'의 운명과도 관계가 있는 규모가 큰 작품들이었다. 이 작품들로 인해 셰익스피어는 극작가로서의 불후의 명성을 얻게 되었다. 이 시기에 쓰인 희극인 『끝이 좋으면 다 좋다』(*All's well That Ends Well*, 1602-1603), 『자에는 자로』(*Measure for Measure*, 1604-1605)는 행복한 결말을 맺기는 하지만 전기의 희극에 비해 음울하다.

ⓐ 『햄릿』

사색에 잠기며 캐묻기를 할 뿐 실행에 옮기지는 못하는 우유부단한 주인공 햄릿을 통해 복수와 관련된 윤리성, 삶과 죽음, 그리고 정의와 불의의 문제를 조명한다. 『햄릿』의 줄거리는 다음과 같다. 덴마크의 왕자인 햄릿 앞에 부왕의 망령이 찾아와 숙부인 클로디어스(Claudius)가 어머니 거트루드(Gertrude) 왕비를 유혹해 자신을 독살했다는 말과 함께 복수를 부탁한다. 햄릿은 숙부의 의심스런 눈길을 피하기 위해 거짓으로 미친 척하며 사랑하는 여인 오필리아(Ophelia)에게도 냉랭하게 대한다. 그는 국왕 살해를 다룬 연극을 보자 안색이 변해 자리를 박차고 나가버린 숙부를 보고 그의 죄를 확신하게 된다. 햄릿은 문 뒤에서 숨어 엿듣고 있던 오필리아의 아버지를 숙부로 오인하여 죽이고, 이에 충격을 받아 미쳐버린 오필리아는 물에 빠져죽는다. 햄릿을 의심하게 된 클로디어스는 그를 영국으로 보낸 후 영국왕에게 죽여 달라고 부탁하지만 뜻을 이루지 못한다. 왕은 오필리아의 오빠 레어티스(Laertes)를 감언이설로 속여 왕과 왕비가 지켜보는 가운데 독을 바른 칼을 들고 햄릿과 펜싱시합을 하게 한다. 햄릿은 상처를 입지만 레어티스에게 치명상을 입히고 죽어가는 그의 입을 통해 왕의 음모를 알게 된다. 그러는 사이 왕비는 국왕이 햄릿에게 마시게 하기 위해 준비해둔 독주를 마신 후 죽고 햄릿 역시 국왕을 죽인 뒤 숨을 거둔다.

다음은 햄릿이 복수를 빨리 실행하지 못하는 자신을 책망하며 자살과 그 결과에 대해 사색하는 3막 1장 중 56-69, 82-87행이다. 햄릿은 숙부 클로디어스가 부왕을 살해하고 왕위를 찬탈했는지를 확인하기 위해 극중극을 상연하게 한다. 극중극에서 클로디어스의 죄가 증명될 경우 그를 살해할 것인지 아니면 참고 살아갈 것인지를 사색한다. 햄릿 자신의 목숨을 희생할 각오를 하면서 클로디어스를 살해할 것인지의 여부를 생각한다.

To be, or not to be: that is the question:
Whether 'tis nobler in the mind to suffer
The slings and arrows of outrageous fortune,
Or to take arms against a sea of troubles,
And by opposing end them? To die: to sleep;
No more; and by a sleep to say we end
The heart-ache and the thousand natural shocks
That flesh is heir to, 'tis a consummation
Devoutly to be wish'd. To die, to sleep;
To sleep: perchance to dream: ay, there's the rub;
For in that sleep of death what dreams may come
When we have shuffled off this mortal coil,
Must give us pause: there's the respect
That makes calamity of so long life. ⋯
Thus conscience does make cowards of us all,
And thus the native hue of resolution
Is sicklied o'er with the pale cast of thought,
And enterprises of great pith and moment
With this regard their currents turn awry
And lose the name of action.

주

to say: maybe.
rub: 장애, 곤란, 문제.
respect: motive, consideration, reason.
makes calamity of so long life: makes us stretch out our sufferings so long.
conscience: consciousness, reflection.

사느냐 죽느냐 그것이 문제로다.
가혹한 운명의 돌팔매와 화살을 맞고
참고 견디는 것이 더 고귀한 것인가,
아니면 고난의 바다를 두 팔로 막아내고
그것과 대결하여 끝장내는 것이 더 고귀한 것인가?

죽는다는 건 곧 잠드는 것이지.
그뿐이다. 잠이 들어 이 육체에 따르기
마련인 마음의 고통과 수많은 고뇌가 끝장이 난다면
이것이야 말로 열렬히 바랄만한 마무리가 아닌가.
죽는다는 건 잠이 드는 것,
잠이 든다는 것은 아마도 꿈을 꾼다는 것이지. 아 그것이 문제야.
육신의 굴레를 벗어날 때 죽음이라는 꿈속에서
어떠한 꿈이 다가올 것인지 모르지.
이것이 우리를 망설이게 하지. 이 생각이
불행한 삶을 그토록 오래 끌고 가게 하지. …
이리하여 우리는 우유부단한 마음 때문에 모두 겁쟁이가 돼.
또한 결단은 본래의 색깔을 잃고
창백한 색으로 병들어 가고
매우 심오하고 중요한 큰 계획도
이런 생각 때문에 흐름을 벗어나
행동이라는 이름을 잃게 되는 거지.

ⓑ『오셀로』

무어인 장군 오셀로와 베니스의 귀족인 백인 여성 데스데모나(Desdemona), 오셀로에게 진급을 추월당해 앙심을 품고 그들 사이에서 이간질을 일삼는 이아고(Iago)를 둘러싼 이야기를 통해 사랑과 신뢰, 그리고 질투의 문제를 다룬다. 일종의 가정비극(domestic tragedy)으로서 행이 신속하고 명쾌하다.

신혼의 오셀로는 강렬한 열정 속에 아내를 이상화하고 있지만 아직 아내의 사람됨을 잘 알고 있지 못하다. 그렇기에 교활한 이아고가 데스데모나가 부정한 아내라는 의심을 마음속에 심어놓을 때 그의 사랑은 쉽게 무너진다. 오셀로의 마음속에 타오르는 질투심은 이아고의 말처럼 "독"이 "배태한" "괴물"이자, 마음이 원래의 궤도에서 벗어난 부자연스러운 것이다.

오셀로는 소박하고 단순한 성격 때문에, '정직한 이아고'라고 불리지만 실제로는 사악한 이야고의 말에 쉽게 속아 넘어 간다. 질투심이 격정적으로 유발될 때 그것은 야만적일 만큼 사납게 폭발하여 무고한 아내의 교살로 이어진다. 천성이 소박하고 고상하며 위엄 있는 사람이 질투심에 불타서 그와 같이 야만적인 행위를 하도록 꾸며질 수 있다는 데 오셀로의 비극이 있다.

셰익스피어는 이 극에서 오셀로가 사용하는 언어와 표현방식의 변화 양상을 통해 그의 변모를 보여준다. 단순하고 고결한 심성을 타고 났기에 그는 처음 장엄하고 자신 있는 언어를 구사한다. 아래 첫 번째 인용이 그 예이다. 하지만 냉소적이고 타락했으며 성적 강박관념에 사로잡혀 있는 이아고의 영향을 받게 되면서부터는 이아고처럼 저속한 언어를 구사한다. 다음 두 번째 인용문은 오셀로가 데스데모나를 묘사하는 부분인데, 추하게 더렵혀진 그의 마음이 투영되어 있어서 마치 이아고의 말처럼 들린다.

    O my soul's joy!
If after every tempest come such calms,
May the winds blow till they have waken'd death!

    오 내 영혼의 기쁨이여!
폭풍 후에 매번 그런 고요가 온다면,
바람아 죽음을 일깨울 때까지 불어 다오!

a cistern for foul toads
To knot and gender in

얽혀서 새끼를 낳는
더러운 두꺼비들의 수조

ⓒ 『맥베스』

셰익스피어의 비극 중에서 가장 짧은 극으로서 사건의 전개 속도가 빠르다. 『연대기』(*Chronicles*)에 따르면 맥베스는 11세기 중엽에 왕위를 찬탈한 스코틀랜드의 실제 왕이었다 한다. 이 극은 야심에 찬 맥베스와 그의 아내가 자행하는 찬탈 행위와 이로 인한 죄의식의 이야기를 이용해 선악의 문제를 심도 있게 조명한다. 맥베스 장군은 스코틀랜드 던컨(Duncan) 왕의 친족인 뱅코(Banquo) 장군과 함께 전쟁터에서 개선하다가 황야에서 3인의 마녀에게서 왕이 될 것이라는 예언을 듣는다. 그 후 맥베스는 왕이 되고자 하는 야망에 불타 코오다 성에 던컨 왕을 초대하여 밤에 시해한다. 다음은 던컨 왕 시해 후 우주적 질서 및 균형을 깨뜨린 시해 행위에 대해 하늘이 분노할 것을 두려워하는 심리를 보여주는 1막 7장의 내용(17-26행)이다.

this Duncan
Hath borne his faculties so meek, hath been
So clear in his great office, that his virtues
Will plead angels, trumpet-tongued, against
The deep damnation of his taking-off;
And Pity, like a naked new-born babe,
Striding the blast, or heaven's cherubim, horsed
Upon the sightless couriers of the air,
Shall blow the horrid deed in every eye,
That tears shall drown the wind…

주

borne: bear의 과거형. 행사하다. 휘두르다.
faculties: powers. 대권.
clear: free from guilt or strain.
office: 대임 수행.
taking-off: 시역. 시해.

That: so that.

이 덩컨은
대권을 온유하게 행사하고
대임을 오점 없이 수행했기 때문에, 그의 덕행들이
천사의 나팔처럼, 그를 시해한
깊은 대죄에 항변할 것이다;
그리고 동정심이 마치 돌풍에 올라 탄
새로 태어난 발가벗은 아기처럼,
혹은 보이지 않은 공중의 시종들 위에 탄
하늘의 아기 천사처럼,
모든 이의 눈에 그 소름끼치는 행위를 불어 보게 하리라.
그러면 그 눈물이 강풍을 익사케 하리라.

해설

하나님이 점지한 덕망 있는 왕을 살해하는 행위는 왕국의 균형을 깨뜨리는 대역죄이다. 이에 대자연 자체가 마치 항거를 하듯 폭풍을 일으킨다. 돌풍을 몰고 온 아기 천사는 백성들로 하여금 대역죄를 알아채게 하고 백성들은 왕에 대한 연민과 동정심으로 휩싸이게 되리라는 맥베스의 우려를 시적으로 생생하게 그려내고 있다. 이 부분은 맥베스의 시적 상상력이 얼마나 깊은지, 때문에 그가 얼마나 큰 죄의식에 사로잡혀 고통에 시달리게 될 것인지를 잘 보여준다.

* 던컨 왕을 시해하고 왕위에 오른 맥베스는 죄의식으로 마음이 편치 못하다. 얼마 후 맥베스 부인은 죄책감으로 인해 손에 피가 묻었다는 환영 속에 몽유병에 시달리다 자살한다. 다음(5막 5장 17-28)은 던컨 왕의 왕자 말콤(Malcolm)을 맞아 싸우려고 준비할 때 아내의 사망 소식을 전해들은 맥베스가 인생의 허무함과 무상함에 대해 독백하는 대사이다.

She should have died hereafter;
There would have been a time for such a word.
To-morrow, and to-morrow, and to-morrow,
Creeps in this petty pace from day to day
To the last syllable of recorded time,
And all our yesterdays have lighted fools
The way to dusty death. Out, out, brief candle!
Life's but a walking shadow, a poor player
That struts and frets his hour upon the stage
And then is heard no more: it is a tale
Told by an idiot, full of sound and fury,
Signifying nothing.

주

petty pace: slow speed.
brief candle: short life.
struts: walks proudly.
frets: worries.
signifying: meaning.

그녀는 언젠가는 죽었어야만 했다
이런 소식을 들을 때가 있을 것이었다.
내일, 또 내일, 또 내일이
하루하루 종종 걸음으로
기록된 시간의 마지막 음절까지 기어가고,
우리의 모든 어제들은 바보들에게
티끌뿐인 죽음에의 길을 비추어 주었다.
꺼져라, 꺼져라, 덧없는 촛불이여!
인생이란 한갓 걸어 다니는 그림자, 가련한 배우일 뿐이다.
제 맡은 시간 무대 위에서 뽐내며 걷고 소란피우다
다시는 그 목소리 들리지 않는. 그건 바보가
들려주는 이야기, 소란스럽고 분노에 찬 소리일 뿐
아무런 의미가 없다.

해설

이 부분에서는 시간의 움직임이 작은 동물이 기어가는 것으로 묘사된다. 이는 미래의 죽음을 향해 하루하루의 시간을 줄여가는 삶의 무의미함을 효과적으로 전달한다. 또한 지나간 시간들은 죽음에 이르는 길로 우리를 인도해주고 있을 따름이라는 허탈감이 나타나 있다.

ⓓ 『리어왕』

셰익스피어 극의 정점에 도달한 작품으로 평가받는다. 리어 왕과 세 딸 간의 관계를 다룬 주 플롯(main plot)과, 글로우스터Gloucester) 백작과 그의 두 아들을 다룬 보조 플롯(sub plot)을 가지고 있다. 하나의 플롯은 리어 왕과 그의 세 딸인 코딜리어(Cordelia), 거네릴(Goneril), 리건(Regan)의 이야기인데 이를 통해 효와 불효, 말과 진실, 외양과 실재의 문제를 다룬다. 고령의 리어왕은 아버지를 사랑하는 정도에 따라 왕국을 나누어 주겠다고 선언하면서 세 딸에게 얼마나 사랑하는지를 공언해 보도록 한다. 두 딸 거네릴과 리건은 아버지를 매우 사랑한다고 거짓 맹세를 하지만 막내인 코딜리어는 진심이 어린 말 이상을 하지 않는다. 진실을 꿰뚫어보지 못한 리어왕은 크게 분노하여 두 딸에게 코딜리어 몫까지 전부 다 주어버린다. 하지만 귀족과 결혼한 거네릴과 리건은 아버지를 배신하고 이에 미쳐버린 리어왕은 황야를 헤매는 신세가 된다. 리어는 결국 효녀 코딜리어의 죽음 후 울부짖다 비참한 최후를 맞는다.

다른 하나의 플롯은 리어왕의 신하 글로우스터와 적자인 에드가(Edgar)와 서자인 에드먼드(Edmund) 간의 관계에 관한 것이다. 서자인 에드먼드는 음모를 꾸며 형 에드가의 권리를 가로채려고 한다. 글로우스터는 에드먼드의 흉계에 말려들어 비극적인 죽음에 이르게 된다. 비슷한 주제를 가진 이 두 개의 플롯이 서로 밀접하게 짜여져 작품을 풍성하게 해준다.

다음은 5막 3장의 321행에서 327행이다. 프랑스 왕비가 된 코딜리아는 두 언니의 소행을 알아차리지만 결국 아버지 리어와 함께 포로가 되어 죽는다. 리어는 딸의 시체를 끌어안으며 다음과 같이 탄식하면서 죽는다. 사랑하는 딸을 떠나보낸 리어의 회한이 잘 드러나 있다.

Why should a dog, a horse, a rat, have life,
And thou no breath at all? Thou'lt come no more,
Never, never, never, never, never!
Pray you, undo this button, Thank you, sir,
Do you see this? Look on her, her lips,
Look there, and look there!

개나 말이나 쥐에도 생명이 붙어 있는데,
어째서 너는 숨을 쉬지 않느냐?
너는 이젠 이 세상에 돌아오지 않을 것이다.
결코, 결코, 결코, 결코, 결코 돌아오지 않으리라.
바라노니, 이 단추를 풀어다오. 고맙다.
이것이 보이느냐? 저 애의 얼굴을 보아, 입술도 보라,
저기를 보라, 저기를 보라구!

다음(4막 1장, 42-3행)은 글로우스터가 절망 속에 내뱉는 말이다.

As flies to wanton boys, are we to th' Gods;
They kill us for their sport.

장난꾸러기 애들이 파리를 다루듯이 신은 우리를 다룬다.
신은 우리 인간을 장난삼아 죽인다.

(4) 제 4기의 극

제 4기(1608-1613)에 들어 셰익스피어는 로맨틱하고 평화로운 작품의 세계로 돌아와서 화해와 용서를 주제로 하는 작품을 썼다. 『심벌린』(*Cymbeline*, 1609-1610), 『겨울이야기』(*Winter's Tale*, 1610-1611), 『폭풍우』(*The Tempest*, 1611-1612) 등의 희비극과 낭만극을 썼다. 셰익스피어가 시험한 새로운 장르인 희비극은 전반부는 비극, 후반부는 희극으로 이루어졌으며 해피엔딩으로 끝난다. 이산, 오랜 방랑 후의 재회, 화해, 속죄를 주제로 하는 희비극의 세계는 폭풍 뒤의 고요와도 같이 차분하게 안정된 분위기로 끝맺어진다.

『폭풍우』는 현실에 공상의 세계를 가미한 극으로서 예외적으로 고전극의 '삼일치 법칙'을 지켰다. 동생 안토니오(Antonio)에게 영지를 빼앗긴 밀라노의 공작 프로스페로(Prospero)는 딸 미란다(Milanda)와 함께 고도에서 지내면서 마술을 익힌다. 그는 마법으로 폭풍을 일으켜 동생이 나폴리의 왕 알론소(Alonso)의 일행과 승선하고 있는 배를 난파시켜 섬으로 오게 한다. 나폴리의 왕자 퍼디난드(Ferdinand)는 프로스페로의 딸 미란다(Milanda)를 사랑하게 된다. 안토니오는 알론소의 동생과 공모해서 모반계획을 짜지만 좌절되고 모두 참회한다. 영지를 되찾게 된 프로스페로는 모두를 용서하고 화해와 조화의 세계로 돌아간다. 『폭풍우』에서는 셰익스피어의 달관된 인생관이 잘 나타나 있다.

다음은 프로스페로가 복수를 할 수 있는 자신의 마법에 관해 숙고하다가 결국 마법을 부리지 않기로 하는 장면(4막 1장, 139-49행)이다.

Our revels now are ended: these our actors,

As I foretold you, were all spirits, and
Are melted into air, into thin air:
And, like the baseless fabric of this vision
The cloud-capped towers, the gorgeous palaces,
The solemn temples, the great globe itself,
Yea, all which it inherit, shall dissolve,
And, like this insubstantial pageant faded,
Leave not a rack behind: We are such stuff
As dreams are made on, and our little life
Is rounded with a sleep.

주

revels: amusements.
foretold: told (you) to expect.
faded: 빛바랜, 흐릿해지는.
on: of.

우리의 잔치는 이제 끝났다. 이 배우들은,
내가 예언했듯, 모두 요정들이었고
공중으로 희박한 공기 속으로 녹아 사라진다.
그리고, 이 환상의 실체 없는 구조물처럼
구름으로 덮인 탑들, 호화로운 궁전들,
장엄한 사원들, 거대한 지구 그 자체,
그렇다, 대지가 물려받은 모든 것이 용해되어,
형체 없는 구경거리처럼 사라져,
흔적 하나 남기지 않는다. 우리는 꿈들이 만들어내는
그런 존재이고, 우리의 하잘것없는 인생은
잠으로 둘러싸인다.

해설

인생이란 꿈과 같은 것임을 나타내기 위해 "baseless", "insubstantial", "melt", "dissolve" 등의 단어가 사용되었다.

2. 17세기 전반 (1603-1660)

1) 역사, 사회적 배경

엘리자베스 여왕이 후계자가 없이 죽자 스코틀랜드의 제임스 6세가 잉글랜드의 제임스 1세(James Ⅰ, 재위 1603-1625)로 즉위했고, 이로써 스튜어트 왕조가 시작되었다. 스튜어트 왕조의 시작과 함께 그 사이 잠복해 있었던 바, 종교적 갈등과 맞물려있던 여러 정치, 사회적 문제가 표면화되었다. 제임스 1세는 왕권을 강화하고 절대왕정을 확립하려 했는데, 이로 인해 의회와 크게 대립하였지만 끝내 성공하지 못했다.

이 시대에 의회에서 큰 세력을 점하고 있었던 청교도들은 국교회에 대해 만족하지 않았다. 국교회는 교회 행정상으로는 개신교였지만 의식과 교리 면에는 가톨릭적 요소가 많았기 때문이다. 제임스 1세는 캘빈주의에 입각한 개혁을 주장한 청교도들을 박해했다. 1620년 종교의 자유를 찾아 '순례자'(pilgrim)들이 신대륙 미국의 플리머스(Plymouth)로 이주한 것도 이러한 배경 하에서였다.

제임스 1세를 이어 즉위한 찰스 1세(Charles Ⅰ, 재위 1625-1649) 시대에 왕과 의회의 대립은 더욱 격화되었다. 찰스 1세는 잦은 전쟁을 치르면서 그 비용을 강제 기부나 과세 등으로 충당하려 한다. 의회를 장악하고 있던 청교도들은 이에 불만을 품고 1628년 권리청원(Petition of Rights)을 의회에 상정하여 찰스 1세의 승인을 받아낸다. 권리청원은 의회의 동의 없이는 강제기부, 과세, 증여 등을 부과하지 않으며 누구도 함부로 체포, 구금될 수 없다는 등의 내용을 담고 있다. 찰스 1세는 1629년에 의회를 해산시키고 1640년까지 11년간 의회를 소집하지 않은 채 전제정치를 단행했다. 이것이 원인이 되어 왕당파와 의회파 간의 내란인 청교도 혁명(English Civil War, 1642-1651)이 일어났다. 군대에 의해 대다수가 숙청되고 소수의 의원만이 남은 의회는 왕에 대한 처형을 결의하였고, 1647년 찰스 1세는 처형되었다. 청교도 혁명은 영국 정치에서 의회가 군주에 대항한 첫 번째 사례가 되었다. 종교적인 반목이 극심했던 찰스 1세 시대에 많은 청교도들이 종교의 자유를 찾아 신대륙으로 이주했고, 신대륙의 메사추세츠 베이(Massachusetts Bay) 식민지가 1630년 건설되었다.

청교도 혁명이 일어난 1642년 의회는 극장폐쇄령을 내렸다. 술집도 문을 닫았고 조금만 비도덕적이라고 여겨지는 것은 모두 엄격하게 통제되었다. 1649년에 올리버 크롬웰(Oliver Cromwell, 1599-1658)은 공화정(the Republic, 1649-1653)을 선포하고 의회 통치의 시대를 연다. 하지만 1653년 크롬웰은 의회를 해산하고 호국경(Lord Protector)이 되어 독재정치를 했다. 크롬웰이 죽은 후 숨 막힐 만큼 준엄했던 청교도적 통치에 질려버린 사회 분위기에 부응하여 의회는 프랑스에 망명해있던 찰스 1세의 아들을 1660년 왕으로 추대했고 그가 찰스 2세(Charles Ⅱ, 1660-1685)이다. 이로써 왕정복고(Restoration)가 되었고 스튜어트 왕조가 다시 들어섰다. 왕의 처형과 공화정의 실시 그리고 왕정복고라는 굵직한 사건이 20여년 안에 모두 이루어졌다는 점에서 17세기 영국은 그야말로 격동의 "혁명기"라고 할 수 있다.

17세기에는 항해술의 발전으로 해외무역이 활발해졌다. 1600년 해외에 '동인도회사'와 같은 무역출장소가 설립되었고, 상업의 발달과 함께 새로운 중산 계급이 등장했다. 중산계급은 증대된 경제력을 바탕으로 의회에서 세력을 확장하여 쇠퇴해가는 세습 귀족 대신 의회를 장악했다. 자신의 힘으로 부상한 중산계급은 세습된 귀족 계급과는 달리 인간 각자의 능력을 중시했다. 이에 따라 교육이 강조되었고 많은 젊은이들이 대학에서 고등 교양교육을 받게 되었다.

2) 문학

(1) 17세기 전반의 시

17세기 전반기의 시인들은 크게 다음 세 부류로 분류될 수 있다. 형이상학파 시인들, 고전주의적 성향을 띤 왕당파(cavalier) 시인들, 그리고 위 범주 어디에도 들어가지 않는 밀턴(John Milton, 1608-1674)이 그들이다. 밀턴의 시가 17세기 후반인 왕정복고 이후에 나왔는데도 17세기 전반기의 시에 포함시킨 이유는 그것이 당시의 신고전주의 시들보다는 오히려 16, 17세기 전반의 르네상스 문학에 가깝기 때문이다. 이 세 부류의 시인 중에서 형이상학파 시인들이 가장 활발하게 활동했다.

왕당파 시인들은 과학적인 정신이 증대되어 가던 찰스 1세 시대 때 활약한 시인들이다. 그들은 전시대의 지나친 감정의 분출에 염증을 느끼고 단아하고 간결하게 압축된 고전적 완결미를 추구하였다. 이들은 세련된 균형미를 갖춘 우아한 스타일을 선호했다. 왕당파 시인들로는 벤 존슨(Ben Jonson, 1572-1637), 존 써클링 경(Sir John Suckling, 1609-1641), 로버트 헤릭(Robert Herrick, 1591-1674) 등이 있다. 이들 중 라틴어 고전의 영향을 받은 벤 존슨의 시는 후에 드라이든(John Dryden)의 신고전주의 시의 전범이 되었다.

왕당파 시인의 시파나 형이상학파 시파 그 어느 쪽에도 속하지 않는 시인이 밀턴이다. 밀턴은 독실한 청교도적 세계관을 가졌으며 공화정 때는 크롬웰의 라틴어 담당 비서관으로 일했다. 이로 인해 왕정복고기에는 투옥되기도 했다. 밀턴은 청교도 혁명이 일어나기 전부터 시를 썼는데, 「쾌활한 사람」(“L'Allegro”)과 「명상하는 사람」(“Il Penseroso”)이 1633년 쓴 시이다. 전자는 외향적인 사람을, 후자는 수심에 잠긴 내향적인 사람을 주제로 삼았다. 1637년에 쓴 「리시다스」(“Lycidas”)는 배의 난파로 익사한 친구 에드워드 킹(Edward King)을 애도한 시이다. 이 시는 전원적인 목동들의 생활에서 이미지를 빌어 죽음을 애도하는 목가적 애가(pastoral elegy)의 형식을 띠고 있다. 이 시에서 밀턴은 조문 행렬을 묘사하며 애도를 표하는 한편 청교도 혁명 이전의 국교회의 부패를 꼬집는다. 시인으로서의 소명을 자각하는 것으로 이 시는 끝맺어진다. 이는 다음 인용된 「리시다스」의 마지막 두 행에 나타난다. “At last he rose, and twitched his mantle blue,/ Tomorrow to fresh woods, and pastures new.” (마침내 그는 일어나서 푸른 망토를 몸에 걸쳤다. / 내일은 상쾌한 삼림과 새로운 목장으로.) 청교도 혁명기에 밀턴은 유럽의 적대 국가들을 상대로 공화정의 정당성을 옹호하는 활동을 하는 등 정치에도 관여했다.

밀턴은 르네상스의 인본주의와 종교개혁 정신을 결합시킨 기독교적 인본주의를 구현했다. 혁명이 실패하고 왕정이 복고된 후 밀턴은 양쪽 눈의 시력을 잃은 상태에서 구술로 『실낙원』(*Paradise Lost*, 1667년 10권, 1674년 12권)을 썼다. 『실낙원』은 창세기 1장부터 인간의 추방에 이르기까지의 이야기를 담은 종교 대서사시이다. 밀턴은 『실낙원』의 주제가 “영원한 신의 섭리를 확언하고 인간에게 신의 섭리가 옳음을 보여주기”(I may assert Eternal Providence, / And justify the ways of God to men)라고 밝히고 있다. 『실낙원』은 장엄한 문체와 웅장한 언어로 타락한 인간의 구원에 대한 문제를 다루고 있다. 밀턴은 『실낙원』에서 기독교적 영웅을 내세우되 신적인 차원이 아니라 인간적인 차원에서 성서를 재해석했다. 이러한 면에서 『실낙원』에는 그의 기독교적 인본주의가 나타나 있다고 할 수 있다. 밀턴은 말년에 『복락원』(*Paradise Regained,* 1671)과 『투사 삼손』(*Samson Agnoristes,* 1674)을 완성했다.

형이상학파 시인들은 근대 과학이 발전하고 여러 새로운 학문이 연구되었던 17세기 초엽에 등장했다. 시대적 배경으로 인해 형이상학파 시에서는 철학적이고 학문적인 술어가 등장하고 새로운 지식에 관한 내용이 종종 언급된다. 엘리자베스 시대에 범람했던 페트라르카풍의 인습적인 상투 어귀에 식상해 있었던 17세기 전반의 분위기에 부응하여, 형이상학파 시는 이전의 16세기 시와는 아주 다른 파격적

1688년 판 『실낙원』에서 발췌한 '지옥으로 쫓겨난 천사들'의 모습

인 모습을 보여주었다. 감미롭고 아름다운 시어를 사용한 16세기의 시들과는 달리 형이상학파 시는 직설적인 구어체 언어, 귀에 거슬리는 거친 리듬, 그리고 불협화음적인 어조를 사용했다. 또한 상업, 지리, 신학, 철학, 의학의 용어나 현미경, 망원경 등을 포함한 천문학적인 용어 등 정서를 함축하지 않은, 그래서 시적이지 않은 단어를 구사했다.

형이상학파 시인들은 얼핏 보기에 전혀 관련이 없어 보이는 이질적인 사물들 사이에서 엉뚱한 유사성을 발견하여 기발한 비유, 즉 기상(conceit)을 만들어낸다. 돌발적인 기상은 처음에는 독자를 놀라게 하고 충격을 준다. 하지만 연 별로 서로 동떨어진 이미지를 나열하는 것이 아니라, 하나의 컨셉트를 정해 집중적으로 시의 여러 행, 심지어 전체 시에 걸쳐 그것을 논리적으로 전개해 나가기 때문에 나름의 논리를 갖게 된다. 기상으로 인해 역설과 아이러니가 생겨나는 것이다. 형이상학파 시의 구성은 그만큼 치밀하고 논리성이 있으며 지적이다.

대부분의 형이상학파 시들은 가상의 청자를 설정하여 대화를 주고받는 극적인 형식을 취한다. 가령 존 던(John Donne, 1572-1631)의 「벼룩」("The Flea")의 경우 상대방 여성의 반응까지 고려하면서 그 여성을 논리적으로 설득하려 한다. 그래서 시가 마치 하나의 작은 드라마처럼 전개된다. 형이상학파 시에서 화자는 독자가 그와 직접적인 접촉을 하는 친구나 연인인 것처럼 그를 설득하려고 하거나 그를 향해 항변하거나 하소연한다. 이때 구어체 형식의 일상적인 대화체를 주로 사용하고, 논쟁적인 어조와 극적인 비약, 그리고 과장법을 사용하여 논리를 전개시킨다. 시의 시작부터 돌발적이고 도전적인 어조로 독자를 놀라게 하면서 주의를 집중시키기도 한다.

형이상학파 시는 이성과 절제를 중시한 신고전주의 시대에는 평가절하 되었다. 17세기 말 드라이든은 비난의 의미로 형이상학이라는 용어를 처음 사용했다. 존 던이 사랑의 부드러움으로 여성의 마음을 사로잡아야 할 연애시에서 철학적 사색과 현학적이고 난삽한 표현으로 여성의 마음을 괴롭힌다는 것이다. 18세기에 사무엘 존슨(Samuel Johnson)은 일단의 17세기 전반의 시인들을 '형이상학파 시인들'(Metaphysical poets)로 칭하면서, "형이상학파 시인들의 시에서는 … 가장 이질적인 생각이 억지로 결합 된다"(The most heterogeneous ideas are yoked by violence together)고 비난했다. 형이상학파 시인들이 이질적인 요소, 즉 얼핏 보면 전연 무관한 것처럼 보이는 것들을 무리해서 결합하려고 했다는 것이 존슨의 평이다. 서로 전혀 어울리지 않을 것 같은 상이한 이미지들을 하나의 비유로 통합한 것에 대해 존슨은 '조화로운 부조화'(discordia concors)라고 평했는데 여기에는 찬미보다는 비난의 의미가 함축되어 있었다.

하지만 형이상학파 시는 20세기에 재평가 받았다. 엘리어트(T. S. Eliot)는 「형이상학파 시인들」("The Metaphysical Poets")에서 형이상학파 시인들이 "사상을 감각적으로 파악하는 일, 혹은 사상을 감정으로 재창조하는 일", 즉 사상과 감정을 통합하여 즉 "통합된 감수성"(unified sensibility)으로 시를 창작했다고 평가하면서 그 가치를 높이 인정했다. 사실 형이상학파 시들에서는 감성과 지성, 정서와 추론이 끊임없이 얽힌다. 던의 과감한 비유, 기발한 이미지, 역설, 극적인 상황 설정, 그리고 구어체 언어는 20세기 모더니즘 영시에 큰 영향을 미쳤다.

대표적인 형이상학파 시인으로는 존 던, 조지 허버트(George Herbert, 1593-1633), 리처드 크래쇼(Richard Crashaw, 1613-1649), 헨리 본(Henry Vaughan, 1621-1695), 앤드류 마블(Andrew Marvell,

1621-1678) 등이 있다.

(2) 형이상학파 시인과 시

① 존 던

존 던은 벤 존슨과 거의 동일한 시대를 살았지만 기질적으로는 아주 달랐다. 가톨릭 신자로 태어난 존 던은 20대에 잠시 종교를 멀리 했지만 결국 영국 국교회의 설교가가 되었다. 존 던의 시에서는 관념과 정서라는 이질적인 것들이 하나로 얽힌다. 그는 감정을 복잡한 지적인 관념과 버무려서 솔직한 언어와 일상적인 대화체를 통해 강렬하게 표현해냈다.

존 던은 사실적이고 논리적인 언어를 사용했다. 엘리자베스 시대에 시인으로 활동하면서도 그 시대의 시적 전통인 화려한 문체나 정서적인 표현을 구사하지 않았다. 엘리자베스 시대의 시와는 달리 존 던은 애인의 모습이나 성격을 이상적으로 묘사하면서 낭만적인 사랑을 표하지 않는다. 대신 일상의 대화체를 통해 애인을 지적인 세계로 끌어들인다. 가령 존 던의 연애시인 「황홀」(*The Ecstasy*)은 사랑의 환희를 표현하는 대신 사랑의 원리 내지는 철학을 이론적으로 전개해 나간다. 몇 편의 형이상학파 시를 통해 그 특징을 살펴보자.

ⓐ 다음은 「고별사: 슬퍼함을 금함」("A Valediction: Forbidding Mourning", 1633)이다.

As virtuous men pass mildly away,
　　And whisper to their souls to go,
Whilst some of their sad friends do say,
　"The breath goes now," and some say, "No,"

So let us melt, and make no noise,
No tear-floods, nor sigh-tempests move;
'Twere profanation of our joys
To tell the laity our love.

Moving of the earth brings harms and fears,
Men reckon what it did and meant;
But trepidation of the spheres,
Though greater far, is innocent.

Dull sublunary lovers' love
(Whose soul is sense) cannot admit
Absence, because it doth remove
Those things which elemented it.

But we, by a love so much refined
That our selves know not what it is,
Inter-assured of the mind,
Care less, eyes, lips and hands to miss.
Our two souls therefore, which are one,
Though I must go, endure not yet
A breach, but an expansion,
Like gold to airy thinness beat.

If they be two, they are two so
As stiff twin compasses are two:
Thy soul, the fixed foot, makes no show
To move, but doth, if the other do;

And though it in the center sit,
Yet when the other far doth roam,
It leans, and hearkens after it,
And grows erect, as that comes home.

Such wilt thou be to me, who must,
　Like the other foot, obliquely run;
Thy firmness makes my circle just,
　And makes me end where I begun.

주

pass mildly away: die quietly.
brings: causes.
soul: essence.
admit: endure.
endure not yet: nevertheless do not suffer.
to airy thinness beat: 공기처럼 얇게 두들겨 편. beat: 두들겨 펴다.
hearkens: listens, gives respectful attention. 경청하다.
that: the other foot.
firmness: fixed constancy.

비탄에 젖은 친구들이 지금 숨이
　멎었다고 말하면, 다른 누군가는 아니라고 말하는 사이에,
덕망 높은 사람은 조용히 이승에서 떠나가며,
　그들의 영혼에게 가자고 속삭이는 것처럼;
그렇게 우리도 녹아서, 아무 소란도 피우지 맙시다.
　눈물의 홍수도, 한숨의 폭풍도 일으키지 맙시다.
범인들에게 우리의 사랑을 알리는 것은
　우리의 기쁨을 모독하는 것일지니.

지진은 재해와 공포를 가져오고,
　사람들은 그 폐해와 의미를 계산하오.
하지만 천계들의 진동은,
　훨씬 거대하지만, 무해하오.

우둔한 속세 연인들의 사랑은,
　(그 사랑의 정수는 감각이오) 별거를
받아들이지 못하오. 별거가 그 사랑을 이룬
　요소들을 제거하기 때문이오.

그러나 사랑에 의해 훨씬 더 정화되어서
  우리 자신도 별거가 무언지 모르는 우리는,
서로의 마음을 믿으니,
  눈과 입술과 손이 없는 것을 개의치 않소.

우리의 두 영혼은 그러므로 하나여서,
  비록 나는 가야 하지만, 단절이 아니라
확장을 겪는 것이라오.
  쳐 늘여 공기처럼 얇게 만든 금박과도 같이.

만일, 우리 영혼이 둘이라면, 그들은 둘이오,
  마치 뻣뻣한 두 컴퍼스 다리가 둘인 것처럼.
당신의 영혼은, 고정된 다리여서, 움직일 기색도
  안 보이지만, 다른 다리가 움직이면, 움직이오.

그리고 그것은 비록 한가운데 있지만,
  다른 한쪽이 멀리 배회하면,
기울며 다른 다리에 귀를 기울이다가,
  다른 다리가 제자리에 돌아오면, 다시 꼿꼿이 선다오.
당신도 이와 같을 것이오. 다른 다리처럼
  비스듬히 달려야 하는 나에게는.
그대의 확고함이 우리의 원을 정확하게 그리고,
  내가 시작한 곳에서 나를 끝나게 할 것이오.

해설

이 시에서 시인은 월하(속세)적 사랑과 영혼의 정화된 사랑을 대조한다. 이어 시인은 영적으로 하나로 묶여진 진정한 부부 사이는 순수한 순금과 같이 끝없이 팽창해가는 관계이기 때문에 잠시 동안 육체적으로 이별한다고 해도 순금처럼 얇게 늘어질 뿐 끊어질 수는 없다고 한다. 그 다음 둘이면서도 하나요, 하나이면서 둘인 부부 관계의 특성을 시인은 컴파스로 비유한다. 컴파스는 고정된 다리가 중심을 잡는 동안 다른 다리가 움직여서 원을 그리고 다시 하나가 된다. 이와 마찬가지로 아내가 집안에서 중심을 잡고 있을 때 남편은 밖에서 활동하다가 다시 집에 돌아온다. 이 시에서 컴파스는 기발한 비유, 즉 기상의 예이다. 이 시에서는 연마다 별개의 이미지를 열거하는 것이 아니라, 하나의 컨셉트를 정해 여러 연에서 그것을 점진적이고 논리적으로 전개해 나간다. 논리적 집중성을 보이는 것이다.

ⓑ 다음은 구어체로 쓰인 기도문 형식의 종교시인 「성스러운 소네트, 14」("Holy Sonnet 14", 1633)의 일부이다.

Batter my heart, three person'd God; …
I, like an usurp'd town, to another due,
Labour to admit you, but Oh, to no end,
Reason, your viceroy in me, me should defend,
But is captived, and proves weak or untrue.
Yet dearly I love you, and would be loved fain,
But am betroth'd unto your enemy;
Divorce me, untie, or break that knot again,
Take me to you, imprison me, for I,
Except you enthrall me, never shall be free,
Nor ever chaste, except you ravish me.

주

three person'd God: the Trinity, 삼위일체의 신.
to another due: 다른 사람의 소유가 되어. 다른 사람에게 넘겨지게 되어.
to no end: in vain.
fain: 즐겨, 기꺼이.
that knot: of betrothal to sin.
imprison: captivate.
Except you enthrall me: Unless you enslave me.

내 심장을 때려 부수소서, 삼위일체의 하나님, …
나는 강탈된 도시처럼 다른 사람의 소유가 된 채,

그대를 받아들이려 애쓰지만 그러나 아, 소용이 없습니다.
내 안의 그대 총독인 이성은 나를 방어해야 하지만,
포로로 붙잡혀, 연약하고 진실 되지 못한 걸로 판명되었습니다.
그러나 나 당신을 지극히 사랑하고 기꺼이 사랑받기를 원하지만,
당신의 적과 약혼한 상태입니다.
내게 이혼을 선언하고, 그 매듭을 다시 풀든지 부수어 주십시오.
나를 당신에게로 붙잡아 가서 감금해 주십시오. 왜냐면 나는,
당신께서 나를 사로잡지 않는다면, 결코 자유롭지 못할 것입니다.
당신께서 나를 강간하지 않는다면, 정숙해질 수 없습니다.

해설

이 시에서 화자는 자신의 마음을 적법한 주인에게 포위당한 채 강탈자의 수중에 들어간 도시로 비유하는 기상을 보여준다. 도발적인 첫 행으로 충격을 주면서 독자를 시 속에 강하게 끌어들이며, 표현이 복잡 미묘하고 압축적이다. 신앙을 말하면서도 정열적이고 관능적이라는 점이 일반 종교시와 확연히 다르다. 마지막 두 행은 역설적이다.

ⓒ 다음은 「떠오르는 태양」(“The Sun Rising”, 1633)이다.

Busy old fool, unruly sun,
Why dost thou thus,
Through windows, and through curtains, call on us?
Must to thy motions lovers’ seasons run?
Saucy pedantic wretch, go chide
Late school-boys and sour prentices,
Go tell court-huntsmen that the king will ride,
Call country ants to harvest offices;
Love, all alike, no season knows nor clime,
Nor hours, days, months, which are the rags of time.

Thy beams so reverend, and strong
Why shouldst thou think?
I could eclipse and cloud them with a wink,

But that I would not lose her sight so long.
    If her eyes have not blinded thine,
    Look, and to-morrow late tell me,
  Whether both th' Indias of spice and mine
  Be where thou left'st them, or lie here with me.
Ask for those kings whom thou saw'st yesterday,
And thou shalt hear, "All here in one bed lay."

    She's all states, and all princes I;
    Nothing else is;
Princes do but play us; compared to this,
All honour's mimic, all wealth alchemy.
    Thou, Sun, art half as happy as we,
    In that the world's contracted thus;
  Thine age asks ease, and since thy duties be
  To warm the world, that's done in warming us.
Shine here to us, and thou art everywhere;
This bed thy center is, these walls thy sphere.

주

unruly: 제멋대로 날뛰는.
to: 맞추어.
call … offices: call farm-workers to their harvesting duties.
offices: duties.
all alike: the same at all times.
But … long: except that I would not lose sight of her for even short a time. 짧은 시간 동안일지라도 못 보게 되지만 않는다면.
But that: Unless.
both … mine: the East Indies (famous for spices) and the West Indies (famous for gold).
where …them: on your last journey round the earth.
Nothing … is: Nothing else exists.
play: imitate.
mimic: mere imitation.
alchemy: mere counterfeit. 연금술, 사기.

In that: ~라는 점에서.
contracted: concentrated.

바쁘고 늙은 바보, 제멋대로인 태양아,
그대는 왜 이처럼,
창문과 커튼 사이로 우릴 방문하는가?
그대의 움직임에 맞춰 연인들의 계절도 달려야 하는가?
뻔뻔하고 잘난척하는 녀석아, 가서 꾸짖어라
지각한 학생들과 시무룩한 도제들을,
가서 말하라, 궁정 사냥꾼에게 왕이 사냥가실 거라고,
불러라, 시골의 개미들을 수확하도록;
사랑은 한결같이 모른다, 계절도 풍토도,
시간의 누더기 조각인 시간, 날, 달을.

왜 그대는 그대의 광선을 그렇게 거룩하고
강력하다고 생각하는가?
나는 한 번의 윙크로 광선을 지우고 구름으로 가릴 수 있다,
그동안 내가 그녀를 못 보게 되지만 않는다면;
만약 그녀의 눈이 그대를 눈멀게 하지 않았다면,
보아라, 그리고 내일 늦게 나에게 말하라,
향료와 금광을 가진 두 개의 인도가
그대가 어제 보았던 곳에 있는지, 아니면 여기 나와 함께 누워있는지를.
어제 그대가 보았던 왕들에게 물어 보아라,
그러면 그대는 들을 것이다, 모두 여기 한 침대에 누워 있다고.

그녀는 모든 국가이고, 그리고 나는 모든 군주,
그 외엔 아무것도 없다.
군주들은 단지 우리를 흉내 낼 뿐; 이것과 비교하면,
모든 명예는 가짜요, 모든 부는 연금술.
그대, 태양은 우리의 반만큼 행복하다,
세상이 이렇게 축소되었다는 점에서.
그대의 노령은 이제 편안을 요구하고, 그대의 의무는
세상을 따뜻하게 하는 것이기에, 그 일은 우리를 따뜻하게 함으로써 행해진다.
여기 우리에게 비추어라, 그러면 그대는 모든 곳에 있게 된다.

이 침대가 그대의 중심이고, 이 벽들은 그대의 천계이다.

해설

이 시에 나타난 형이상학파 시적인 특징은 다음과 같다. 첫째 예기치 못한 대담하고 도발적인 기상으로 독자에게 놀라움을 준다. 태양은 따뜻함의 원천으로서 전통적으로 존경받는 존재이지만 여기에서는 창문을 통해 연인들을 엿보고 그들에게 세상에서의 의무를 일깨우려 하는 참견 잘하는 고집불통인 자로 격하된다. 둘째 이 시는 직접 대화를 나누는 듯한 극적 구성을 띠고 있다. 셋째 눈을 한번 깜빡거려 태양 빛을 가리고 (일식시키고) 그늘지게 할 수 있다고 말하는 부분에는 형이상학적인 과장이 나타난다.

② 조지 허버트

허버트는 형이상학파 시의 전통에서 존 던에 이어 두 번째로 중요한 위상을 차지하고 있는 시인이다. 명문귀족 출신인 그는 벽촌의 교구목사로 조용히 살아가면서 신앙의 시를 썼다. 그는 존 던과는 달리 매일의 일상사나 주변에서 발견되는 가정적인 세부 사항 혹은 자연에서 기상의 소재를 택했다.

ⓐ 다음은「덕망」("Virtue", 1633)이라는 시의 제 4연이다.

Only a sweet and virtuous soul,
Like seasoned timber, never gives;
But though the whole world turn to coal,
Then chiefly lives.

주

gives: yields.

chiefly: 홀로, 오로지. '육체를 이탈하여 오로지 영혼 본연의 생활을 한다'는 뜻이다.

오직 아름답고 덕망 있는 영혼만이,
잘 말린 목재처럼, 결코 비틀어지지 않는다.
온 세상이 석탄으로 변한다 해도,
영혼은 홀로 살아남는다.

ⓑ 다음은 「목고리」("The Collar", 1633)의 총 36행중에서 첫 5행과 마지막 4행이다.

I struck the board, and cried 'No more;
　　I will abroad!
　What? shall I ever sigh and pine?
My lines and life are free, free as the road,
　Loose as the wind, as large as store. ⋯."

But as I raved and grew more fierce and wild
　　At every word
　Methoughts I heard one calling, *Child*!
　　And I replied, *My Lord*.

주

I will abroad: I will go out into the world.

lines: ways (of living), duties. 운명, 진로.

loose: 느슨한, 거침없는.

Methoughts: methinks의 과거형. it seemed to me.

나는 테이블을 치며 소리쳤다. "더 이상 안 돼.
　밖으로 나갈 거야.

뭐라고? 내가 언제나 한숨짓고 애태우라고?
내 운명과 삶은 자유로워, 길처럼 자유로워,
바람처럼 느슨하고, 창고처럼 거대해. … ”

하지만 내가 고함치면서 말을 할 때마다
점점 거칠고 사나워질 때
나 생각에 누군가 부르는 소리를 들었다, *얘야!*
그리고 나는 대답했다, *내 주여*.

해설

허버트도 던처럼 신과 갈등하거나 반항하는 순간을 겪었다. 그의 신앙이 강하기는 했지만 단순히 맥 빠진 순응은 아니었기 때문이다. 그러나 신앙이 사회적으로 제약을 가하는 면에 반항을 하면서 시작된 시는 이내 순응으로 끝맺게 된다.

형이상학파 시로서의 특징으로는 일상 대화에서 쓰이는 구어체와 부드럽지 않은 거친 어법을 들 수 있다.

③ 앤드루 마블

마블의 시는 자연이나 연애에 대한 것처럼 보이지만 사실은 청교도 혁명기의 정치적 상황을 비유하고 있다. 가령 「정원」(“The Garden”)이라는 형이상학적인 시에서 그는 자신의 정치적 신념을 표현했다.

마블의 대표작 「수줍은 연인에게」(“To His Coy Mistress”, 1681)는 전형적인 카르페 디엠(carpe diem)의 주제를 갖고 있다. 카르페 디엠은 ‘현재, 오늘을 즐겨라’(Seize the day)의 뜻을 지닌 라틴어 표현이다. 카르페 디엠의 시에서 화자는 그의 말을 듣는 청자나 독자에게 인생은 짧고 시간은 빨리 흘러가니까 오늘 이 순간의 쾌락을 즐기라고 충고한다. 카르페 디엠을 주제로 한 시는 엄숙함과 금욕을 강조하며 억압적인 분위기를 조성한 청교도 공화정에 대한 반발로서 주로 17세기에 많이 쓰였다.

Had we but world enough, and time,
This coyness, lady, were no crime.
We would sit down, and think which way
To walk, and pass our long love's day;
Thou by the *Indian Ganges'* side
Shouldst rubies find; I by the tide
Of *Humber* would complain. I would
Love you ten years before the Flood;
And you should, if you please, refuse
Till the conversion of the Jews.
My vegetable love should grow
Vaster than empires, and more slow.
An hundred years should go to praise
Thine eyes, and on thy forehead gaze.
Two hundred to adore each breast,
But thirty thousand to the rest.
An age at least to every part,
And the last age should show your heart.
For, lady, you deserve this state;
Nor would I love at lower rate.

But at my back I always hear
Time's wingèd chariot hurrying near;
And yonder all before us lie
Deserts of vast eternity.
Thy beauty shall no more be found;
Nor, in thy marble vault, shall sound
My echoing song; then worms shall try

That long preserved virginity:
And your quaint honour turn to dust,
And into ashes all my lust.
The grave's a fine and private place,
But none I think do there embrace.

Now therefore, while the youthful hue
Sits on thy skin like morning dew,
And while thy willing soul transpires
At every pore with instant fires,
Now let us sport us while we may;
And now, like am'rous birds of prey,
Rather at once our time devour,
Than languish in his slow-chapp'd power.
Let us roll all our strength, and all
Our sweetness, up into one ball:
And tear our pleasures with rough strife,
Thorough the iron gates of life.
Thus, though we cannot make our sun
Stand still, yet we will make him run.

주

mistress: (아직 애인은 아니지만) 구애의 대상인 여인.
world: vast space.
were: would be.
Till the conversion of the Jews: 유태인들은 절대로 개종하지 않는다는 점에서 무궁한 시간을 가리킨다.
vegetable: growing and reproducing.
vegetable love: 단시간에 급성장하여 성장을 멈추는 동물적 사랑이 아니라 천천히 성장하여 제국을 능가할 만큼 널리 퍼지는 사랑을 의미함.
state: dignity, pomp.
quaint: over-subtle, fastidious.
fine and: = very.
sport: = enjoy.

slow-chapt: slowly devouring.
thorough: through.

우리에게 충분한 세계와 시간이 있다면
이 수줍음은, 님이시여, 죄가 아니겠지요.
우린 앉아서 어느 길을 걸어갈지를 생각하면서
긴 사랑의 하루를 보낼 수 있을 것이오.
그대는 인도의 갠지스 강가에서
홍옥을 찾고, 나는 험버 강의
물가에서 불평할 수도 있겠지요. 나는
노아의 홍수 십여 년 전부터 그대를 사랑하고,
그대는, 원하신다면, 유태인이
개종할 때까지도 거절할 수 있겠지요.
내 식물 같은 사랑은 제국보다
더 거대하고 더 천천히 자랄 것이오.
그대의 눈을 찬미하고 그대의 이마를 바라보는데
백년이 걸리겠지요.
두 젖가슴을 흠모하는 데 이백 년,
나머지에는 삼만 년,
각 부분마다 적어도 한 시대가 필요하겠지요.
그러면 마지막 시대에 그대의 마음을 보겠지요.
님이시여, 그대는 이런 위엄을 받아 마땅하기에,
나 그대를 그보다 낮은 정도로 사랑하지는 않으리다.

그러나 내 등 뒤에서 항상 듣는다오.
시간의 날개 달린 전차가 급히 다가오는 소리를.
또한 저기 우리 앞에는 온통
광대한 영원의 사막이 놓여 있다오.
그대의 아름다움은 더 이상 찾을 길 없을 것이고,
그대의 대리석 묘소에서는 들리지 않을 것이오.
나의 메아리치는 노래 소리. 그때는 벌레들이
그토록 오랜 기간 보존된 처녀성을 맛볼 것이며,

그대의 괴팍한 정조는 먼지로,
내 정욕은 모두 재로 변해 버릴 것이오.
무덤은 더할 나위 없이 은밀한 곳이긴 하지만,
생각건대, 아무도 거기선 포옹하지 않을 것이오.

자 그러니 이제 청춘의 색조가
아침 이슬처럼 그대 살결에 배여 있는 동안,
또한 그대의 영혼이 기꺼이 즉각적인 정념으로
온 땀구멍에서 내뿜고 있을 때,
지금 우리 즐겨요. 즐길 수 있을 때.
자 이제, 호색적인 맹금처럼,
차라리 단번에 우리의 시간을 집어삼켜요.
천천히 턱을 놀리는 시간의 힘에 갇혀 시들기보다는.
우리의 모든 힘과 우리의 모든
감미로움을 끌어다 굴려 하나의 공으로 만들어,
인생의 철문을 통하여
우리의 쾌락을 세차게 작열시켜요.
그리하여, 우리가 태양을 멈춰 서게 할 수는
없을지라도, 오히려 그를 달리게 합시다.

해설

이 시에서 화자는 처녀성에 대한 강박관념 때문에 청춘을 즐기지 못하는 연인에게 젊고 아름다운 때는 잠깐일 뿐이니 수줍음을 떨며 자신의 요구를 거절할 것이 아니라 시간이 더 가기 전에 육체적 쾌락을 맛보자고 설득한다. 이 과정에서 논리적, 철학적, 분석적인 언어와 과장법이 사용된다.

이 시는 상대방을 설득시키기 위해 삼단논법을 구사한다. 20행까지의 내용은 가정법으로 서술된다. 화자는 만약 공간적, 시간적 여유가 충분하다면 천천히 그리고 끝도 없이 오래도록 애인을 사랑하겠다고 말한다. 그는 이 사실을 여러 이미지들을 사용하면서 장황하게 얘기한다. "그러나"로 시작되는 두 번째 문단에서 화자는 냉엄한 현실 세계를 제시한다.

이는 첫 문단의 비현실적인 가상의 세계와 극단적으로 대비되어 놀라움을 준다. “자, 그러므로”로 시작되는 33행 이후의 마지막 연에서 화자는 충격 속에 할 말을 잃은 상대에게 자신의 논리를 들이댄다.

이 시의 마지막 두 행에는 형이상학적인 역설이 통렬하게 나타난다. 시간에게 잡아먹히면서 수동적으로 살 것이 아니라 오히려 적극적으로 열렬히 사랑함으로써 시간을 먹어치우자는 것이다. 즉 우리가 태양을 정지시킬 수는 없지만 열렬한 사랑의 행위로 영원(무시간)의 세계에 살게 되면 태양이 달리더라도 아무런 시간의 영향을 받지 않으니 시간을 지배하게 된다는 의미이다.

(2) 17세기 전반의 드라마

영국의 드라마는 16세기말부터 17세기 전반기까지 유례없는 황금기를 맞이하게 된다. 셰익스피어의 희극을 비롯한 엘리자베스 시대의 희극은 남녀 사이의 구애와 결혼을 다룬 낭만희극이었는데, 엘리자베스조가 끝나가면서 희극의 분위기는 풍자적이고 비판적으로 바뀐다. 제임스 1세가 즉위한 후인 1600년대에는 당대 런던을 배경으로 하여 인간의 우매함을 신랄하게 꼬집고 타락한 사회상을 비판하는 풍자희극이 주류를 이루었다. 기질희극을 창시했던 벤 존슨이 그 대표적인 인물이다. 우울하고 비관적인 극을 썼던 존 웹스터(John Webster, 1580-1625) 또한 이 시기에 활동했다. 웹스터의 작품으로는 『말피의 공작부인』(*The Duchess of Malfi*, 1614)이 있다. 이 시기에 셰익스피어는 비극과 희비극을 썼다.

제임스 1세 시대의 극작가들은 후원 뿐 아니라 보호를 받기 위하여 궁정에 의지했다. 제임스 왕과 왕비는 극작가들을 후원했고, 궁정에서는 가면극(masque)이 공연되었다. 엘리자베스 시대부터 시작된 궁정의 가면극은 정교한 무대장치를 배경으로 하여 극과 노래, 춤이 펼쳐진 궁정여흥이었다. 엘리자베스 시대의 극에 비해 스튜어트 왕조 시대의 극은 무대장치와 효과 면에서는 더 발전했지만 대중성을 상실했다. 극은 특정 계층의 전유물이 되었고 극장도 점점 전용화 되었다. 점차 지붕이 있고 객석의 수가 적어 관람료가 더 비싼 실내 극장에서 극이 공연되기 시작했다.

제임스 1세 시대의 극은 도덕적인 청교도들로부터 심한 공격을 받았다. 군중이 운집하는 극장에서는 역병이 전염되기 쉬웠고 극장 안과 주변에는 술주정과 무질서가 만연했기 때문에 런던 시 당국자들은 극장을 탐탁지 않게 여겼다. 종종 공연이 금지되는 일도 발생했다. 결국 청교도혁명으로 공화정이 들어서면서 극장은 폐쇄되기에 이른다.

이 시대의 대표적인 극작가는 벤 존슨이다. 벽돌공, 군인, 시인, 비평가 등 다양한 경력의 소유자인 그는 셰익스피어와 동시대에 활약한 재코비안 시대의 대표적인 극작가였다. 그는 호전적이며 활력이 넘쳤고, 박식하고 고전에 대한 식견이 높았으며 이는 그의 극 이론 정립과 창작 활동에 영향을 미쳤다.

벤 존슨은 문단의 대가로서 숭배자를 거느렸는데 이들을 '벤 일가'(Ben's Tribe)라고 부른다. 벤을 중심으로 헤릭(Robert Herrick), 서클링(John Suckling), 러브레이스(Richard Lovelace) 등이 여기에 속하는데, '왕당파 서정시인들'(Cavalier Lyrists)이라고도 지칭된다. 궁정을 중심으로 벌어진 연애를 주제로 하여 우아미와 고전미, 그리고 기지가 담긴 감미로운 서정시를 썼던 이들은 그 후의 '던의 유파'(Donne's School)와 함께 17세기 전반의 영국 시단을 지배했다.

존슨의 연극은 기질희극(Comedy of humours)으로 불린다. 중세의 의학자들은 인간의 체질을 체액에 따라 피(blood), 노란 담즙

(choler, yellow bile), 담(phlegm), 검은 담즙(black bile of melancholy)으로 나누고, 배합의 균형이 깨질 때 지배적으로 커진 체액에 따라 각 인간의 기질 및 성향이 결정된다고 보았다. 이들에 따르면 네 가지, 즉 쾌활한(sanguine), 성마른(choleric), 냉담한(phlegmatic), 우울한(melancholic) 기질이 있다. 존슨은 어느 하나의 체액이 압도적으로 크게 배합되어 균형을 잃은 바람에 괴상해진 인물들을 극에 등장시킨다. 때문에 그의 작품은 기질희극으로 지칭된다. 기질희극이란 어떤 인물의 성격 중 지배적인 기질 및 특징을 과장하거나 희화화하여 인간의 어리석음을 풍자하고 조소하는 극이다. 자본주의가 막 싹트기 시작하여 상인 계층이 번창하던 시대에 살았던 존슨은 돈과 권력에 굶주린 이들을 비판적으로 바라보았다. 더 나아가 존슨은 이러한 악이 사회에 만연되어 있음을 보여줌으로써 개인적인 악덕을 넘어서 사회악을 고발했다.

벤 존슨은 그의 희극에서 런던의 샛길과 뒷골목의 중, 하류 계층 군중들을 무대 전면에 내세워 그들의 왁자지껄한 일상의 삶을 그려낸다. 그들은 감상적으로 채색되지 않은 있는 그대로의 제임스 1세 시대의 보통 사람들이었다. 이처럼 사실적인 극을 실감나게 쓴 것이 존슨이 거둔 성과중의 하나이다.

벤 존슨의 대표작인 『볼폰』(*Volpone*)은 1606년경에 초연되었으며 급속하게 자본주의화 되어가는 당대 사회의 물질 만능주의와 탐욕을 풍자하고 있다. 이태리어로 큰 여우를 의미하는 볼폰이라는 이름의 주인공은 돈과 권력을 쫓는 탐욕스러운 인물로서, 파리를 의미하는 하인 모스카(Mosca)와 함께 음모를 꾸민다. 곧 죽을 것처럼 위장을 한 다음 유산 상속에 혈안이 되어 온갖 아첨을 다하는 주변 인물들을 속여 오히려 그들의 돈을 갈취하려 한 것이다. 볼폰이나 모스카 못지않은 주변 인물들의 탐욕 또한 그 우화적인 이름에서 시사된다. 볼토르(Voltore)는 독수리, 코바치오(Corbaccio)는 까마귀, 코르비노(Corvino)는 까마귀를 의미한다. 이처럼 이 극은 베니스 사회, 아니 더 나아가 이 사회가 함축하는 당대 런던 사회 전체의 타락상을 고발하고 풍자한다. 다음은 『볼폰』의 일부분이다.

Good morning to the day; and next, my gold! -
Open the shrine, that I may see my saint….
Hail the world's soul, and mine! More glad than is
The teeming earth to see the long'd-for sun
Peep through the horns of the celestial Ram,
Am I, to view thy splendour darkening his;
That lying here, amongst my other hoards,
Show'st like a flame by night; or like the day
Struck out of chaos, when all darkness fled
Unto the centre …

주

hail: 환호로 맞다.

3행 More glad-에서부터 6행까지의 원래 어순: I am more glad to view thy splendour darkening his than the teeming earth is (glad) to see the long'd-for sun peep through the horns of the celestial Ram.

teeming: 배부른, 다산의, 충만한.

day: daylight.

안녕 새 날이여; 그리고 내 금도!
성소를 열어라, 내 성인을 볼 수 있도록 …
세상의 영혼을 환호로 맞이하라! 그리고 내 영혼도!
더 기쁘다, 충만한 땅이 오래 고대하던 해를
하늘의 백양궁의 뿔들 사이로 엿보는 것보다도,
내가 그의 광채를 어둡게 만드는 그대 광채를 보는 것이.

그대 광채는 여기 놓여서, 내 다른 보물 더미 사이에서,
밤에는 불꽃처럼 보인다. 혹 모든 어둠이
그 중심으로 도망쳤을 때는
혼돈을 꿰뚫고 나온 낮처럼 보인다. …

해설

금을 성인이자 영혼으로, 금을 쌓아둔 곳을 성소로 표현하는 볼폰의 이 대사에는 배금주의가 잘 나타나 있다.

(3) 17세기 전반의 산문

17세기 전반에는 새로운 과학과 기술의 진보에 따라 중세기적인 스콜라 철학 사상이 쇠퇴하고 근대적인 경험주의 철학이 부상했다. 경험주의는 명확하고도 구체적인 사물의 관찰과 실험을 중시했는데, 대표적인 경험주의자로는 베이컨(Francis Bacon, 1561-1626)을 들 수 있다. 근세 철학의 개척자라고 할 수 있는 베이컨은 영국 최초의 『수필집』(*Essays*, 1597, 1612)을 냈다. 이밖에도 격변의 시기에 자신의 입장을 밝히는 정치적인 팜플렛과, 영국 최초의 민주적 사회계약론자인 토마스 홉스(Thomas Hobbes, 1588-1679)의 『리바이어던』(*Leviathan*, 1651) 등의 산문이 발표되었다. 『리바이어단』에는 사회 계약과 강력한 군주체제 만이 사회의 파멸을 방지할 수 있다는 홉스의 주장이 담겨 있다. 과학적 사고의 영향을 받은 이 시기에는 단순하고 명확한 문체의 글이 많았다.

1650년까지 지속된 문예부흥의 여파로 성경의 영어 번역이 이루어졌다. 이전부터 종교개혁을 부르짖어온 위클리프는 신학적 논쟁을 벌일 때 영어를 사용했는데, 그 결과 영어로 번역된 성경이 계속

해서 쏟아져 나왔다. 대표적인 성경은 제임스 1세의 명령으로 47명의 학자들이 집필하여 1611년 완성된 『흠정성서』(*King James Version, Authorized Version of the Bible*)이다. 『흠정성서』의 간결한 문체는 이후 영어 산문의 규범이 되었다.

Ⅲ. 신고전주의 시대: 왕정복고와 18세기

신고전주의(New Classicism, 1660-1798) 시대는 일반적으로 다음과 같이 세 개의 시기로 구분된다. 첫 번째는 왕정복고 시대(Restoration Period)이다. 이는 17세기 후반 즉 왕정복고가 된 1660년부터 드라이든(John Dryden, 1631-1700)이 죽은 1700년까지의 기간으로서 드라이든의 시대라고도 지칭된다. 밀턴의 경건한 서사시와 애써리지(George Etherege, 1636-1692) 등의 짓궂은 연애시가 공존했을 정도로 다양한 문학이 생산되었다. 짧은 서정시와 장편 서사시가 풍미했던 16세기 및 17세기 전반과는 달리 풍자시가 중심 장르였고, 이행연구(couplet)가 지배적인 시형이었다.

두 번째는 아우구스투스 시대(Augustan Age)이다. 이는 18세기 전반 즉 1700년부터 포우프(Alexander Pope, 1688-1744)와 스위프트(Jonathan Swift, 1667-1745)가 세상을 떠난 1745년까지로 구분된다. 아우구스투스(B.C.63-A.D.14)는 줄리우스 시저의 죽음으로 야기된 전란이 끝난 후에 최초의 로마 황제가 되었는데, 안정과 평화를 이룩한 그의 치세 기간에는 버질(Virgil)과 호레이스(Horace)가 활약하는 등 문학이 융성했다. 아우구스투스 황제 시대의 문학 정신을 지향했기 때문에 18세기 전반을 아우구스투스 시대라고 지칭한다. 포우프, 스위프트, 애디슨(Joseph Addison, 1672-1719), 스틸(Richard Steele, 1672-1729) 등이 이 시기에 활약했고 포우프의 시대라고도 불린다.

세 개의 시기 중 두 번째 아우구스투스 시대를 특별히 신고전주의 시대라고 지칭하기도 한다.

세 번째는 감수성의 시대(Age of Sensibility)이다. 이는 18세기 중, 후반 즉 1745년부터 『서정담시집』(*The Lyrical Ballads*)이 나온 1798년까지이다. 중산층이 경건함과 도덕성을 강조하면서 타인에 대해 공감과 연민을 느끼는 감수성 혹은 감상주의를 찬미하게 된 것이다. 이는 18세기 말 원시주의(primitivism)와 숭엄미(the sublime)에 대한 관심으로 이어졌다. 한편 "자연으로 돌아가라"는 루소(Jean-Jacques Rousseau, 1712-1778) 사상의 영향을 받게 된 일군의 시인들은 시인의 내면에 눈을 돌려 자신의 주관적인 감정을 토로하는 내향적인 시를 썼다. '묘지파'(Graveyard School) 시인들이 그들이다. '묘지파' 시인들의 시풍은 감정을 중요시하는 낭만주의로 이어진다. 또한 이 시대는 사무엘 존슨(Samuel Johnson, 1709-1784)의 시대라고도 불리는데, 그 이유는 존슨이 소멸해가는 고전주의적 전통을 대표하며 문단을 지배했고, 그의 작품이나 생애가 커다란 변화를 겪고 있던 그 시대의 역동성을 전형적으로 보여주기 때문이다. 존슨은 출판업자들에게 고용되거나 계약을 맺어 활동하는 근대적 전업 작가로서 다양한 종류의 글을 썼다. 그가 편찬한 『영어사전』(*The Dictionary of English Language*, 1755)은 옥스퍼드 영어사전의 모체가 되었다.

1) 역사, 사회적 배경

(1) 왕정복고, 명예혁명, 앤 여왕 시대

청교도 혁명과 크롬웰의 공화정을 거친 후 찰스 2세가 왕위에 오르면서 왕정복고가 이루어진다. 오랫동안의 망명국인 프랑스의 자유

분방한 문화에 젖어 있었던 찰스 2세는 청교도 혁명과 함께 폐쇄되었던 극장 문을 다시 열었다. 찰스 2세는 종교적인 면에서는 비국교도인(nonconformist)을 차별했지만, 의회와는 무난히 타협하면서 큰 충돌 없이 통치했다. 찰스 2세의 죽음으로 왕권을 물려받은 제임스 2세(James Ⅱ, 재위 1685-1688)는 의회와 반목하는 가운데 가톨릭을 공공연히 옹호하여 의회와 국민들의 미움을 받았다. 제임스 2세가 늦은 나이에 예기치 않게 얻은 아들에게 왕위를 물려주려 하자, 의회는 신교도였던 제임스 2세의 딸 메리(Mary)와 그녀의 남편인 네덜란드의 오렌지 공 윌리엄(William)을 불러들였다. 이때 국왕을 지지하는 왕당파와 반대하는 자유파가 대립했다. 의회와의 불화로 군대를 유지하지 못해 세력이 약했던 제임스가 돌연 프랑스로 도망친 후 메리와 윌리엄이 공동으로 메리 2세(재위 1689-1694)와 윌리엄 3세(재위 1689-1702)로 왕위에 오른다. 무력 충돌 없이 왕을 교체한 이 사건이 1688년의 명예혁명(Glorious Revolution)인데, 이로써 의회 민주주의가 막을 올렸다.

1689년에는 의회 동의 없는 왕권에 의한 법률 집행, 과세, 군대 소집을 금지한다는 내용이 담긴 권리장전(Bill of Rights)과, 비국교도에 대한 차별을 완화하는 종교관용법(Toleration Act)이 통과되었다. 왕권을 제한하고 의회의 주권을 인정한 권리장전으로 인해 잉글랜드는 의회 정치의 확립과 입헌군주국의 토대를 마련한다. 메리와 윌리엄에게 자식이 없는 관계로 왕위계승을 둘러싸고 문제가 생길 것을 우려한 의회는 가톨릭교도가 아닌 왕족 중에서 가장 가까운 사람이 왕위를 승계한다는 왕위계승법(Act of Settlement, 1701)을 제정한다. 이 시기에 가톨릭에 우호적인 토리당(Tories)과 가톨릭을 반대하는 휘그당(Whigs), 두 개의 정당이 출현했다. 프랑스와의 전쟁비용을 조달하기 위해 1694년 국채를 발행했는데 전쟁이 투자기회로 작용하는 바람에 금융시장이 활성화 되었고 이는 잉글랜드(영국)은행의 설립으로 이어졌다. 같은 해 런던 주식 거래소도 설립되었다. 이후 잉글랜드 정부는 재정적으로 안정되었고 런던은 세계 금융의 중심이 되었다. 윌리엄 공이 죽자 왕위계승법에 따라 메리의 여동생 앤(Anne)이 즉위했다.

앤 여왕(재위 1702-1714) 치하 때 잉글랜드는 스페인 왕위 계승전쟁(1701-1714)에서 승리하여 프랑스가 스페인의 왕위를 계승하려는 시도를 막고 유럽 내 힘의 균형을 바꾸었으며 프랑스의 식민지 확대를 저지했다. 잉글랜드는 해외 무역을 증진했고 강력한 해군을 바탕으로 해외 식민지에 눈을 돌려 대영제국의 토대를 마련했다. 1707년에는 스코틀랜드를 합병하되 정치적 자치권은 인정해주는 통합령(the Act of Union)이 발표되었다. 이로써 대영국(Great Britain)이 탄생했고, 이때부터 잉글랜드가 아닌 영국으로 지칭될 수 있게 된다.

1714년 앤여왕의 사망 후 의회는 왕위계승법에 따라 프랑스에 망명중인 제임스 2세의 아들(대 왕위요구자: Old Pretender)과 손자(소 왕위요구자: Young Pretender, Bonnie Prince Charlie)를 배제하고, 신교도인 독일의 하노버(Hanover) 왕조의 선제후(Elector) 왕자를 조지 1세(George Ⅰ, 재위 1714-1727)로 즉위시킨다. 조지 1세는 제임스 1세의 외손자였다. 이 일로 인해 1715년과 1745년 두 차례에 걸쳐 스코틀랜드를 중심으로 스튜어트 왕조의 제임스 왕과 그 후손을 지지하는 세력들의 반란(Jacobite Rebellion)이 일어났지만, 1746년 두 번째 반란이 진압되면서 제임스 지지자들의 위협은 영영 사라지게 되었다. 스튜어트 왕가가 막을 내리자 스코틀랜드는 잉글랜드에서 분리되려고 애를 썼지만 끝내 독립을 이루지 못했다.

(2) 하노버 왕조 (1714-1901)

하노버 왕조(the House of Hanover)는 입헌군주제를 공고히 하는 데 크게 기여했다. 독일에서 성장한 조지 1세나 조지 2세(George Ⅱ, 1727-60)는 영어가 서툰 독일인이었고 국정에 관심이 많지 않았기 때문에 의회와 수상을 비롯한 각료들의 권한이 강화되었다. 하노버 왕조 시기는 그 이전의 왕조와는 달리 왕은 통치하지 않고 실질적인 통치는 수상과 의회를 통해 이루어진 명실공이 입헌군주제 시대였다. 1721년 영국 최초의 수상으로 취임한 월폴 경(Sir Robert Walpole, 1676-1745)은 휘그파로서 조지 1세와 조지 2세 시대인 1721년부터 1742년까지 20년에 걸쳐 수상 직을 역임했다. 그는 소수가 권력을 독점하는 과두정치(oligarchy)를 통해 강력하고 효율적인 정부를 운영하였다. 조지 2세 시대인 1756년부터 1761년까지 실질적인 총리는 대피트(William Pitt, the Elder, 1708-1778)였다. 1756년 시작된 7년 전쟁이 1763년 종결되어 영국은 북아메리카의 뉴프랑스(현재의 퀘벡 주와 온타리오 주)를 차지하여 북아메리카에서 프랑스 세력을 몰아냈다. 인도에서도 프랑스 세력을 몰아내어 대영제국의 기초를 마련하게 되었다.

조지 2세 시대에 양대 정당인 휘그당과 토리당이 확고하게 자리 잡았다. 휘그 당원들은 귀족, 상인, 비국교도들이었고 1714년부터 1760년까지의 기간에 정권을 장악했다. 휘그는 중상주의 정책을 펴면서 자유무역을 촉진했고 그 결과 이 시기에 상업과 자본주의가 발달했다. 토리 당원들은 소규모의 지주 계급과 국교도들이었는데 조지 3세(George Ⅲ, 재위 1760-1820) 통치기에 정권을 장악했다. 조지 3세 시대에 권력은 의회에 넘어갔다. 권력의 중심이 수상으로 옮겨가면서 내각제가 자리 잡았고, 대 피트가 1766년부터 1768년까지 실질적인 총리로 일했다. 이어 토리였던 소 피트(William Pitt, the Younger, 1759-1806)는 1783년 24세의 나이에 영국의 수상이 되어 1801년 수상직에서 물러났으나 1804년 다시 선임되어 사망할 때까지 수상 직을 역임했다.

18세기 영국은 산업화의 진행, 무역 확대와 식민지 정책 등을 통해 경제적 번영과 안정을 누렸다. 이 기간 동안의 경제적 발전과 정치적 안정으로 일상생활에서도 세련되고 우아한 장식이 선호되었고 그 결과 이 시대는 우아함의 시대로 지칭되기도 한다. 18세기 후반부는 산업화와 제국주의가 확대되는 가운데 반란이 일어나고 개혁이 이루어진 시기였다. 1776년 아메리카 식민지가 전쟁 끝에 미국으로 독립하게 되자 영국에는 경제적인 위기가 닥쳤다. 이는 개혁운동과 폭동으로 이어졌으나, 1780년대에 경기가 회복되면서 최악의 상황은 피할 수 있었다.

2) 문학

(1) 신고전주의 시의 특징

신고전주의는 고전문학, 즉 고대 그리스, 로마의 문학 작품을 본보기로 삼아 거기에 나타난 규범 및 규칙을 당대에 되살리려는 움직임을 가리킨다. 신고전주의 시인들은 시를 인생의 모방이며 '자연을 비추는 거울'(a mirror held up to nature)로 보았다. 신고전주의 시대를 대표하는 포우프나 스위프트를 비롯한 당대 문인들의 특징은 다음과 같다.

첫째 신고전주의 시인들은 인간과 사회를 시의 소재로 택하고, 사회 속에서 서로 관계를 맺고 사는 인간의 불변의 모습, 즉 내적 자연이라고 할 수 있는 일반적 인간 본성(general human nature)을 그 주제로 삼았다. 신고전주의자들이 "자연을 따르라"고 말할 때의 자연은 구체적인 대상으로서의 외적인 자연이 아니라, 규칙과 질서와 조화로서 파악된 대우주에 대응하는 소우주로서의 보편적인 인간의 본질이었다. 포우프가 『비평론』(*Essay on Criticism*)에서 "첫째 자연을 따르라"(first follow the Nature)고 할 때 이 자연은 예술의 근원이고 목표이며 시금석이었다. 시는 이러한 자연을 모방해야 하고 그럼으로써 독자에게 미적 즐거움과 교훈을 주는 것이라고 보았다.

둘째 신고전주의자들은 공상(fancy)을 고삐 풀린 말로 생각하여 이성적 판단력(judgement)으로 이를 제어해야 한다고 생각했다. 계몽주의(Enlightenment)의 영향으로 인해 이성과 상식이 지배하던 18세기에는 무한으로 비상하는 상상력보다는 건전한 이성과 판단력이 중시되었다. 이 시대의 문학관이 잘 나타난 포우프의 『비평론』(*Essays on Criticism*, 1711)에서는 지나친 상상력을 배제한 정확하고 절제된 표현을 강조하고 있다.

셋째 이 시대에는 모든 장르에 위계적 질서가 있다는 생각 하에 장르의 서열과 특성에 따라 지켜야할 규범인 '예법'(decorum)을 중시했다. 예법에 따르면 비극과 서사시에서 주인공은 왕이나 영웅이고, 희극에서는 중류계급, 소극에서는 비천한 계층이어야 했다. 예법을 준수했는지의 여부가 작품 평가의 중요한 기준이었다. 이를 의식적으로 위반하는 것이 해학(burlesque) 수법인데 이 시대의 풍자시에 자주 활용되었다. 주제와 문체 사이의 괴리 즉 전도된 예법은 웃음을 자아내는 가운데 시 속에서 다루어진 인물과 행동을 조롱하는 효과가 있다. 저속한 주제를 격조 높은 문체로 담아낸 시를 의사영웅시(mock-epic)라고 한다. 드라이든의 『맥 플랙노』(*Mac Flecknoe*, 1682)와 포우프의 『머리타래의 강탈』(*The Rape of the Lock*, 1712)이 대표적인 의사영웅시이다.

넷째 신고전주의자들은 개인적 재능이나 감수성 대신 고전 규범을 잘 익혀서 구사할 수 있는 기술의 습득 및 연마를 중시했다. 이 시대 대부분의 시는 시인의 상상적 경험을 표현한다기보다는 정해진 규칙과 형식에 따라 의식적으로 제작되었다. 이 시기의 풍자시들이 규범에 따라 거의 예외 없이 이행연구(couplet)로 쓰여 진 것이 그 예이다. 신고전주의자들에게 있어서 예술은 기술에 가까운 것이었다.

다섯째 신고전주의자들은 풍자문학을 즐겨 썼다. 그들은 풍자문학을 통해 상대방의 잘못을 지적하고 공격함으로써 궁극적으로는 이를 개선하려고 했다.

(2) 신고전주의 시인

① 존 드라이든

왕정복고 시대의 대표적인 작가인 드라이든(John Dryden, 1631-1700)은 청교도혁명과 공화정 그리고 왕정복고에 이르는 커다란 변혁의 시대에 살았다. 그는 시인, 극작가, 그리고 비평가로도 활약했다. 그의 셰익스피어 비평은 그 후 100년간에 걸쳐 셰익스피어 비평의 기초가 되었다. 새뮤얼 존슨이 그를 '영국 비평의 아버지'라고 불렀을 만큼 비평가로서의 그의 위상은 높다. 그는 비평문이나 산문을 쓸 때 구체적이고 분명한 문체를 구사했다.

드라이든의 문학은 정치성을 띠었다. 그는 당대의 정치적인 사건이나 일상생활에서 시의 소재를 택해 명확하게 자신의 입장을 밝혔다. 『압살롬과 아키토펠』(*Absalom and Achitophel*, 1681)에서는 크롬웰의 공화정을 지지했던 처음의 태도를 바꿔 왕정복고 후 왕당파가 된 그의 입장이 나타난다. 왕위 계승분쟁을 둘러싼 당대의 정치적 음모를 성서의 내용에 비추어 풍자한 이 시의 배경은 다음과 같다. 휘그당원들이 찰스 2세의 후계자이며 동생인 제임스를 가톨릭교도라는 이유로 배제하고 찰스 2세의 사생아인 몬모쓰(Monmouth) 공작을 왕으로 옹립하려 했을 때 드라이든은 제임스를 옹호하는 토리당원들 편에 섰다. 이때 제임스의 계승권을 박탈하자고 선동한 대표적인 신교도 휘그 당원은 샤프츠베리(Shaftesbury) 백작과 버킹엄(Buckingham) 공작이었다. 드라이든은 성경에서 압살롬이 그의 아버지인 다윗 왕을 상대로 반란을 일으켰던 이야기(사무엘 하, 15-18)를 그 시대 상황에 적용했다. 즉 찰스를 다윗 왕, 샤프츠베리를 아키토펠, 몬모쓰를 압살롬으로 비유한 것이다. 드라이든은 성경에 입각해서 이야기를 진행하지만 당대의 사건과 인물을 고려했다. 서사시와 풍자를 결합했으며 영웅이행연구의 형식을 따르고 있다. 다음은 이 시를 일부 발췌한 것이다.

In pious times, e´er priestcraft did begin,
Before polygamy was made a sin;
When man, on many, multiplied his kind,
Ere one to one was cursedly confined:
When nature prompted, and no law denied
Promiscuous use of concubine and bride;
Then, Israel's monarch, after Heaven's own heart,
His vigorous warmth did variously impart
To wives and slaves: and, wide as his command,
Scattered his Maker's image through the land.

주

priestcraft: 사제직이 기술(craft)이라는 단어와 결합되어 비하의 뜻을 함축한다.
command: 지배지, 영토.

경건한 시절, 사제술이 시작되기 전,
일부다처가 죄가 되기 이전에,
남자가 많은 여자에게서 제 종족을 번식시켰을 때,
한 남자가 한 여자에게 저주스럽게 속박되기 이전에.
자연이 부추기고, 어떤 법도 첩과 본처를
난삽하게 마구 취하는 것을 막지 않았던 때;
그 때 이스라엘의 군주는, 바로 하늘의 마음을 따라,
그의 정력적인 온기를 다양하게 나눠주었다
아내와 노예들에게. 그리고 그의 영토처럼 널리,
창조주의 형상을 온 땅에 흩뿌려 놓았다.

② 알렉산더 포우프

포우프(Alexander Pope)는 토리를 대변하는 시인으로서 산업화, 상업화, 금권화가 진행되고 있던 당대 18세기를 전통적 가치와 귀족적인 교양을 결한 위기의 시대로 인식하였다. 사회의 책임 있는 구성원으로서 사회를 개조하기 위해 그는 당대의 타락상을 신랄하게 풍자했다. 그는 고전 작품의 정밀한 언어와 형식을 준수했으며 영웅이행연구를 완벽하게 구사했다. 대표작인 『머리 타래의 강탈』은 사소한 이유로 벌이는 귀족 집안 사이의 싸움을 영웅적 서사시의 틀 속에 담아 우스꽝스러움을 자아내는 의사영웅서사시(mock-heroic epic)의 형식을 띠고 있다. 머리타래의 강탈을 사소하게 보이게 하여 강탈로 인해 싸우게 된 두 집안을 화해시키려는 것이 이 시의 의도였다.

또 하나의 대표작은 그가 마지막으로 내놓은 『인간론』(*An Essay on Man*, 1733-1734)이다. 『인간론』에서 그는 우주에서 인간이 차지하고 있는 위치에 대해 성찰한다. 이 시에는 18세기에 널리 퍼져 있던 바, 모든 피조물이 가장 낮은 단계의 무생물부터 최고 단계의 신에 이르기까지 계층적으로 점진적 우월성에 따라 조직되어 있다고 보는 '존재의 대 사슬'(the great chain of beings)의 개념이 나타나 있다. 인간의 위치는 우주의 질서 속에서 신과 동물 사이의 중간 위치에 속하기 때문에 신의 자리를 넘볼 수 없는 한계를 갖고 있다. 따라서 인간은 한계를 알고 분수 있게 절제해야 하며, 한정된 목표 이상을 지향해서는 안 된다. 이는 인간이란 모든 것을 할 수 있고 모든 것이 가능하다고 보았던 르네상스적 인간관과는 확연히 다른 것이다.

포우프는 『인간론』에서 인간은 하느님을 비판적으로 시험해서는 안 되고 인간 자신을 연구해야 한다고 말한다. 이러한 생각의 배경에는 이신론(Deism) 또한 자리 잡고 있다. 이신론은 이성을 존중하는 지적 풍토에서 발달한 종교관으로 이지를 강조한다. 이에 따르면 하느님이 세계를 창조했지만 일단 창조된 세계는 하느님의 지배를 떠나 스스로의 법칙에 따라 움직여간다. 따라서 인간이 왈가왈부할 일이 아니다. 다음은 『인간론』 서한시(epistle) II의 1-10, 16-18행이다.

Know, then, thyself, presume not God to scan;
The proper study of mankind is man.
Placed on this isthmus of a middle state,
A being darkly wise, and rudely great:
With too much knowledge for the sceptic side,
With too much weakness for the Stoic's pride,
He hangs between; in doubt to act, or rest,
In doubt to deem himself a god, or beast;
In doubt his mind or body to prefer,
Born but to die, and reasoning but to err;
Alike in ignorance, his reason such,

Whether he thinks too little, or too much:
Chaos of thought and passion, all confused;
…
Great lord of all things, yet a prey to all;
Sole judge of truth, in endless error hurled:
The glory, jest, and riddle of the world!

주

isthmus: 지협. 양쪽 바다에 둘러싸인 좁은 육지.

Stoic's pride: 스토아 철학에서 신은 자연 그 자체이며 모든 자연물의 근원이다. 현자는 자연이 부여하는 운명에 순응하여 살며, 그렇기에 자연의 근원인 신과 같은 존재가 된다. 여기에서 스토아 철학자는 오만하다는 표현이 나왔다.

그렇다면 그대 자신을 알고 주제넘게 신에 대해 시비를 따지지 말라.
인간에게 합당한 연구 대상은 바로 인간이다.
이 좁은 중간적 위치에 끼어 있는,
몽매하면서도 지혜롭고, 무례하면서도 위대한 존재.
회의론적 입장을 취하기에는 지식이 너무 많고,
금욕론자의 오만한 입장을 취하기에는 약점이 너무 많아,
중간에서 우물쭈물, 의구심 속에 행동하지도 가만히 있지도 못하며;
의구심 속에 그 자신을 신으로도 짐승으로도 생각 못하며,
의구심 속에 정신도 육체도 택하지 못하며,
태어나나 결국 죽고, 판단하되 그르치며,
그의 이성 그 정도이니, 적게 생각하나,
많이 생각하나 무지하긴 매한가지.
사상과 감정은 온통 뒤죽박죽 된 혼란.
….
만물의 영장이면서도 만물의 제물이라.
진리의 유일한 판관이면서도 끊임없는 오류 속으로 내던져지니,
온 세상의 영광이요, 웃음거리요, 수수께끼로다.

해설

이 시는 영웅이구체 즉 운을 맞춘 두 개의 행으로 이루어졌다. 포우프가 이행연구를 많이 사용한 이유는 각 행이 대구를 이루는 형식이 간단하고 명료하게 의미를 전달할 수 있기 때문이었다. 이 시에는 경구적 표현 또한 많이 사용되었다.

③ 토마스 그레이

그레이(Thomas Gray, 1716-1771)는 묘지에서 생과 사에 관해 철학적 사색을 하면서 인간의 삶의 덧없음을 표현한 감상적인 '묘지파' 시인이다. '묘지파' 시인들은 우울한 명상시를 썼는데, 이들 시의 정조인 우울은 다가오는 낭만적 우울을 전조한다. 그레이의 「시골 교회 묘지에서 쓴 애가」("Elegy Written in a Country Churchyard", 1751)는 묘지를 배경으로 보잘것없는 묘비들로 추모된 미천한 시골 사람들에 대해 명상하는 시로서 분위기가 어둡고 우울하다. 다음은 총 29연 중 8연과 9연이다.

Let not Ambition mock their useful toil,
  Their homely joys, and destiny obscure;
Nor Grandeur hear with a disdainful smile
  The short and simple annals of the poor.

The boast of heraldry, the pow'r,
  And all that beauty, all that wealth e'er gave,
Awaits alike th' inevitable hour:
  The paths of glory lead but to the grave.

주

obscure: = humble.
heraldry: 문장(紋章).

all that beauty: = all that beauty ever gave.

야심이 조롱치 않게 하자 그들의 유용한 수고를,
그들의 소박한 기쁨을, 그리고 무명의 운명을;
또한 웅대함이 경멸의 미소를 띠고
가난한 자의 짧고 소박한 연보를 듣게 하지 말자.

명문의 자랑, 권력의 영화,
그리고 모든 아름다움, 부가 준 모든 것들,
똑 같이 기다린다, 피할 길 없는 시간을:
영광의 길은 단지 무덤에 이를 뿐이다.

해설

이 시에서 시인은 주위에 표시가 없거나 아니면 조잡한 묘비들로 추모된 미천한 시골 사람들에 대해 명상한다. 곰곰이 생각에 잠긴 우울한 분위기 속에서 미천한 사람들에 대해 관심을 표하고 있다는 점에서 낭만주의 시인인 워즈워드의 시와 유사한 면이 있다.

다음은 「이튼 학교의 먼 장래에 관한 송시」(“Ode on a Distant Prospect of Eton College”, 1747)의 총 10연 중 제 6연의 첫 4행이다. 이 시는 극히 18세기적인 어순의 도치를 보여주지만, 시골의 보잘것 없는 사람들에 대한 애정 어린 관심과 생각에 잠긴 시인의 우울함은 낭만주의 시인인 워즈워드의 출현을 예기한다.

Alas, regardless of their doom,
The little victims play!
No sense have they of ills to come,
Nor care beyond today…

슬프도다, 자신들의 운명에 개의치 않고,

그 어린 희생자들이 노는구나!
다가올 불행에 대해선 아무런 느낌이 없고,
오늘 너머는 괘념치 않는다. …

해설

이 시에는 18세기 시적인 특징과 낭만주의를 전조하는 특징이 나타나 있다. 전자의 예는 3행에 나타나는 어순의 도치이고, 후자의 예는 우울한 명상시라는 것이다.

(3) 신고전주의 드라마

1660년 왕정복고로 찰스 2세가 즉위하면서 청교도의 관점에서 보면 부도덕해 보일 만큼 쾌락을 추구하는 방종적인 분위기가 팽배해진다. 연극을 좋아했던 찰스 2세는 청교도 혁명 후 폐쇄되었던 극장을 다시 열고 배우 극단을 만들어 연극을 공연하게 했다. 이 시기의 극장은 엘리자베스 시대의 극장과는 달랐다. 극장은 지붕이 씌워졌고 인조 조명과 무대 배경이 설치된 실내에서 공연을 했다. 초기에는 엘리자베스 시대의 무대처럼 관객석으로 튀어나온 무대(apron)가 있었지만, 점차 테두리를 아치 모양으로 장식한 장식 아치(proscenium arch)를 이용하여 객석과 무대를 구분했다. 또한 여성 역할을 소년이 아닌 실제 여성이 맡게 된 것도 이전 시대의 극과 다른 점이다.

찰스 2세의 왕정복고기에 유행했던 연극은 영웅비극(heroic plays)이었다. 영웅비극은 비극에 서사시를 접목시킨 극형식으로 화려한 무대 장치와 과장된 사랑의 수사가 그 특징이다. 주인공인 용사가 애국심이라는 의무와 사랑 사이에서 갈등하는 내용으로, 한 국가의 운명과 연관된 주제를 다루었다. 존 드라이든의 『모든 것은 사랑을 위하여』(*All for Love*, 1677)가 대표적인 작품이다. 왕정복고 시대에 현실적인 인물이나 일상사를 다루지 않은 영웅비극이 유행했다는 것은 아직 사실주의나 경험주의가 이 시대에 별다른 영향을 끼치지 못했음을 시사해준다.

17세기 말까지는 대부분의 비극들이 신분이 높은 사람을 주인공으로 한 운문 형식을 띠었지만, 18세기에 와서는 보통 사람을 주인공으로 한 산문으로 쓴 비극이 나왔다. 이는 한 가정의 평범한 인물에 관한 비극이었기 때문에 가정비극(domestic tragedy)이라고 지칭된다. 조지 릴로(George Lillo)의 『런던 상인』(*The London Merchant*, 1731)이 그 예이다.

그러나 왕정복고기 드라마의 활기는 희극 쪽에 있었다. 이 시대의 희극은 풍속희극(Comedy of Manners)으로서, 왕정복고기 상류사회를 소재로 하여 위선적이고 부패한 사회의 풍습과 이기적이고 타락한 귀족들의 음모와 계략 등을 해학적으로 풍자했다. 대표적인 극작품으로는 윌리엄 콩그리브(William Congreve, 1670-1729)의 『세상풍습』(*The Way of the World*, 1700)을 들 수 있다. 그 외에 조지 에써리지(George Etherege, 1636-1692)의 『풍류 신사』(*The Man of Mode*, 1676), 윌리엄 위철리(William Wycherley, 1640-1715)의 『시골출신의 아내』(*The Country Wife*, 1675)가 있다. 이 극들에서 초점은 고결한 도덕심이나 명예 등의 가치가 아니라 재치 있는 입담과 세련된 태도에 맞춰졌다.

17세기 후반부터는 중산층을 중심으로 연극의 도덕성을 강조하게 된다. 이후 희극의 외설성을 배격하며 중산층의 감수성에 호소하는 가운데 눈물을 자아내는 감상 희극(Sentimental Comedy)이라 불리는 새로운 희극이 유행하게 된다. 하지만 전반적으로 18세기에는 이전 시대와는 달리 드라마 장르 자체가 위축되었다.

(4) 신고전주의 산문

왕정복고기 특히 17세기 후반에는 이성 중심의 합리주의가 발전하였다. 크롬웰 치하의 억압적인 분위기에 질려버린 당대인들은 청교도들의 종교적 열정을 광신으로 여기게 되었고 그 반작용으로 이성을 중시한 것이다. 1662년 왕립학술원(Royal Society)의 설립으로 과학적 사고와 경험론 철학이 확산되었다. 자연과 우주의 운행법칙을 합리적으로 설명해낸 뉴튼(Isaac Newton, 1643-1727)의 『원리』(*Principia*)가 1687년에, 베이컨의 뒤를 이은 경험철학자 로크(John Locke, 1632-1704)의 『인간 오성론』(*Essays Concerning Human Understanding*)은 1690년에 나왔다. 이들은 합리적이지 않은 정신활동에 대해 회의를 표하며 이성의 우위를 주장했다. 따라서 이 시대는 이성의 시대로 지칭된다. 종교에 있어서도 합리적이고 현실적인 시대풍조로 인해 신을 합리적으로 받아들이려고 한 이신론이 등장하게 되었다. 이러한 시대적 분위기 때문에 현실적인 인간생활을 다루는 산문 문학이 시보다 더 융성하였다.

18세기는 인간의 감성에 내재한 도덕적 힘과 연민의 능력을 강조했으므로 감성의 시대(The Age of Sentiment)라고도 불린다. 18세기 중반에는 감상적(sentimental)이라는 단어에 오늘날과 같이 과도한 감정에의 탐닉이라는 폄하의 의미가 내포되지 않았다. 감성이 강조되면서 사회 개혁운동이나 자선활동이 활발해졌다. 감옥이 개선되었고 버려진 아이들을 위한 병원과 회개한 창녀들을 위한 수용소가 건립되었으며 노예무역폐지를 위한 사회 운동이 조직화되었다. 윌리엄 윌버포스(William Wilberforce, 1759-1833)는 이 당시에 노예제도 폐지운동을 이끈 정치인이다. 그의 노력은 1807년 영국 내에서의 노예무역

금지법안의 통과와, 1833년 노예제도 자체의 폐지로 19세기에 들어서 결실을 보게 되었다.

이처럼 18세기는 이성주의와 감성주의가 공존했던 다양성과 복합성의 시대였다. 종교적 차이로 인해 초래된 16, 17세기의 심각한 갈등과 격한 충돌을 봉합하고 종교의 다원성을 인정하고 관용하게 된 다원화되고 세속화된 시대이기도 했다. 또한 이 시대는 다양한 주장과 실험적 논증이 개진된 '넘쳐나는 풍요의 시대'(The Age of Exuberance)였다.

18세기 신고전주의 시대의 산문 작가들은 16세기나 17세기 전반의 화려하고 장식적이며 수사적인 표현을 멀리 했다. 대신 단순하고 소박하면서도 구체적이고 명확한 문체와 어휘를 선호했다. 애디슨(Joseph Addison, 1672-1719)이나 스틸(Richard Steele, 1672-1729)이 주도한 『스펙테이터』(*Spectator*) 및 『테틀러』(*Tatler*)와 같은 정기간행물에 실린 산문들은 단순하고 분명한 어법으로 사실을 정확하게 전달하는 실용적인 글이었다. 산문의 부상은 문학의 대중화에 일조하면서 소설이 발생하는 데 기여했다.

18세기 후반에 들어서는 다양한 분야를 망라하는 산문이 다채로운 문체로 쓰여 졌다. 가령 제임스 보스웰(James Boswell, 1740-1795)은 전기 작가로, 에드워드 기번(Edward Gibbon, 1737-1794)은 역사가로, 조슈아 레이놀즈(Joshua Reynolds, 1723-1792)는 미학자로서, 그리고 아담 스미스(Adam Smith, 1723-1790)는 경제학자로서 각각의 분야에서 글을 썼다. 기본의 『로마제국 쇠망사』(*The History of the Decline and Fall of the Roman Empire*, 1776-1788)나 스미스의 『국부론』(*An Inquiry into the Nature and Causes of the Wealth of Nations,* 1776)이 이때 출판되었다. 18세기 후반을 대변하는 문인으로는 사무

엘 존슨을 들 수 있다. 존슨은 문단의 거장으로서 광범위한 문필 활동을 하면서 보통 사람들의 실제 삶에 필요한 지혜와 식견, 기준을 제공했다. 문학평론가로서의 그는 보통 독자(common reader)의 건강한 상식(common sense), 삶 자체를 환상 없이 직시하는 자세, 보편성 등을 문학을 평가하는 기준으로 확립했다. 그는 이론보다는 실제 경험을, 특권층의 기호보다는 건강한 일반인의 취향을 중시했고, 신랄하고 냉엄한 위트가 넘치는 글을 썼다. 『영어 사전』(*A Dictionary, with a Grammar and History, of the English Language,* 1755)을 편찬했고, 『셰익스피어 전집』을 편집해 그 책에 「셰익스피어 서문」("The Preface to the Plays of William Shakespeare")을 써서 실었으며, 『영국 시인전』(*The Lives of the English Poets,* 1779-1781) 등을 쓰기도 했다. 한편 울스턴크래프트(Mary Wollstonecraft, 1759-1797)의 『여성의 권리 옹호』(*A Vindication of the Rights of Woman,* 1792)도 이 시대에 발표되었다.

(5) 18세기 소설

18세기에는 장르로서의 소설이 생겨났다. 소설의 발생은 개인의 자율성을 강조하는 근대국가로의 전환과 밀접하게 연관되어 있다. 명예혁명에 이은 입헌군주제의 확립으로 18세기에는 의회의 권한이 강화되었고, 산업혁명으로 인해 자본주의 경제체제가 확립되었다. 이러한 근대화 과정에서 상인, 제조업자, 하위 사무직 등에 종사하던 중산계층은 영국 사회의 주역으로 부상했다. 경제적, 사회적 지위가 상승한 중산계층 사람들이 교육을 받을 기회가 확대되었고 이에 따라 사회 전체적으로 볼 때 문자 해독 비율이 크게 증가했다. 인쇄술의 발달로 인한 대량 생산과 출판의 대중화로 독서 대중은 많은 읽을거리를 저렴하게 제공받을 수 있게 되었다. 18세기 중반에 설립된 순회문고는 말엽에는 전국적으로 번창하여 중산계층 독서대중의 수를 크게 늘렸다. 특히 산업혁명으로 인한 산업의 발달로 공장에서 생산이 이루어지자 중산계층 여성은 여가 시간을 많이 확보할 수 있게 되었다. 그런데 고전문학 교육을 제대로 받지 못한 중산층이나 여성은 쉽게 읽을 수 있는 내용의, 그들과 비슷한 보통 사람들의 일상적인 이야기를 읽고 싶어 했다. 이러한 배경에서 소설이 발생하게 된다.

소설은 중산층의 가치관과 취향을 대변했던 장르였다. 중산층에 속하는 일반대중들이 작품을 구입할 경제적인 능력을 갖추었기 때문에 작가들은 귀족과 상류 계층의 후원자를 찾아 나설 필요가 없게 되었다. 대신 소설가들은 구매력을 갖춘 중산층의 구미에 맞춰 적당한 교양과 오락을 제공해주는 대중적인 문학을 쓰게 되었다. 그 결과 소설은 중산층의 관심사인 개인주의와 부의 획득을 통한 신분상승을 그 내용으로 삼는 경우가 많았다. 도덕적 유용성을 중시한 중산층의 취향에 부응하여 교훈을 내포한 소설도 많이 등장했다. 또한 소설가들은 자신들과는 다른 계층과 지역의 풍속 및 행동 양식에 호기심을 갖고 이를 배우려는 중산층 독자의 갈망도 충족시켜 주었다. 소설이 중산층 독서 대중과 밀접한 관계에 있었기 때문에, 중산층 독서 대중의 수가 증가한 18세기 한 세기 동안 소설은 약 2000편이나 출판되었다.

소설은 이전의 이야기와는 구별되는 특징을 지닌다. 내용 면에서 소설은 어떤 특정한 시간과 장소에서 벌어지는 어떤 특정한 인물에 대한 이야기이다. 즉 구체적이고 개별화된 시간과 장소를 배경으로 개성화된 인물이 등장하여 이야기를 끌어간다. 당대 사람들이 사는 사회와 비슷한 사회가 배경을 이루고 당대 사람들의 삶과 크게 다르지 않은 보통 인물들의 일상사가 펼쳐지는 것이다. 형식면에서도 허무맹랑한 이야기가 아니라 사실주의에 입각한 그럴 듯함 즉 박진성과 개연성을 따르고 있다. 요컨대 소설은 보통 사람들의 일상적인 삶을 사실적인 재현을 통해 있는 그대로 충실히 전달하는 양식이다.

① 근대소설

근대소설이 발생한 18세기 이전의 산문체 이야기로는 16세기에 쓰인 필립 시드니(Philip Sidney)의 궁정 로만스 『아케이디어』(*Arcadia*, 1590)와, 17세기 프랑스의 로맨스가 영국에 번역본으로 소개된 후 발표된 그 모방작들이 있다. 그것들은 기사의 모험과 궁정 연애를 뒤섞어 놓은 내용이었다. 다른 한편 존 번연(John Bunyan, 1628-1688)은 밀턴과 같은 시대를 살았던 소시민 계급 출신의 작가로서 소시민을 위한 문학을 창조했다. 그의 『천로역정』(*Pilgrim's Progress*, 1678)은 기독교적 구원에 대한 알레고리로서, 왕정복고기에 청교도주의를 강조하고 있다는 점이 특이하다. 진실한 기독교도인 크리스찬(Christian)을 등장시켜 그가 영적 구원에 이르는 순례의 과정을 알레고리로 표현해냈다. 주인공이 거쳐 가는 장소 또한 알레고리를 활용하여 "멸망의 도시", "고난의 언덕", "죽음의 그림자 계곡" 등으로 관념을 형상화했다. 밀턴의 고답적인 문체와는 달리 번연의 문체는 평이하고 일상적이다. 아프라 벤(Aphra Behn, 1640-1689)은 17세기 왕정복고기에 활동한 극작가로서 영국문학사에서 최초의 여류 작가로 인정받고 있다. 벤은 생계를 위해 글쓰기에 매달린 최초의 여성 전업 작가이기도 하다. 노예제도의 잔인함과 부당함 그리고 여성 작가로서의 정체성을 주제로 한 『오루노코』(*Oroonoko*, 1688)를 썼다.

영국 소설의 선구자는 다니엘 디포우(Daniel Defoe, 1660-1731)였다. 그의 소설은 삽화적인 면이 있기는 하지만 사회, 정치, 경제에 대한 내용을 사실적으로 꼼꼼하게 묘사했다. 『로빈슨 크루소』(*Robinson Crusoe*, 1719)는 멀리 떨어진 무인도를 배경으로 하지만 마술적인 힘이나 거인의 도움으로 곤경을 극복하는 로맨스가 아니다. 대신 주인공의 개성이 드러나고 사건이 일어나는 장소와 시간이 구체적으로 밝혀지며 사소한 일까지 세세하게 설명된다. 이 점에서 『로빈슨 크루소』는 사실주의를 구현한 최초의 근대소설로 평가된다. 디포우는 독자에게 놀라운 사건들이 아니라 있는 그대로의 평범하고 일상적인 삶을 보여주고자 했다. 이 소설에서 디포우는 이윤을 추구하고 장부기입을 하는 실리적이고 실용적인 즉 경제적 존재로서의 인간을 18세기의 현실적 삶 속에서 구체적으로 묘사해낸다. 이안 와트(Ian Watt)는 로빈슨 크루소가 경제적 개인주의(economic individualism)를 구현하고 있다고 본다. 악명 높은 도둑인 몰이 거침없이 물질적 부를 추구하는 내용을 담은 『몰 플랜더즈』(*Moll Flanders*, 1722)에서도 실제적인 경제적 정보가 세세하게 기록된다. 몰은 여러 차례의 결혼에 얽힌 에피소드가 일어난 다음에는 자신의 물질적 이익과 손실에 관한 대차대조표를 상세하게 작성한다. 몰에게 중요한 것은 애정이 아니라 자본주의 경제체제 하에서 살아남기라는 절박한 현실이다. 몰 또한 경제적 존재로서의 사실적 인물인 것이다.

조나산 스위프트(Jonathan Swift, 1667-1745)의 『걸리버 여행기』(*Gulliver's Travels*, 1726)는 가공적인 모험담처럼 보이지만 실제로는 영국의 정치와 사회 제도, 더 나아가 인간의 탐욕스런 속성을 신랄하게 풍자한 작품이다. 스위프트는 현실 사회와 인간의 속성의 실상을 냉철하게 사실적으로 그려내고 있다.

사무엘 리차드슨(Samuel Richardson, 1689-1761)이 쓴 『파멜라』(*Pamela, or Virtue Rewarded*, 1740-1741)로부터 근대소설이 시작되었다는 것이 일반적인 평이다. 가난한 하녀이지만 정조 관념이 강한 파멜라가 정조를 유린하려는 주인마님의 아들 비(B)씨의 유혹을 끝내 물리치면서 그를 감동시켜 결국 결혼에 이르게 된다는 이야기이다. 굳건한 정조 관념이라는 미덕이 마침내 신분상승으로 보상을 받는다는 도덕적 교훈을 담고 있다. 이 작품의 특징은 1인칭 서간체 소설이라는 것이다. 파멜라는 주인마님 아들이 겁탈하려는 위급한 상황에 닥칠 때마다 자기 부모에게 편지를 써서 알리고 그때그때 자신이 느끼는 즉각적인 감정을 상세히 기록한다. 서간체 형식으로 쓴 리차드슨의 대표작은 『클라리싸 할로우』(*Clarissa Harlowe*, 1748)이다. 감상적이고 내성적인 작가였던 리차드슨은 여성 심리를 세밀하고 섬세하게 묘사해냈다.

헨리 필딩(Henry Fielding, 1707-1754)의 소설은 리차드슨의 소설과 크게 대조된다. 인간의 내면 심리를 사실적으로 섬세하게 재현한 리차드슨과는 달리, 필딩은 인물의 심리보다는 플롯에 중점을 두어 인간 삶의 외면적인 모습을 재현했다. 또한 필딩은 리차드슨이 즐겨 쓰던 1인칭 서간체 소설이 아니라, 3인칭 전지적 작가 시점으로 소설을 썼다. 필딩은 파멜라가 표방하는 중산층의 편협한 도덕률을 비판하기 위해서 파멜라의 남동생인 조셉 앤드류스를 주인공으로 등장시키는 패러디 소설 『조셉 앤드류스의 모험』(*The Adventures of Joseph Andrews*, 1742)을 집필하기도 했다. 이 소설에서 지조 있는 하인인 조셉은 주인인 부비 부인(Lady Booby)의 추근거림을 물리치다가 그 때문에 그 집에서 내쫓기고 여행길에 오르게 된다. 도중에 만난 순진한 목사 애덤스(Adams)와 함께 조셉은 여러 모험을 한다. 이들이 겪는 갖가지 모험을 필딩은 그가 이 소설의 서문에서 정의한바, '산문으로 된 희극적 서사시'(comic epic poem in prose)의 형식에 담아낸다. 필딩의 대표적인 소설인 『업둥이 톰 존스의 내력』(*The History of Tom Jones, A Foundling*, 1749)은 정직하고 곧은 성격의 톰이 씩씩하게 불의에 맞서는 모험담이다. 『업둥이 톰 존스의 내력』은 극작기법을 도입했다는 점에서 소설의 발전사에 기여한 바 크다.

로렌스 스턴(Laurence Sterne, 1713-1768)은 18세기 당대의 일반 소설과는 판이하게 다른 소설을 썼다. 그는 의식의 흐름 기법을 처음 도입했다. 전통적 의미의 플롯을 따르지 않은 채 파편적 구성을 활용했다는 점에서 포스트모던 작가로 평가받기도 한다. 재기 넘치고 감상적이며 기발한 소설인 『트리스트람 섄디의 생애와 견해』(*The Life and Opinions of Tristram Shandy*, 1759)는 하나의 장르로서 틀을 잡아가기 시작한 소설의 여러 기법을 패러디하면서 그것에서부터 일탈하는 여러 파격적인 기법을 구사했다.

② 피카레스크 소설(picaresque novel)

16세기 스페인에서 생겨난 소설로 picaro는 'rogue'(불한당)을 뜻하는 스페인어이다. 씩씩한 악한을 둘러싸고 벌어지는 사실적인 에피소드들로 구성되며 상류사회의 위선을 통쾌하게 풍자하고 폭로한다. 필딩의 『업둥이 톰 존스의 내력』도 이 유형에 속한다.

③ 풍습소설(novel of manners)

풍습소설은 어느 특정 사회 계층의 생활에서 그 배경과 인물을 취하여 그 계층의 풍습과 관례를 다룬다. 풍습소설의 선구적인 작품은 사실적인 세부묘사에 중점을 둔 다니엘 디포우의 소설이었다. 헨리 필딩의 방대한 소설도 이 범주에 든다. 풍습소설 작가는 주로 여성작가들이었는데, 그들은 구애소설(courtship novel)이나 가정소설(domestic novel)을 즐겨 썼다. 가령 패니 버니(Fanny Burney, 1752-1840)는 첫 작품 『이블리나』(*Evelina*, 1778)에서 중산층 도시인의 가정에서 볼 수 있는 일상생활의 모습을 그리고 있다.

풍습소설의 질을 한 단계 끌어올린 작가는 제인 오스틴(Jane Austen, 1775-1817)이다. 오스틴은 18세기 윌리엄 콩그리브(William Congreve)의 풍속 희극의 계열을 이은 작가이다. 그녀는 미국 독립전쟁과 프랑스 대혁명 및 나폴레옹 전쟁 등이 발발한 격동의 시대에 살았으면서도 역사적 사건을 직접 언급하지는 않는다. 대신 소재를 좁은 시골 젠트리 계층의 몇몇 집안에서 벌어지는 소소한 일상사와 남녀 간의 사랑과 결혼에 한정시킨다. 이러한 자신의 소설을 오스틴은 "섬세한 붓으로 작업해 놓은 2인치 평방의 작은 상아 조각"이라고 평한 바 있다. 하지만 이 사소한 일상사 속에 당시의 사회 배경과 그 변화 양상을 세밀하게 투영해냈다. 이와 함께 인간의 심리와 성격을 예리한 관찰을 바탕으로 섬세하게 그려냈다. 오스틴은 동시대에 유행한 낭만주의보다는 18세기의 신고전주의 즉 질서와 균형 그리고 이성에 더 큰 가치를 두었다. 오스틴의 소설을 신고전주의 시대의 작품으로 분류한 것은 그 때문이다. 당시 유행하던 감상주의적 고딕소설을 못마땅해 했던 오스틴은 1790년대 후반에서 1815년까지의 영국 섭정기 시대 시골 생활의 풍습을 사실적으로 정확하고 세세하게 그려낸 풍습 소설을 썼다. 『이성과 감성』(*Sense and Sensibility*, 1811), 『오만과 편견』(*Pride and Prejudice*, 1813), 『엠마』(*Emma*, 1815) 등의 작품이 있다. 오스틴이 발전시킨 풍습소설의 영향은 빅토리아 시대의 위대한 소설가들, 특히 윌리엄 새커리(William M. Thackeray, 1811-1863)와 조지 엘리어트(George Eliot, 1819-1880)의 작품에 잘 나타나 있다.

④ 제인 오스틴의 『오만과 편견』

제인 오스틴의 『오만과 편견』의 2권 11장에서 발췌한 다음 인용문은 다아시가 엘리자베스에게 청혼을 한 후 엘리자베스가 이를 일언지하에 거절하는 장면이다. 다아시는 엘리자베스를 향한 감정을 억누를 수 없다면서 열렬히 사랑하노라고 고백한다. 하지만 다아시가 엘리자베스에게 청혼하면서 덧붙이는 말에는 그의 가문에 대한 자부심과 오만, 그리고 자신보다 아래 계층에 속하는 엘리자베스와의 결혼이 몰고 올 창피함에 대한 자기중심적인 우려로 가득하다. 이러한 다아시의 청혼을 받고 격렬한 감정에 휩싸이는 엘리자베스의 내면은 자유간접화법을 통해 생생하게 전달된다. 전혀 예기치 않게 다아시의 청혼을 받은 엘리자베스는 "당신에 대한 나의 견해는 이미 정해져 있었"고 "당신을 알게 된지 한 달이 되지 않아 누가 뭐라고 해도 당신 같은 사람과 결혼할 수는 없을 거라고 생각했다"는 단호한 입장을 보이면서 청혼을 거절한다.

다아시가 떠난 후 격정에 휘말려 울던 엘리자베스는 다아시 같은 대단한 인물이 자기에게 청혼했다는 놀라움에 휩싸인다. 그녀가 사건을 돌이켜 생각할수록 놀라움이 더 커진다. 격앙된 엘리자베스의 심적 상태는 자유간접화법을 통해 다음과 같이 구체적으로 전달된다.

> The tumult of her mind was now painfully great. She knew not how to support herself, and from actual weakness sat

down and cried for half an hour. Her astonishment, as she reflected on what had passed, was increased by every review of it. That she should receive an offer of marriage from Mr. Darcy! that he should have been in love with her for so many months! so much in love as to wish to marry her in spite of all the objections which had made him prevent his friend's marrying her sister, and which must appear at least with equal force in his own case, was almost incredible! It was gratifying to have inspired unconsciously so strong an affection. But his pride, his abominable pride, his shameless avowal of what he had done with respect to Jane, his unpardonable assurance in acknowledging, though he could not justify it, and the unfeeling manner in which he had mentioned Mr. Wickham, his cruelty towards whom he had not attempted to deny, soon overcame the pity which the consideration of his attachment had for a moment excited.

그녀 마음속의 동요는 이제 고통스러울 만큼 커졌다. 자기 몸을 지탱할 수가 없었고 온몸에서 기운이 빠져나가 의자에 앉아 반 시간이나 울었다. 방금 일어난 일을 하나 하나 되새겨보면 볼수록 놀라움은 더욱 커졌다. 다아시 씨로부터 청혼을 받다니! 그가 그렇게 여러 달 동안이나 자신을 사모하고 있었다니! 그 사랑이 너무 강해서 그 모든 반대 이유, 그로 하여금 자기 친구와 그녀의 언니가 결혼하는 것을 말리도록 만들었던 그 모든 반대 이유, 자기한테도 최소한 자기 친구만큼 부정적으로 여겨졌을 그 모든 반대 이유에도 불구하고 그녀와 결혼하기를 원할 정도였다니. 거의 믿을 수 없을 지경이었다! 자신도 모르게 그렇게 강한 애정을 불러 일으켰다고 생각하니 기분이 좋긴 했다. 그러나 그의 오만, 그 혐오스러운 오만, 자신이 제인에게 한 일을 인정할 때의 뻔뻔스러운 태도, 받아들일 수 없는 당당한 태도로 별다른 변명도 하지 않고 자신이 한 일을 시인하던 것, 그리고 위컴씨에 대해 언급할 때 보인 무정한 태도, 그를 잔인하게 취급했다는 걸 부인하려 들지도 않던 것 등은 그의 애정을 생각하는 동안 잠시 솟아났던 그녀의 동정심을 이내 압도해 버렸다.

해설

이 대목에는 자유간접화법이 나타나 있다. 엘리자베스의 내면에서 흥분이 가중되어 가는 현상은 느낌표의 반복적인 사용으로 표현된다. 새로 문장이 시작될 때도 대문자가 아닌 소문자가 사용되는데 이는 엘리자베스의 마음속에서 걷잡을 수 없이 연속적으로 진행되는 생각의 흐름을 나타내는데 효과적이다. 다아시의 오만함에 생각이 미치자 엘리자베스의 격양된 감정은 누그러지면서 흥분이 차분하게 가라앉는데, 이때 서술자가 개입하여 "그러나 그의 가증스러운 오만이 . . . 그의 애정을 생각하는 동안 잠시 솟아났던 그녀의 동정심을 압도해버렸다"고 설명한다.

다음은 36장의 한 장면이다. 청혼을 거절당한 후 다음날 다아시는 엘리자베스에게 편지를 건넨다. 다아시의 편지는 외양에 기반 하여 성급하게 갖게 된 엘리자베스의 감정적 편견을 송두리째 뒤흔든다. 그의 내면의 생각을 있는 그대로 전달하는 편지에서 다아시는 엘리자베스가 청혼을 거절하면서 퍼부은 비난을 조목조목 반박하고 구체적인 증거를 대며 논리에 맞게 합리적으로 상황을 설명한다. 다아시의 편지를 읽고 엘리자베스는 편견에 사로잡힌 자신의 잘못을 깨닫고 자기인식에 이르게 된다. 다아시의 편지가 엘리자베스에게 어떻게 수용되고 어떤 심적 변화를 일으키는지는 자유간접화법을 통해 생생하게 포착된다. 다아시의 말이 예전에 들은 위컴의 말과 조응되자 위컴을 전혀 새로운 각도에서 객관적으로 바라볼 수 있게 된 엘리자베스는 그의 외양 즉 "표정, 목소리, 몸가짐만 보고" 그를 좋은 사람으로 "성급하게 단정"했음을 깨닫게 된다. 일련의 생각을 거치면서 엘리자베스는 수치심 속에서 자기 잘못을 다음과 같이 직시하게 된다.

그가 관련된 모든 일들이 이제 얼마나 다르게 보이는지! 그가 킹 양에 대해 관심을 보인 것은 지금 와서 생각하니 혐오스럽게도 순전히 돈 때문이었다. . . . 그에게 유리하게 받아들여 주려한 의지가 점점 더 약해졌다. 그리고 다아시의 말이 옳다는 것이 계속해서 증명되었다 . . . 이제 그녀는 자기 자신이 너무나 부끄러웠다. 다아시를 생각하든 위컴을 생각하든 자기가 눈이 멀었고 편파적이었으며 편견에 가득 차고 어리석었음을 느끼지 않을 수 없었다. "내 행동이 그렇게 한심했다니!" 그녀는 외쳤다. "변별력에 대해서만큼은 자부심을 갖고 있던 내가! . . . 쓸데없이 남을 의심함으로써 허영심을 만족시켰던 내가! 이제야 깨닫다니 얼마나 창피한 일인가! . . . 사랑에 빠져 있었다 해도 이보다 더 비참하게 눈이 멀 수는 없었을 거야. 그렇지만 그건 사랑이 아니라 허영심이었어. 처음 만났을 때 한 사람은 나를 무시해서 기분이 상했고 다른 한 사람은 특별한 호감을 표시했기 때문에 기분이 좋아서, 난 두 사람에 관해서는 선입견과 무지를 따르고 이성을 몰아낸 거야. 지금 이 순간까지 난 나 자신에 대해 모르고 있었던 거야."

How differently did everything now appear in which he was concerned! His attentions to Miss King were now the consequence of views solely and hatefully mercenary; . . . Every lingering struggle in his favour grew fainter and fainter; and in farther justification of Mr. Darcy, ··· She grew absolutely ashamed of herself. -Of neither Darcy nor Wickham could she think, without feeling that she had been blind, partial, prejudiced, absurd. "How despicably have I acted!" she cried. -I, who have prided myself on my discernment! . . . I, who . . . gratified my vanity, in useless or blameable distrust. -How humiliating is this discovery! -Yet, how just a humiliation! -Had I been in love, I could not have been more wretchedly blind. But vanity, not love, has been my folly. -Pleased with the preference of one, and offended by the neglect of the other, on the very beginning of our acquaintance, I have courted prepossesion and ignorance, and driven reason away, where either were concerned. Till this moment, I never knew myself."

해설

구체적인 관찰에 입각한 다아시의 이성적인 편지의 영향으로 엘리자베스는 맹목적으로 편파적이어서는 안 되고 편견에 사로잡혀서도 안 된다는 것을 깨닫게 된다. 그러한 깨달음에 이르는 과정은 다음과 같이 전달된다. 첫 두 문장은 엘리자베스의 마음속에서 새로운 관점이 갑자기 떠올라 위컴의 실체를 직시하게 된 순간을 자유간접화법으로 생생하게 포착하고 있다. 이어 서술자는 엘리자베스의 깨달음을 "눈이 멀었고 편파적이었으며 편견에 가득 차고 어리석었다"는 분명한 어휘로서 요약한다. 그녀의 심적 상태는 넉두리를 통해 직접화법으로 구체적으로 표현된다. 이 대목에서 많이 사용된 하이픈(- - -)은 생각이 끊어졌다 다시 이어지거나 새로운 단계로 빠르게 전환되어가는 양상을 시각적으로 잘 나타낸다. 이는 편견에 사로잡혀 있던 엘리자베스가 그 편견에서 벗어나 다아시의 말을 점진적으로 수용하는 과정을 그려내는데 효과적으로 사용되고 있다.

Ⅳ. 낭만주의 시대 (1798/1785 -1832/1837)

영문학사에서는 통념상 워즈워드(William Wordsworth, 1770-1850)와 코울리지(Samuel Taylor Coleridge, 1772-1834)가 합작으로 출판한 『서정담시집』(*The Lylical Ballads*)이 나온 1798년부터 스콧(Walter Scott, 1771-1832)의 사망년도이자 제1차 선거법 개정이 이루어진 1832년까지를 낭만주의 시대로 본다. 혹은 사무엘 존슨(1709-1784)이 사망한 이후이며 전 낭만파(preromantics)로 분류되는 윌리엄 블레이크(William Blake, 1757-1827)와 로버트 번즈(Robert Burns, 1759-1796)가 첫 작품을 발표한 1785년부터 빅토리아 여왕이 즉위한 1837년까지를 낭만주의 시대로 간주하기도 한다.

이 시대를 낭만주의라고 부르는 이유는 당시에 낭만적 이데올로기가 지배적이었기 때문이다. 낭만적 이데올로기란 당시 영국과 유럽이 처한 사회, 역사적 상황 하에서의 여러 어려운 난관을 상상력의 힘으로 해결 또는 초월할 수 있다는 일련의 믿음체계를 의미한다.

1) 역사, 사회적 배경

낭만주의 시대는 "혁명의 시대"였다. 이 시대가 도래할 수 있었던 배경으로는 인간으로서의 기본권을 보통사람들에게까지 확대한 프랑스 혁명(French Revolution, 1789-1794)과, 증기기관의 발명을 통해 생산양식 자체를 획기적으로 변화시켜 자본주의 시장경제체제의 발판을 확고하게 마련한 산업혁명을 들 수 있다.

(1) 프랑스 혁명

모든 인간은 자유롭고 "법 앞에 평등"한 권리를 가지고 태어났음을 천명한 인권 선언을 채택하고, 절대왕정의 구체제(*ancient regime*)와 낡은 악습을 타파한 프랑스 혁명은 영국의 자유주의자와 급진적 지식인들에게 지대한 영향을 끼쳤다. 영국의 급진적 지식인들은 예수 재림으로 실현될 천년왕국이 가까이 왔다는 희망찬 신념을 갖고 인류 갱생에 대한 꿈을 품게 되었다. 이는 인권과 민권의 신장을 도모하는 개혁 운동으로 이어졌다. 이미 1787년 노예매매 폐지협회가 창설되는 등 인권 옹호의 분위기가 조성되어 있던 영국에 프랑스 혁명은 큰 자극제가 되었다.

당시 사회는 프랑스 혁명을 둘러싸고 이념적인 면에서 '급진적' 이념과 '보수적' 이념으로 양극화되었다. 에드먼드 버크(Edmund Burke, 1729-1797)는 『프랑스 혁명에 대한 고찰』(*Reflections on the Revolution in France*, 1790)에서 프랑스 혁명의 과격한 혁명성을 비판하고 전통의 수호와 질서를 중시하는 보수주의적 사고를 표명했다. 반면 토마스 페인(Thomas Paine, 1737-1809)은 계몽주의적 철학에 입각한 『인권론』(*The Rights of Man*, 1791-1792)에서 군주제를 비판하고 프랑스 혁명의 정당성을 옹호하며 혁명에 의한 민주공화정이 필요함을 역설하는 급진적 사고를 개진했다.

프랑스에서는 혁명 후 공화정이 수립되지만 혁명의 이념은 쟈코뱅 당과 로베스피에르(Robespierre, 1758-1794)의 공포정치 등으로 점차 폭력적으로 변질된다. 영국의 기득권 세력은 혁명이 파급시킬 수 있는 민주적인 사상과 '자코뱅주의'의 확산을 우려했다. 1793년 프랑스의 혁명가들은 영국의 혁명을 촉발시키기 위해서 영국에 선전포고를 했다. 전쟁 중 영국은 국가 질서에 조금이라도 위협이 된다고 여겨지는 것은 가차 없이 탄압했다. 급진주의자들을 강력하게 제압했던 윌리엄 피트(William Pitt the Younger, 1759-1806)의 공포정치가 그 대표적인 예이다.

프랑스에서 공포정치 등으로 혼란이 계속되는 상황에서 나폴레옹 보나파르트(Napoléon Bonaparte, 1769-1821, 황제 재위 1804-1815)가 1799년 쿠데타를 일으켜 제1통령, 후에는 황제가 된다. 이와 함께 프랑스 혁명으로 촉발된 사회적 변혁에의 이상은 좌초하고 말았다. 이러한 상황 진전에 대해 초기에 혁명을 열렬히 지지했던 자유주의자들은 크게 실망했다.

영국은 나폴레옹의 정복전쟁(Napoleonic Wars, 1799-1815)에 참전했고, 1805년 트라팔가 해전에서는 넬슨 제독이, 1815년 워털루 전투에서는 웰링턴 공이 프랑스군을 격파했다. 나폴레옹이 워털루에서 패배한 후 전 유럽은 반동적 전제정치로 돌아선다.

영국은 워털루 전투에서의 승리 이후 약 100년 동안 대서양의 제해권을 장악할 수 있었다. 하지만 1815년까지 수차례에 걸쳐 지속된 이 전쟁으로 인해 영국은 민병대를 계속 소집해야 했고 많은 희생자를 냈다. 또한 불경기를 맞이했다. 곡물가격의 폭락으로 인해 많은 자작농 및 소작인이 노동자로 전락했고 신식 기계의 도입으로 실업자가 양산되었다. 불만에 쌓인 노동자들의 시위가 도시에서 계속 일어났고 1819년은 시위대에 군인이 발포하는 '피털루 대학살'(The Massacre of Peterloo) 사건이 발생했다. 1824년 노동조합이 공인되기는 했지만 여전히 노동자들의 불만이 가득했고 이로 인해 사회에는 불안과 긴장감이 팽배했다.

빅토리아 시대(1837-1901)가 열리기까지 영국의 역사, 정치, 사회적 배경은 다음과 같다. 조지 3세 시대(1760-1820)인 1800년에는 연합법(The Act of Union)으로 영국과 아일랜드가 통합되었다. 1807년에는 노예매매가 폐지되었다. 초기에는 국사에 적극적으로 관여하며 왕권 강화에 힘썼던 조지 3세가 병을 앓기 시작한 1811년부터 사망한 1820년까지는 황태자의 섭정시대(Regency period)였다. 섭정을 하던 황태자가 조지 4세(George Ⅳ, 재위 1820-1830)로 즉위했고 그를 이어 동생 윌리엄 4세(William Ⅳ, 재위 1830-1837)가 왕좌에 올랐다. 빅토리아 여왕은 조지 3세의 넷째 아들의 딸로서 18세 때 여왕으로 등극했다.

(2) 산업혁명

산업혁명 또한 낭만주의를 낳게 한 주요 배경이었다. 18세기 중반부터 19세기 중반, 약 100년에 걸친 산업혁명은 생산양식 자체를 획기적으로 변화시키며 자본주의 시장경제체제의 발판을 확고하게 마련했다. 물자 운송 수단으로 이용할 수 있는 바다를 사면에 둔 지형학적 위치, 이전부터 발달한 모직물 공업, 석탄과 철 등의 풍부한 지하자원, 1750년에 시작된 2차 인클로저 운동의 결과로 인한 노동력 확보, 식민지 지배 등을 통한 풍부한 자본이 산업혁명이 일어날 수 있는 기반이 되었다. 여기에 1765년 석탄을 활용한 와트(James Watt, 1736-1819)의 증기 기관의 발명, 1769년 아크라이트(Richard Arkwright, 1732-1792)의 방적기, 1785년 카트라이트((Edmund Cartwright, 1743-1823)의 역직기 등의 기계가 발명되면서 공업기술은 혁명적으로 진보했고 공장제 공업의 확립으로 대량생산이 가능해졌다. 석탄, 철, 그리고 모직 공업과 면공업 등의 제조업이 지배적 산업이 되었으며 자본주의 경제체제가 완성되었다. 이와 함께 영국은 지주 귀족 계급 중심의 농경 사회에서 근대적인 산업국가로 변모했다. 1780년대에 운하 체계가 확장되고 1814년 스티븐슨(George Stephenson, 1781-1848)의 증기기관차 발명을 계기로 1830년대에는 철도 건설이 붐을 이루는 등 수송 기반시설도 확충되었다. 중상정책과 해외무역의 장려로 상인 계층의 경제력은 급속히 신장되었다.

와트의 증기기관

하지만 산업혁명으로 인한 부작용도 적지 않았다. 2차 인클로저 운동과 산업혁명으로 인한 도시로의 인구집중으로 비위생적인 환경이 조성되었고 이로 인해 전염병이 유행하기도 했다. 당시의 지배 철학이었던 자유방임주의로 인해 빈부격차 또한 심화되었다. 대규모 공장제 산업화로 인해 기계에 예속된 산업현장의 노동자 계급은 비인간화의 길로 내몰리게 되었다. 도시의 노동자들은 저임금과 과도한 노동시간에 시달리다가 불만을 폭력적으로 폭발시켰는데 기계를 파괴하는 러다이트 폭동(Luddite Riots, 1811, 1812)이 그 예이다.

(3) 복음주의

낭만주의 시대 사람들에게 큰 영향을 미친 것은 복음주의(Evangelicalism)였다. 복음주의는 18세기 부패한 사회 분위기에서 존 웨슬리(John Wesley, 1703-1791)가 국교회의 형식 우선주의와 냉담함에 반기를 들고 시작한 종교적 갱신운동이다. 영적으로 변화하고 경건한 삶을 살아갈 것을 열정적으로 역설한 웨슬리의 사후 그의 추종자들은 국교회를 떠나 감리교를 창설했다. 1810년대의 섭정시대 동안 심해진 도덕적 해이에 대한 반발로서 1820년대에 복음주의는 세를 키우게 된다. 복음주의자들은 자선 사업, 주일 학교 교육을 통한 교육 기회 제공 등의 적극적인 사회참여 활동과, 노동 시간 단축이나 노예해방 운동 등의 인도주의 활동을 펼쳤다. 웨슬리가 "소름끼치는 악행"이라고 표현한 노예매매(아프리카 원주민을 대규모의 농장, 즉 플랜테이션이 있는 남북 아메리카와 서인도제도 같은 지역에 팔아 부를 축적했다. 16세기부터 있었고 18세기 말에 절정에 도달했다.)와 노예제도가 각기 1807년과 1833년 폐지된 것도 복음주의 운동의 영향이다.

2) 문학

(1) 낭만주의 시

영국문학사에서 낭만주의 시대를 구분하는 주요한 이정표는 워즈워드와 코울리지가 1798년 출판한 『서정담시집』이다. 1800년 이 시집의 제 2판에 영국 낭만주의 선언에 해당하는 「서문」("Preface")이 실렸다. 워즈워드는 "일상생활에서의 사건과 상황을 선택"(to choose incidents and situations from common life)해서 가능한 한 "보통사람들이 실제로 사용하는 언어를 취해"(a selection of language really used by men) 그것들을 묘사하고자 했다. 인위적인 시어에 반대하고 사람들이 실제 사용하는 자연스런 언어를 사용하여 구어체 언어로 써야 한다고 주장한 것이다. 이와 같이 워즈워드는 시의 장르, 주제, 소재, 문체에 대한 기존의 위계질서를 뒤집어 버렸다. 워즈워드에게 있어서 시란 "힘찬 감정의 자연발생적인 넘쳐흐름"(the spontaneous overflow of powerful feelings)이고 시의 기원은 "평정 속에서 회상된 정서"(emotion recollected in tranquility)이다. 그 정서가 관조되면 일종의 반작용에 의해 평정이 사라지고 명상의 대상이 되기 이전에 있었던 정서와 유사한 정서가 점차로 생겨나서 실제로 마음에 존재하게 된다.

『문학 평전』(*Biographia Literaria*, 1817)에서 코울리지가 밝힌 바에 따르면, 『서정담시집』에 수록된 워즈워드 시의 의도는 "일상적인 것들에 참신함의 매력을 주고," 관습에서 오는 무감각으로부터 일깨워 우리 앞에 놓인 이 세계의 아름다움과 경이로움을 느끼게 하려는 것이었다.

낭만주의 시의 특징은 다음과 같이 다섯 가지로 정리해볼 수 있다.

① 시인관과 인간관

낭만주의 시인들은 인간을 조직된 사회의 구성원으로 본 신고전주의 시인들과는 달리 필연적으로 고독한 존재로 간주했고, 인간관계는 공감하는 두 영혼간의 교감 정도로 보았다. 고독 속에서 자연이나 우주와 교감할 때 상상력을 가장 잘 발휘할 수 있다고 보았던 그들은 일부러 사회로부터 고립을 자초하기도 했다. 고독을 표현하는 '홀로', '혼자서'와 같은 단어들이 낭만주의 시에서는 많이 등장한다.

낭만주의 시인들은 마음 안에 현실을 초월하는 막연한 이념의 왕궁을 세우고서 그 찬란함에 도취되고 세상 만물을 그 광휘 속에 비춰본다. 워즈워드는 자연을 신성을 상징하는 거룩하고 찬란한 것으로 본다. 코울리지는 초자연적인 신비의 영역, 키이츠(John Keats, 1795-

1821)는 상징적인 중세, 셸리(Percy Bysshe Shelley, 1792-1822)는 열렬한 플라톤적 사랑의 세계를 동경했으며 그곳으로 도피하여 고독과 소외를 맛보았다.

낭만주의 시인들이 중시한 것은 인간의 공통된 특징과 공통의 관심사가 아닌 각 개인의 특별한 자질들이었다. 그들은 비정형적인 것, 심지어 기묘한 것을 찬미했고 은둔자, 추방자, 반항자를 존중해 준다.

② 시관 -상상력과 시적 자발성

낭만주의 시인들에게 시는 인간의 삶을 모방하는 거울이기보다는 시인의 사상이나 정서를 비춰주는 램프였다. 그들은 고전적인 규범의 습득이 아닌 상상력의 자유로운 활동을 통해 시가 자연스럽게 쓰여 진다고 생각했다. 시를 쓰는 행위는 예견된 목적을 달성하기 위한 인위적인 조작이나 규제로부터 완전히 자유로워야 한다는 것이다. 워즈워드에게 있어서 시의 원천은 외부 세계가 아니라 시인 자신의 주관세계에 있고 시인의 감정이 곧 시이다. 블레이크도 영감과 비전으로부터 시를 쓴다고 했고 셸리 또한 자신의 시를 무의식적인 창조성의 산물로 보았다. 낭만주의 시는 보통 1인칭 서정시인데 이때 주인공 "나"(I)는 시인 자신이다.

낭만주의자들은 시인을 제작자가 아니라 직관력과 영감의 소유자, "꿰뚫어 보는 자"(seer) 내지는 예언자로 본다. 그들이 보기에 상상력은 신의 창조 능력에 비길만한 힘을 갖고 있고, 그래서 상상력을 통하여 파악한 세계는 신성하고 불가사의한 신비의 세계이다. 낭만주의 시인들은 상상력을 통하여 인간의 내면세계까지 탐구했다.

③ 낭만적 자연시

낭만시는 자연풍경을 많이 묘사하기 때문에 자연시와 동일시되곤 한다. 낭만주의 시의 자연은 가공되거나 길들여지거나 때 묻지 않아 순수한 야생상태에 있는 구체적인 외적 자연을 뜻한다. 보편적이고 유형화되는 것이 아니라 특수하고 개별적인 자연인 것이다.

한편 낭만주의 시는 자연 묘사 그 자체를 목적으로 하거나 단순히 자연을 찬미하는데 그치지 않는다. 낭만주의 시인들에게 자연 풍경이나 그것의 변화된 모습은 인간의 사고를 자극하여 내면을 성찰하도록 이끄는 매개체로 작용한다. 따라서 낭만적 "자연시"는 명상시라고 할 수 있다. 낭만적 자연시는 자연을 시적 소재로 삼지만, 자연이 자극한 명상을 통해 시인은 당면한 정신적 위기를 해결하거나, 자연과의 교감을 통해 정신적 성장을 이룬다. 특히 워즈워드가 이러한 유형의 시를 썼다.

④ 평범한 것의 찬미

『서정담시집』의 서문에서 밝히고 있듯이 워즈워드의 관심은 우리로 하여금 관습의 무기력에서 벗어나 일상의 사소하고 친숙한 것에서 경이감 내지는 신성을 새롭게 느끼도록 하는 것이었다. 셸리는「시의 옹호」("A Defense of Poetry", 1821)에서 "시는 보통의 세상을 재현하지만 존재의 경이를 흐리게 하는 친숙함이라는 장막을 마음의 눈으로부터 정화해내고, 반복되어 둔감하게 된 세상을 새롭게 창조하는 것"이라고 말했다.

⑤ 초자연적인 것과 낯섦

코울리지는「노수부의 노래」("The Rime of the Ancient Mariner",

1798), 「크리스타벨」(“Christabel”, 1816) 및 「쿠블라 칸」(“Kubla Khan”, 1816)에서 먼 과거나 멀리 떨어진 장소를 배경으로 하여 고대의 민담이나 미신 등의 신비의 영역을 시에 도입했다. 키이츠 또한 중세를 배경으로 예전의 발라드와 로맨스를 사용하여 초자연적 사건에 심오한 심리적 의미를 함축시켰다. 블레이크(William Blake, 1757-1827)와 코울리지는 의식의 환상적인 상태를 탐구하기도 했다. 바이런(George Gordan Byron, 1788-1824)은 금지된 것에 대한 유혹을 불러일으키는 악마적 영웅을 창조했다.

(2) 낭만주의 시인들

① 윌리엄 블레이크

블레이크는 신고전주의 시대에서 본격적인 낭만주의 시대로 향하는 흐름의 물꼬를 튼 시인이다. 그는 산업혁명으로 인해 빈부격차가 심해진 사회의 모순을 날카롭게 포착하였으며 이러한 모순이 사라진 천년왕국에 대한 비전을 추구했다. 또한 성서를 재해석하여 신화적 인물을 창조하고 거대한 상징체계를 만들어냈다.

블레이크의 중기 시는 모호하고 복잡하며 철학적인 예언시가 많지만, 초기 시들은 단순한 형태와 통렬한 말투의 시로서 신고전주의 시와 구별되는 낭만주의 시다운 특징을 보여준다. 1789년 『순수의 노래』(*Songs of Innocence*)를 쓴 후 1794년 『경험의 노래』(*Songs of Experience*)를 완성한 그는 1794년 『순수의 노래』에 『경험의 노래』를 덧붙여 『인간 영혼의 두 상반된 상태를 보여주는 순수와 경험의 노래』(*Songs of Innocence and of Experience Shewing the Two Contrary States of the Human Soul*)를 완성했다.

블레이크의 시에서 ‘순수’와 ‘경험’은 인간의 삶에 동시에 존재하는 '대조적인 두 상태'(two contrary states)이다. '순수'의 세계는 필연적으로 죄악에 물들게 되고, '경험'의 세계는 '더 높은 순수'(higher innocence)로 올라가는 발판이 된다. 순진과 경험, 선과 악, 육체와 영혼 같은 상반대립적인 것들의 변증법적인 통합이 블레이크 철학의 핵심이다. 죄악을 부정하는 것은 부질없고 그것과 싸워 이기려고 하는 것은 헛된 것이므로 죄악의 실체를 인정하고 그것을 이해해야 한다는 것이 블레이크 시의 기저에 깔려 있다.

『순수의 노래』는 불의와 고통의 세계가 순수의 상태에 있는 사람에게 보여 지는 모습을 그린다. 『경험의 노래』는 똑같은 세상이 순수와는 반대되는 상태 즉 경험을 해본 사람에게 비친 모습을 그린다. 이 시집에서 각각의 시들은 독립적으로 존재하기는 하지만 『순수의 노래』 시편들과 『경험의 노래』 시편들 중에는 짝을 이루는 것들이 있다.

『순수와 경험의 노래』 원본에 실린 블레이크의 삽화

ⓐ 다음은 「굴뚝 청소부」("The Chimney Sweeper")라는 동일한 제목을 가진 두 편의 시이다. 산업혁명을 전후한 시절에 영국에서는 몸집이 작은 어린 아이들이 굴뚝 속에 들어가 숯 검댕을 긁어내고 쓸어내는 청소 일에 동원되었다. 이때 어린 아이들이 뜨거운 열기에 화상을 입거나 질식하는 사건이 발생하기도 했다. 전자의 시는 『순수의 노래』에, 후자의 시는 『경험의 노래』에 수록되었다. 두 개의 시에서 전반적인 토운이 어떻게 변화했는지 살펴보자.

When my mother died I was very young,
And my father sold me while yet my tongue
Could scarcely cry "'weep! 'weep! 'weep! 'weep!"
So your chimneys I sweep, and in soot I sleep.
There's little Tom Dacre, who cried when his head,
That curled like a lamb's back, was shaved, so I said
"Hush, Tom! never mind it, for when your head's bare
You know that the soot cannot spoil your white hair."

And so he was quiet, and that very night
As Tom was a-sleeping, he had such a sight!
That thousands of sweepers, Dick, Joe, Ned, and Jack,
Were all of them locked up in coffins of black.

And by came an Angel who had a bright key,
And he opened the coffins and set them all free
Then down a green plain leaping, laughing, they run,
And wash in a river, and shine in the sun.

Then naked and white, all their bags left behind,
They rise upon clouds and sport in the wind
And the Angel told Tom, if he'd be a good boy,
He'd have God for his father, and never want joy.

And so Tom awoke, and we rose in the dark,
And got with our bags and our brushes to work.
Though the morning was cold, Tom was happy and warm
So if all do their duty they need not fear harm.

주

weep: sweep에서 "s"를 생략한 것, 혀가 짧아서 sweep을 weep으로 발음한다.
when your head's bare: when your head is bare. 머리를 박박 깎아 맨머리가 되면.
bags: 청소도구 가방.
white hair: white는 fair를 의미. 즉 금빛 머리카락.

어머니가 돌아가셨을 때 나는 아주 어렸었다.
아버지는 나를 팔아버렸다. 아직 내 혀가
"청소해요! 청소해요!"라는 소리도 제대로 내지 못할 때.
그래서 난 굴뚝청소를 하고 검댕 속에서 잔다.
톰 데이커라는 꼬마가 있는데, 양털처럼 곱슬곱슬한
머리칼이 잘릴 때 그는 울었다. 그래서 나는 말했다.
"울지 마, 톰! 신경 쓸 거 없어, 맨머리가 되면
검댕이 네 금빛 머리칼을 더럽힐 수 없다는 걸 너도 알잖아."

그래서 톰은 울음을 그쳤다. 그런데 바로 그날 밤
톰은 잠을 자다가 꿈에 놀라운 광경을 보았다!
딕, 조우, 네드, 그리고 잭,
모두가 검은 관 속에 갇혀 있는 것을.

그런데 반짝이는 열쇠를 든 천사 하나 곁으로 와서
관들을 열고 모두 밖으로 나오게 해 주었다.
그러자 푸른 들판을 날뛰며, 웃으면서 그들은 달려가
강에서 몸을 씻고 햇빛을 받아 빛난다.

그리고 나서 발가벗은 흰 몸으로, 모두 청소가방을 뒤에 둔 채,
아이들은 구름을 타고 올라가 바람 속에서 장난을 친다.
천사가 톰에게 말했다, 착한 아이가 되면,

하나님을 아버지로 모시고 언제나 기쁨이 넘칠 것이라고.

그러다 톰은 잠을 깼고, 우리도 어둠 속에 일어났다,
모두 가방과 솔을 들고 일하러 나갔다.
아침은 차가웠지만, 톰은 행복하고 마음이 따뜻했다.
그래서 모두 자기 할 일을 한다면 해를 두려워할 필요가 없다.

해설

이 시에서 천사는 굴뚝청소부 소년들이 관 속에서 밖으로 나올 수 있게 해준다. 하지만 19-20행에서 천사가 하는 말은 몹시 애매하다. 블레이크 시에서 천사는 해방과 자유를 가져다주는 존재라기보다는 압제의 도구로서 묘사된다. 마지막 두 행의 교훈적인 결론도 아이러니하다.

ⓑ 다음은 블레이크가 1794년에 쓴 『경험의 노래』에 수록된 동명의 시이다. 『순수의 노래』에 나오는 위의 시에 비해 훨씬 더 암울하며 염세적이다.

A little black thing among the snow,
Crying "'weep! 'weep" in notes of woe!
"Where are thy father & mother? say?"
"They are both gone up to the church to pray."

Because I was happy upon the heath,
And smil'd among the winter's snow,
They clothed me in the clothes of death,
And taught me to sing the notes of woe.

"And because I am happy, & dance & sing,
They think they have done me no injury,
And are gone to praise God & his Priest & King,

Who make up a heaven of our misery."

흰 눈 속에서 한 작고 검은 것.
"청소해요! 청소해요!" 외친다, 슬픈 곡조로!
"너의 엄마 아빠는 어디 가셨니? 말해줄래?"
"두 분 다 교회에 기도하러 가셨어요."

난 히스가 무성한 황야에서 행복했기 때문에,
그리고 겨울의 눈 사이에서 웃었기 때문에,
그들은 나에게 죽음의 검은 옷을 입히고,
슬픈 노래를 부르도록 가르쳤다.

"내가 행복해 하고, 또 춤추고 노래하니까
부모님은 내게 아무런 상처도 주지 않았다고 여기셨지요.
그리고 우리들 불행의 천국을 만든 하나님과,
사제들과, 왕을 찬양하러 가셨지요."

해설

『순수의 노래』에 실린 앞의 시에서 순진한 어린 청소부는 현재의 노동은 고될지라도 언젠가는 구원받으리라는 희망을 갖고 순응한다. 반면 『경험의 노래』에 실린 이 시에서 청소부는 이제 더 이상 순진하게 속지 않고 비참한 현실을 알고 있다. "They clothed me in the clothes of death, And taught me to sing the notes of woe."에는 현실에 대한 굴뚝청소부의 슬픔과 분노가 담겨 있다. 때문에 이 시의 전반적인 토운은 어둡다.

굴뚝 청소부를 개인적인 개성을 지닌 인간으로서가 아니라 "작고 검은 어떤 것"(little black thing)으로 묘사한 부분은 인간이 사물화 되어버린 암울한 상황을 함축적으로 보여준다.

ⓒ 다음은 『경험의 노래』에 수록된 「호랑이」("The Tyger", 1794)이다.

Tyger! Tyger! burning bright
In the forests of the night,
What immortal hand or eye
Could frame thy fearful symmetry?

In what distant deeps or skies
Burnt the fire of thine eyes?
On what wings dare he aspire?
What the hand dare seize the fire?

And what shoulder, and what art,
Could twist the sinews of thy heart?
And when thy heart began to beat,
What dread hand? and what dread feet?

What the hammer? what the chain?
In what furnace was thy brain?
What the anvil? what dread grasp
Dare its deadly terrors clasp?

When the stars threw down their spears,
And watered heaven with their tears,
Did he smile his work to see?
Did he who made the Lamb make thee?

Tyger! Tyger! buring bright
In the forests of the night,
What immortal hand or eye,
Dare frame thy fearful symmetry?

주

aspire: ascend.

threw down their spears: 빛을 발사함을 의미함.

watered heaven with their tears: 하느님의 대업이 끝났을 때 별들이 감격의 눈물로 하늘을 적셨음.

호랑이여! 호랑이여! 밤의 숲속에서
환하게 불타오르는 너
어떤 불후의 손 혹은 눈이
네 무시무시한 균형 잡힌 몸을 만들 수 있었던가?

어떤 먼 바다 혹은 하늘에서
네 눈의 불이 불탔던가?
어떤 날개로 감히 그는 솟아오르려 하는가?
어떤 손이 감히 그 불을 잡으려 하는가?

어떤 어깨, 어떤 기술이
네 심장의 근육을 사납게 비틀 수 있었던가?
네 심장이 박동을 시작했을 때
어떤 두려운 손이? 그리고 어떤 두려운 발이?
어떤 망치가? 어떤 쇠사슬이?
어떤 용광로 속에 너의 뇌가 있었던가?
어떤 모루가? 어떤 두려운 움켜쥠이
감히 그 무서운 공포를 붙잡았던가?

별들이 그들의 창살을 내던지고,
하늘을 눈물로 적셨을 때
그는 그의 창조물을 보고 미소 지었던가?
그 양을 만든 그가 너를 만들었던가?

호랑이여! 호랑이여! 밤의 숲 속에서
환하게 불타오르는.
어떤 불멸의 손 혹은 눈이
감히 네 균형 잡힌 무서운 몸을 만들었던가?

해설

'양'이 '순수' 시편의 상징이라면 호랑이는 '경험' 시편의 상징이다. 이 시는 호랑이에 관한 것이면서 동시에 호랑이를 창조한 신에 관한 것이다. 시인은 양같이 선한 동물을 만든 신이 호랑이같이 무서운 동물을 만들 수 있다는데 대해 경이감과 경외감을 표한다.

이 시는 질문으로만 이루어져 있다. 짧고 급박한 질문들은 화자의 당혹감과 두려움, 그리고 찬탄과 불가사의의 느낌을 강조한다. 그럼으로써 그토록 엄청난 호랑이를 만든 존재의 신비로운 능력과 힘에 대한 경이와 찬탄의 뜻이 고조된다. 처음에 막연하게 신의 능력을 인정하던 화자는 당혹감 속에 점차 신에 대한 회의를 표명한다. 시인의 심적 상황이 변화함에 따라 시의 템포가 점점 빨라진다. 신에 대한 시인의 신뢰가 약화됨에 따라 1행의 'could'가 4행에서 'dare'로 바뀐다.

이 시는 「양」("The Lamb")이라는 시와 대조된다. 「양」에서는 확신에 찬 대답의 형태로 완전한 문장 속에서 창조주가 온전하게 제시된다. 반면 이 시에서는 명확한 답이 없는 의문문을 통해 창조주의 전체적인 모습이 아닌 손, 눈, 발, 어깨 등의 부분이 언급된다.

ⓓ 다음은 『경험의 노래』에 수록된 「런던」("London", 1794)이다.

I wander thro' each charter'd street,
Near where the charter'd Thames does flow,
And mark in every face I meet
Marks of weakness, marks of woe.

In every cry of every Man,
In every infant's cry of fear,
In every voice, in every ban,
The mind-forg'd manacles I hear.

How the Chimney-sweeper's cry
Every blackening Church appalls;
And the hapless Soldier's sigh
Runs in blood down Palace walls.

But most thro' midnight streets I hear
How the youthful Harlot's curse
Blasts the new-born Infant's tear,
And blights with plagues the Marriage hearse.

주

charter'd: 특허장을 받은, 사적 소유물로 선점된.
mark: observe.
marriage hearse: 결혼은 곧 죽음과 고통으로 이어진다는 의미에서 결혼이 영구차에 실려간다고 표현함.

나는 헤맨다. 특혜장을 받은 거리들을,
특혜 받은 템즈 강이 흐르는 근처를.
만나는 모든 얼굴에서 나는 본다.
나약함의 자국, 비애의 흔적을.

모든 사람의 외침 속에서,
모든 아기의 겁에 질린 울음 속에서,
모든 목소리에서, 모든 금지령에서,
마음이 만든 족쇄 소리를 나는 듣는다.

얼마나 굴뚝 청소부의 외침 소리가
모든 검어지는 교회를 오싹하게 하는지,
운 없는 병사의 한숨이
피가 되어 궁궐 벽 아래로 흐르는가를.

그러나 무엇보다 한밤의 거리에서 나는 듣는다.
어떻게 젊은 창녀의 저주가

갓 태어난 아이의 눈물을 말려 버리고,
역병으로 결혼 장의차를 시들게 하는가를.

해설

이 시에서 블레이크는 인간적 비극의 원인을 정치, 종교, 사회, 문화, 경제 등 모든 분야에서의 억압적이고 타락한 구조에서 발견한다. "charter'd"라는 수식어는 모든 사람의 것이어야 할 런던 거리와 템즈 강이 특혜 받은 소수에 의해 독점된 사실을 지적한다. "마음이 빚은 쇠사슬"(mind-forg'd manacle)은 인간을 구속하는 이데올로기가 사실은 인간의 마음 자체가 만든 것이라는 의미를 함축한다. 마지막 연에서는 아이의 탄생이 곧 죽음으로 이어지고 새 시작이 되어야 할 결혼의 무게차가 장의차가 되어 버리는 병든 사회상을 표현하고 있다. 교회가 부패하고 성병이 만연한 결과 런던은 한밤중과 같은 죽음의 상태에 놓여 있다는 것이다.

② 윌리엄 워즈워드

워즈워드는 자연의 삼라만상이 신의 현현이라는 범신론(Pantheism)적인 자연관을 가지고 있었다. 자연은 환희와 정신적인 힘과 위안을 주며 인간을 교화하고 인간을 신이나 다른 인간과 결합시키는 힘을 가지고 있다고 그는 믿었다.

워즈워드의 자연관은 『서정담시집』에 실린 여러 시편에서도 나타나지만 그의 걸작, 「송시-어린 시절의 회상에서 떠오르는 영원불멸의 암시에 부쳐」("Intimations of Immortality from Recollections of Early Childhood", 1807)에서 가장 원숙한 형태로 나타나고 있다. 그에게 있어서 자연은 정신적 삶의 기초이고, 정신적 순결과 영적 각성의 원천이자 스승이었다.

ⓐ「틴턴 사원」(“Tintern Abbey”, 1798)은 워즈워드가 오랫동안 도회지 생활을 한 후, 5년 전 방문했었던 웨일스 지방에 위치한 와이(Wye) 강과 틴턴 사원을 누이동생 도로시(Dorothy)와 함께 다시 방문했을 때의 경험을 쓴 시이다. 이 기간 동안에 일어난 풍경의 변화는 시인으로 하여금 과거를 회상하고 현재의 자신의 모습을 반추하게 한다. 시인은 번잡한 도시에서 격리된 자연의 미와 정적과 평온함 속에서 자신의 일상생활이 얼마나 자연에서 얻은 힘으로 지탱되고 있는가를 깊이 체험한다. 다음은「틴턴 사원」의 72-96행이다.

For nature then
(The coarser pleasures of my boyish days,
And their glad animal movements all gone by)
To me was all in all. --I cannot paint
What then I was. The sounding cataract
Haunted me like a passion: the tall rock,
The mountain, and the deep and gloomy wood,
Their colours and their forms, were then to me
An appetite; a feeling and a love,
That had no need of a remoter charm,
By thought supplied, nor any interest
Unborrowed from the eye. --That time is past,
And all its aching joys are now no more,
And all its dizzy raptures. Not for this
Faint I, nor mourn nor murmur, other gifts
Have followed; for such loss, I would believe,
Abundant recompence. For I have learned
To look on nature, not as in the hour
Of thoughtless youth; but hearing oftentimes
The still, sad music of humanity,
Nor harsh nor grating, though of ample power

To chasten and subdue. And I have felt
A presence that disturbs me with the joy
Of elevated thoughts; a sense sublime
Of something far more deeply interfused,

주

Nor ~, though ~: Nor ~ but ~.

왜냐면 그 시절의 자연은
(내 소년시대의 천박한 쾌락과
그때의 즐거워하던 동물적 움직임은 모두 사라져)
내게 있어 모든 것이었다. -나는 그릴 수 없다.
그때의 내 모습을. 우렁찬 폭포가
격정처럼 나를 사로잡았었다. 높은 바위,
산, 그리고 깊고 어둑한 숲,
그들의 색채와 형상들은, 그때의 내겐
하나의 욕구였다 ; 하나의 정감 그리고 하나의 사랑이어서,
사색이 제공해 주는 심원한 매력이 필요 없었고,
육안을 빌지 않은 어떠한 흥미도 없었다. -그때는 지나갔다.
그 모든 가슴 아픈 환희는 이제 더 이상 없다,
그리고 그 모든 아찔한 황홀도. 이 때문에 내가
낙담하거나, 슬퍼하거나 투덜대지 않는다. 다른 선물들이
뒤따랐다. 내가 믿기엔, 그런 상실에 대한
충분한 보상이. 왜냐면 철없는 젊은 시절과는 달리
인간미 띤 고요하고 슬픈 음악을 자주 들으면서
자연을 관조하는 법을 알게 되었나니.
거칠지도 귀에 거슬리지도 않는, 하지만 마음을 맑게 하고
누그러뜨릴 풍요로운 힘을 가진 음악.
그리고 나는 느꼈다
고양된 사색의 환희로
내 마음 설레게 한 존재를. 한층 더 깊숙이
스며드는 어떤 존재의 숭고한 느낌을.

해설

시인의 자연에 대한 태도는 어린 시절에서 사춘기를 거쳐 성인이 되어 가면서 점차 달라진다. 자연에 대해 순전히 육체적인 반응을 보였던 어린 시절(73-74), 난폭하고 우울하며 애매한 열정을 지녔던 사춘기(75-85)를 지나 성인으로 옮겨가는 현재의 상태(85행 이하)에 이른 것이다. 그는 이중 두 번째 단계 때 와이 강을 처음 방문했다.

시인이 현재 자연을 대하는 태도는 과거와 비교해서 많이 달라졌다. 시인은 지나간 과거를 나타내는 "그때"(then)와 "지금"(now)을 대조시키면서 자신의 변화를 보여준다. 어릴 적에는 자연에서 동물적 충동을 느꼈고 철없던 사춘기에는 자연 속에서 육안을 통해 "고통스런 환희"(aching joy), "아찔한 황홀"(dizzy rapture)을 느꼈다. 하지만 이제 성숙해진 지금의 시인은 마음의 눈을 통해 정화시켜주고 가라앉게 해주는 풍부한 힘을 지닌 조용하고 슬픈 인간애의 노래를 들을 수 있게 되었다. 이제는 고양된 사고와 숭고한 감각을 갖게 되었고 이는 자연으로부터 받은 고마운 "선물"(gift)이라고 시인은 말한다.

ⓑ 다음 시는 『서정담시집』에 수록된 『루시에 관한 시』(*The Lucy Poems*)의 하나인 「그녀는 인적 없는 곳에 살았다」("She Dwelt among the Untrodden Ways", 1800)이다. 세속에 물들지 않은 자연 그대로의 소박한 소녀에 대한 시인의 사랑을, 단순하면서도 청징한 언어로 표현하고 있다. 이 시에서 아는 이 없이 살다 간 시골의 한 소녀는 고고한 존재로 미화된다.

She dwelt among the untrodden ways
  Beside the springs of Dove.
A Maid whom there were none to praise
  And very few to love;

A violet by a mossy stone
Half hidden from the eye!
- Fair as a star, when only one
Is shining in the sky.

She lived unknown, and few could know
When Lucy ceased to be;
But she is in her grave, and, oh,
The difference to me!

그녀는 살았네, 인적 없는
다브 강 원류에.
그 아가씨 찬미한 이 하나 없었고
사랑한 이 거의 없었네.

사람들의 눈으로부터 반쯤 감추어진
이끼 낀 돌 옆에 핀 한 송이 제비꽃,
--- 하늘에서 단 하나의 별 반짝일 때
그 별처럼 아름다웠네.
루시는 아는 이 없이 살아 그녀가
언제 죽었는지 아는 이 거의 없었네.
그러나 그녀가 땅에 묻히니, 오,
내겐 엄청난 차이가 있구나!

해설

이 시에는 비천한 사람들을 존중해주는 낭만주의적 특징이 나타나 있다. 3연의 마지막 행에서 그 점이 잘 나타나 있다. 시인이 루시의 죽음 때문에 느낀 슬픔은 절제된 표현 때문에 더욱 통렬하게 전달된다.

전설의 주인공 같은 한 소녀의 청초하고 무구한 삶의 이야기를 죽음이라는 파국으로 돌연히 끝맺는다는 점에서 이 시는 중세 구전 발라드의 형식을 띠고 있다고 할 수 있다.

이 시를 구조상으로 보면, 1연에서는 상황을 제시하고 2연에서는 연결사 없이 그녀의 상황이 공간적으로 확대된다. 3연에서는 그 사실이 현재의 나에게 미친 영향 및 그 의미가 반추된다.

ⓒ 다음은 「나는 구름처럼 외로이 거닐었었네」("I wandered lonely as a cloud", 1804, 1807)이다.

I wandered lonely as a cloud
That floats on high o'er vales and hills,
When all at once I saw a crowd,
A host, of golden daffodils:
Beside the lake, beneath the trees,
Fluttering and dancing in the breeze.

Continuous as the stars that shine
And twinkle on the milky way,
They stretched in never-ending line
Along the margin of a bay;
Ten thousand saw I at a glance,
Tossing their heads in sprightly dance.

The waves beside them danced: but they
Out-did the sparkling waves in glee;
A poet could not but be gay
In such a jocund company;
I gazed-and gazed-but little thought
What wealth the show to me had brought

For oft, when on my couch I lie
In vacant or in pensive mood,
They flash upon that inward eye
Which is the bliss of solitude:

And then my heart with pleasure fills,
And dances with the daffodils.

나는 골짜기와 언덕 위를 떠도는
구름처럼 외롭게 거닐었었네.
그러다 문득 나는 보았네, 한 무리,
수많은 황금빛 수선화가
호수가 나무 아래서
미풍 속에 펄럭이며 춤추고 있는 것을.

은하수에서 빛나고 반짝이는
별들처럼 끊임없이
수선화는 만의 가장자리를 따라
끝없이 줄지어 늘어서 있었네.
한눈에 나는 보았네, 만 송이의 수선화
활기차게 춤추며 고개 흔드는 것을.
주변 호수의 물결도 춤을 추었지만,
수선화는 반짝이는 물결의 환희를 능가했었네.
그렇게 명랑한 무리 속에 있으니
시인은 즐겁지 않을 수 없었네.
보고 또 보았네. 그러나 미처 생각지 못했네,
그 광경이 얼마나 보배로운 걸 내게 갖다 주었는지를.

종종 소파에 누워
멍하니 아니면 깊은 사색에 잠길 때면
수선화는 고독의 축복인 내 마음의 눈에
문득 반짝하며 떠오르네.
그러면 내 마음 즐거움으로 가득차서
수선화와 함께 춤을 추네.

해설

이 시는 시인이 호수를 거닐다 본 수선화의 모습을 한참 뒤에 회상하면서 쓴 시로서 "고요함 가운데 회상된 정서"(emotion recollected in tranquility)라는 워즈워드의 생각이 구체적으로 나타나 있다. 이러한 점에서 워즈워드의 시작관이 잘 나타나 있다고 평가받는다.

ⓓ 다음 시는 워즈워드가 누이동생 도로시(Dorothy), 코울리지(Coleridg)와 함께 스코틀랜드를 여행하였을 때 느낀 인상과 감동을 읊은 시 「외로운 추수꾼」("The Solitary Reaper", 1807)이다.

Behold her, single in the field,
Yon solitary Highland Lass!
Reaping and singing by herself;
Stop here, or gently pass!
Alone she cuts and binds the grain,
And sings a melancholy strain;
O listen! for the Vale profound
Is overflowing with the sound.

No Nightingale did ever chaunt
More welcome notes to weary bands
Of travellers in some shady haunt,
Among Arabian sands:
A voice so thrilling ne'er was heard
In spring-time from the Cuckoo-bird,
Breaking the silence of the seas
Among the farthest Hebrides.

Will no one tell me what she sings?--
Perhaps the plaintive numbers flow

For old, unhappy, far-off things,
And battles long ago:
Or is it some more humble lay,
Familiar matter of to-day?
Some natural sorrow, loss, or pain,
That has been, and may be again?

Whate'er the theme, the Maiden sang
As if her song could have no ending;
I saw her singing at her work,
And o'er the sickle bending;--
I listened, motionless and still;
And, as I mounted up the hill,
The music in my heart I bore,
Long after it was heard no more.

보게나, 들 한가운데 홀로
추수하며 노래 부르는
저 외로운 고지의 처녀를!
걸음 멈추세, 아니면 조용히 지나가세!
홀로 그녀 곡식 베고 묶으며
구슬픈 노래 부르니.
오, 듣게나! 깊은 골짜기에
노래 소리 넘쳐흐르네.

아라비아 사막의
어느 그늘진 휴식처
지친 나그네들의 무리에게,
어떤 나이팅게일도
이보다 더 환영하는 노래 부른 일 없었네.
이처럼 전율적인 목소리
멀고 먼 헤브리디즈 군도 사이
바다의 정적을 깨뜨리며

봄철에 오는 뻐꾹새도 낸 적 없었네.

말해 줄 이 없을까, 그녀가 무슨 노래 부르는지?
어쩌면 저 구슬픈 가락은
먼 옛날의 불행했던 일,
오래 전 전쟁을 읊고 있으리.
아니면 좀 더 비천한 노래,
흔한 요즈음 사연일까?
과거에도 있었고 또 다시 있을 수 있는
어떤 타고난 슬픔, 상실, 고뇌의 노래일까?

주제가 무엇이든 처녀는 노래했네
마치 노래에 끝이 없는 듯.
나는 보았네, 그녀가 낫 위로 몸을 굽히고
일을 하며 노래 부르는 모습.
나는 귀 기울였네, 움직임 없이 조용히.
그리고 내가 언덕 위에 올랐을 때
그 노래 내 마음 속에 남아 있었네,
그 노래 소리 안 들린 지 오랜 후에도.

해설

이 시는 시인의 미적, 도덕적, 정서적 반응이 일깨워지는 과정을 보여준다. 시인은 자연과 일체가 된 여자와 그녀가 부르는 게일어로 된 노래의 아름다움에서 순간 육체적, 정서적 즐거움을 느낀다. 이를 통해 시인은 전통과 "오래 전의 전투들"과 그 여자를 연관시키게 되는 신비스러운 이해에 도달한다.

③ 사무엘 테일러 코울리지

코울리지는 워즈워드와 함께 본격적인 낭만주의 운동을 일으킨 시인이다. 워즈워드가 일상적인 것에 상상력의 색을 입혀 평범한 것을 비범한 것으로 제시하려 한 반면, 코울리지는 믿을 수 없는 비일상적이고 초자연적인 가공의 이야기를 현실 세계로 끌고 와서 실재인 것처럼 보이게 하려 했다. 워즈워드가 '일상생활'에서 주제를 고른 반면, 코울리지는 '초자연적이거나 적어도 낭만적인 인물과 성격'에 집중했다.

코울리지는 아득한 과거나 멀리 떨어진 장소를 배경으로 하여 초자연적인 사건이나 민담 및 미신 이야기를 한다. 그는 독자로 하여금 "믿지 않는 마음의 유보, 불신의 중단"(suspension of disbelief)을 통해 초자연적인 미지 세계의 신비와 경이감을 거부감 없이 받아들이도록 했다. 이를 위해 반복적이고 주술적인 어휘와, 청자를 강하게 사로잡는 매혹적인 리듬이 사용된다. 「노수부의 노래」, 「쿠블라 칸」 등이 그의 대표적인 시이다.

ⓐ 「노수부의 노래」("The Rime of the Ancient Mariner", 1798)

보통 설화에서 그러하듯이 선원은 아무런 동기 없이 신천옹(albatross)이라는 새를 사살한다. 이로 인해 선원은 거의 죽음에 가까운 고난을 겪는다. 4부에서 죽은 선원들의 시체가 놓여 있는 갑판 위에 누운 선원은 달과 별의 아름다움을 경이롭게 바라보다가 물뱀의 아름다움을 찬양한다. 이때 그는 자연계와의 일체감을 되찾게 된다.

「노수부의 노래」는 총 7부로 이루어져 있는데, 다음은 제 1부(Part 1)의 한 연이다.

The ice was here, the ice was there,
The ice was all around:
It cracked and growled, and roared and howled.
Like noises in a swound!

여기에도 얼음, 저기에도 얼음
온 사방이 온 통 얼음이었다.
얼음은 깨져 신음했고, 고함치고 울부짖었다,
마치 기절했을 때 들리는 소음처럼!

해설

이 시에서는 두운, 의성어, 반복을 사용하여 주문을 외는 듯한 분위기 속에서 독자로 하여금 "불신의 중단"을 하게 한다. 그럼으로써 독자가 현실 세계 너머의 다른 세상의 환상을 거부감 없이 받아들이도록 이끈다.

ⓑ 다음은 「쿠블라 칸」("Kubla Khan", 1816)이다.

In Xanadu did Kubla Khan
A stately pleasure dome decree:
Where Alph, the sacred river, ran
Through caverns measureless to man
Down to a sunless sea.
So twice five miles of fertile ground
With walls and towers were girdled round:
And there were gardens bright with sinuous rills,
Where blossomed many an incense-bearing tree;
And here were forests ancient as the hills,
Enfolding sunny spots of greenery.

But Oh! that deep romantic chasm which slanted
Down the green hill athwart a cedarn cover!
A savage place! as holy and enchanted
As e'er beneath a waning moon was haunted
By woman wailing for her demon lover!
And from this chasm, with ceaseless turmoil seething,
As if this earth in fast thick pants were breathing,

A mighty fountain momently was forced:
Amid whose swift half-intermitted burst
Huge fragments vaulted like rebounding hail,
Or chaffy grain beneath the thresher's flail:
And 'mid these dancing rocks at once and ever
It flung up momently the sacred river.
Five miles meandering with a mazy motion
Through wood and dale the sacred river ran,
Then reached the caverns measureless to man,
And sank in tumult to a lifeless ocean:
And 'mid this tumult Kubla heard from far
Ancestral voices prophesying war!

    The shadow of the dome of pleasure
    Floated midway on the waves;
    Where was heard the mingled measure
    From the fountain and the caves.
It was a miracle of rare device,
A sunny pleasure dome with caves of ice!

    A damsel with a dulcimer
    In a vision once I saw:
    It was an Abyssinian maid,
    And on her dulcimer she played,
    Singing of Mount Abora.
    Could I revive within me
    Her symphony and song,
    To such a deep delight 'twould win me,
That with music loud and long,
I would build that dome in air,
That sunny dome! those caves of ice!
And all who heard should see them there,
And all should cry, Beware! Beware!

His flashing eyes, his floating hair!
Weave a circle round him thrice,
And close your eyes with holy dread,
For he on honeydew hath fed,
And drunk the milk of Paradise.

주

stately: proud.
decree: order.
caverns: caves.

자나두에 쿠블라 칸은
장대한 환락궁을 세우라고 명령했다.
그곳에는 신성한 강 알프가
인간으로서는 측량할 수 없는 동굴을 통해서
햇빛 없는 바다로 흐르고 있었다.
5마일의 두 배나 되는 비옥한 땅이
성벽과 탑들로 둘러싸여 있었다.
그리고 거기엔 구불구불 흐르는 시냇물로 빛나는
정원들이 있었고, 많은 향나무들이 꽃피어 있었다.
여기 숲은 언덕만큼이나 오래 된 것들이고
양지 바른 녹지를 에워싸고 있었다.

그러나 오! 삼나무 숲을 가로질러
푸른 산 아래로 기울어진 저 깊은 낭만적 틈!
황량한 곳! 언제나 이우는 달 아래
악마-연인이 그리워 울부짖는 여인이 드나들던
신성하고 마술에 걸린 듯한 장소!
그리고 끊임없는 격동으로 들끓는 갈라진 틈으로부터
마치 이 대지가 가쁜 숨을 내쉬듯
거대한 분수가 시시각각 분출되었다.
그 빠르고 단속되는 분출 속에
거대한 암석파편들이 튀었다 튕기는 우박처럼.

혹은 타작자의 도리깨에 맞은 겨에 싸인 곡식알처럼.
그리고 이 춤추는 바위들 속에 일시에 그리고 끊임없이
그것은 시시각각 거룩한 강을 던져 올렸다.
미로와 같이 구불구불한 5마일을
거룩한 강은 숲과 골짜기를 통해 흘러갔다.
이윽고 인간으로서는 측량할 수 없는 동굴에 이르러
요란스럽게 생명 없는 태양으로 가라앉았다.
그리고 이 소란 속에서 쿠블라는 멀리서 들었다.
전쟁을 예언하는 조상들의 목소리들을!

  환락궁의 그림자가
  물결의 한가운데 뜨며 흘렀다.
  거기 분수와 동굴로부터
  뒤섞인 가락이 들려 왔다.
그것은 절묘한 기적이었다.
얼음의 동굴이 있는 양지 바른 환락궁!

  달시머를 든 한 소녀를
  환상 속에 난 본 적이 있다.
  그것은 아비시니아 처녀,
  그녀는 달시머를 켰다
  아보라 산을 노래하면서.
  내 마음속에 내가 그녀의 연주와
  노래를 되살릴 수만 있다면,
  너무나도 깊은 환희에 잠겨
높고 긴 음악으로
나는 세울 수 있었으리라 공중에 저 궁전을,
저 양지바른 궁전을! 저 얼음의 동굴을!
그리고 음악을 들은 모든 사람들은 거기서 그걸 보리라,
그리고 모두 외치리라, 주의하라! 주의하라!
그의 번쩍이는 눈, 그의 나부끼는 머리칼!
그의 둘레에 세 겹으로 원을 짜라,
그리고 경외감으로 두 눈을 감아라,

왜냐면 그는 꿀 이슬을 먹었고,
낙원의 우유를 마셨으니.

해설

시의 앞부분은 주로 13세기 중국에서 몽골제국을 창시한 역사적 인물인 쿠블라 칸이 지은 환락궁에 대한 내용이다. 30행에 환락 궁전의 목가적 풍경이 전쟁에 의해 위협받고 파괴된 듯이 조각나기 시작한다. 갑자기 시인은 어느 아비시니아 처녀에 대해 가졌던 환상으로 넘어간다. 시인은 음악을 다시 불러들일 수만 있다면, 즉 자신도 상상력만 있다면 황제가 지은 그런 멋진 궁전을 얼마든지 세울 수 있다고 말한다. 이 시는 상상력의 위대함을 이야기했다고 할 수 있다.

이 시에서는 상호 모순되는 것이 병치되어 있다. 가령 쿠블라 칸의 환락 궁전과 정원들의 목가적인 특성은 항상 그 반대되는 것 즉 음산한 바다, 측량할 수 없는 동굴들, 황량한 깊은 틈들, 바위들이 속에서 어른거리는 샘들과 결합된다.

④ 바이런

바이런은 낭만적 반항아이자 이상주의자로서 사회와 문명에 대해 환멸을 겪었고 여기에서 비롯된 회의와 냉소를 시 속에 표현했다. 그는 그의 이상과 현실 사이의 괴리에 대해서 때로는 깊은 고뇌와 우수로, 때로는 익살스런 조롱이나 풍자로 반응했다. 전자는 『차일드 헤럴드의 순례』(*Childe Harold's Pilgrimage*, 1812-1818)에서, 후자는 『돈 주안』(*Don Juan*, 1819-1824)에서 잘 나타난다.

바이런이 그의 시에서 창조해낸 '바이런적 영웅'(Byronic hero)이라는 개념이 『차일드 헤럴드의 순례』에서 처음으로 생겨났다. 바이런적 영웅의 특징은 잘 생기고 지적이지만 음울하고 호색적이고 변덕스러우며 오만하고 냉소적이라는 것이다. 또한 사회적 고정관념과 세상의 질서, 규율들 심지어 창조주에게까지 반항했다. 그는 용서할 수 없는 죄의 짐을 지고 새로운 자극을 계속 찾아다닌 추방자였으며 자신을 파멸로 이끌 수도 있는 행위를 거리낌 없이 했다.

바이런은 셸리와 마찬가지로 급진파였다. 영국의 급진파들과 밀접한 관계를 유지했고 나폴레옹의 패배 이후 유럽 전반에 걸쳐 다시 살아난 독재에 대항하여 민족주의 운동을 지지하기도 했다.

다음은「그녀는 아름답게 걷는다」("She Walks in Beauty", 1815)이다. 이 시에는 이상적인 아름다움을 추구하는 이상주의자로서의 바이런의 면모가 잘 나타나 있다.

She walks in beauty, like the night
  Of cloudless climes and starry skies;
And all that's best of dark and bright
  Meet in her aspect and her eyes:
Thus mellowed to that tender light
  Which heaven to gaudy day denies.

One shade the more, one ray the less,
  Had half impaired the nameless grace
Which waves in every raven tress,
  Or softly lightens o'er her face;
Where thoughts serenely sweet express
  How pure, how dear their dwelling place.

And on that cheek, and o'er that brow,
  So soft, so calm, yet eloquent,
The smiles that win, the tints that glow,
  But tell of days in goodness spent,
A mind at peace with all below,
  A heart whose love is innocent!

주

aspect: 얼굴.
nameless: 이루 말할 수 없는.
win: 사로잡다.
tints: 얼굴빛.

그녀는 아름답게 걷는다. 구름 없는 날
  별이 반짝이는 밤하늘처럼,
어둠과 밝음의 온갖 최상의 것들이
  그녀의 얼굴과 눈에서 만나서,
하늘이 현란한 낮에는 주지 않는
  그 은은한 빛으로 무르익는다.

그늘이 한 점만 더 많았어도, 빛이 한 줄기만 적었어도,
  검은 머리카락마다 물결치거나
그녀의 얼굴 위에서 부드럽게 빛나는
  저 형언할 길 없는 우아함은 반감 되었으리라.
얼굴에 깃든 온유하고 감미로운 생각들이 나타내준다
  그들의 보금자리가 얼마나 순수하고 정겨운지를.

저 뺨과 저 이마 위에서,
  그토록 부드럽고 조용하면서도 두드러진,
마음을 사로잡는 미소, 환한 얼굴색은
  말해주네. 착하게 보낸 세월,
하늘 아래 모든 것과 화평한 마음,
  순수한 사랑의 마음을.

해설

이 시에서 시인은 여인의 외적인 아름다움이 내적인 아름다움과 완벽한 조화를 이룬 이상적인 아름다움을 찬미하고 있다. 외적인 미의 찬미에서 시작해서 차차 내적인 미의 찬미로 승화된다.

⑤ 셸리

셸리는 나폴레옹 전쟁 중의 어두운 반동의 시기에 성장했다. 그는 체제를 전복하고 인습을 타파하려 한 극단적인 비순응자이고, 자유를 추구한 이상주의자이자, 인류가 계속 발전할 수 있다고 믿은 낙관주의자였다. 그의 아내는 『프랑켄슈타인』(*Frankenstein*, 1818)을 쓴 메리 셸리(Mary Shelley, 1797-1851)였다. 메리는 급진적 사회철학자인 윌리엄 고드윈(William Godwin, 1756-1836)과 여성해방론자인 메리 울스턴크래프트(Mary Wollstonecraft, 1759-1797)의 딸이다.

셸리는 거침없이 분출하는 에너지, 무한한 상상력, 그리고 서정성을 지닌 시인이다. 그의 시는 정치적인 면이 있었으나 동시에 감각적이고 열정적이었다. 그의 시 「서풍부」("Ode to the West Wind", 1820)는 내용과 형태를 조화롭게 융합하고 있는 시이다. 이 시는 5부로 구성되는데 각 부는 네 개의 3행시연과 한 개의 이행연구, 총 14행으로 구성되어 있다. aba, bcb, cdc, ded, ee의 압운을 갖고 있다.

「서풍부」의 1, 2, 3부는 가을에 부는 서풍이 지상, 하늘, 바다에 끼치는 영향을 차례로 묘사한다. 4연에서는 이처럼 활기찬 자연현상과 이제는 활력을 잃은 자신의 처지를 비교한다. 마지막 연에서 시인은 계절의 변화에 상응하는 혁명을 가져오는데 자신이 기여할 수 있게 해달라고 서풍에게 청한다. 이 시는 5부로 구성되어 있는데 이중 4연과 5연을 읽어보자.

IV

If I were a dead leaf thou mightest bear;
If I were a swift cloud to fly with thee;
A wave to pant beneath thy power, and share

The impulse of thy strength, only less free
Than thou, O Uncontrollable! If even
I were as in my boyhood, and could be

The comrade of thy wanderings over Heaven,
As then, when to outstrip thy skiey speed
Scarce seemed a vision; I would ne'er have striven

As thus with thee in prayer in my sore need.
Oh! lift me as a wave, a leaf, a cloud!
I fall upon the thorns of life! I bleed!

A heavy weight of hours has chained and bowed
One too like thee: tameless, and swift, and proud.

V

Make me thy lyre, even as the forest is:
What if my leaves are falling like its own!
The tumult of thy mighty harmonies

Will take from both a deep, autumnal tone,
Sweet though in sadness. Be thou, Spirit fierce,
My spirit! Be thou me, impetuous one!

Drive my dead thoughts over the universe,
Like withered leaves to quicken a new birth!
And, by the incantation of this verse,

Scatter, as from an unextinguished hearth
Ashes and sparks, my words among mankind!
Be through my lips to unawakened Earth

The trumpet of a prophecy! O Wind,

If Winter comes, can Spring be far behind?

주

quicken: = revive.

incantation: 주문(呪文). 예언자로서의 시인은 자신의 시를 주문으로 삼는다.

4

만일 내가 네가 몰아갈 수 있는 낙엽 한 잎이라면,
만일 내가 너와 함께 날 수 있는 빠른 구름 한 점이라면,
네 힘 아래서 헐떡이며,

너보다 덜 자유로워도, 너의 힘의 충동을
나눠 가질 수 있다면, 오 통제할 수 없는 자여!
내가 소년이었을 때와 같다면, 그리고 하늘을

방황하는 너의 친구가 될 수 있다면.
그 때는 네가 하늘을 달리는 속도를 능가하는 것이
망상처럼 보이진 않았지. 나는 결코 너와 겨루지 않았으리라
이처럼 쓰라린 필요 속에 기도를 하면서.
오! 나를 파도, 잎사귀, 구름처럼 일으켜다오!
난 인생의 가시 위에 쓰러지도다! 난 피 흘리도다!

세월의 무거운 중압이 사슬로 묶고 굴종시켰다
길들일 수 없고, 빠르며, 자존심 강한, 너와 같았던 나를.

5

나를 네 수금으로 삼아다오, 저 숲처럼.
내 잎사귀들이 숲의 잎 새처럼 떨어진들 어떠리!
네 강력한 조화의 격동은

둘로부터 슬프지만 감미로운 깊은 가을의
음색을 얻으리라. 너 사나운 정령이여,
내 영혼이 되라! 내가 되라, 맹렬한 자여!

내 죽은 생각들을 온 우주로 몰아내라
시든 잎사귀가 새로운 탄생을 재촉하듯이!
그리고 이 시의 주문으로

흩뜨려라, 꺼지지 않은 화로에서
재와 불꽃을 흩뜨리듯, 내 말을 인류에게!
내 입술을 통해 잠깨지 않은 대지에

예언의 나팔이 되어 주오! 오 바람이여,
겨울이 오면, 봄이 멀 수 있겠는가?

해설

3운구법(terza rima)의 맞물려 이어지는 각운을 사용함으로써 때로는 거세고 때로는 부드럽게 계속 부는 바람을 실감나게 표현하고 있다. 거침없이 불어와서 온 세계를 변화시키는 힘찬 서풍처럼 시인 자신도 커다란 변혁을 이루리라는 확신을 표명한다.

⑥ 키이츠

키이츠는 삶을 편협하고 고정된 시각에서 단순화하려 하지 않는다. 복잡하고 모순적인 삶의 복합적인 리얼리티를 부정하기보다는 있는 그대로 열린 시각으로 인정하고 받아들이려고 한 것이다. 이를 키이츠는 '비움의 능력, 수용력'(negative capability)이라고 불렀다.

키이츠는 사물의 양면적인 요소나 쾌락과 고통의 병존 등 인간 경험의 양면성을 포착해냈다. 그는 삶을 필연적이고 불가피한 모순의 연속으로 보고 이를 역설과 모순어법(oxymoron)으로 표현했다. 모순어법이란 상반된 개념이 하나로 묶어지는 것으로, '아린 즐거움'(aching pleasure)이라는 표현이 그 예이다.

키이츠는 모든 피조물의 존재 속으로 자신을 몰입시켜, 즉 감정이 입을 해서 느낄 수 있었고, 회화적으로 상상하는 능력이 있었다. 때문에 그의 시는 한 편의 그림과 같으며 독자의 감각에 직접적으로 호소한다. 그는 품격 있고 복잡한 운율 형식에 따르며 숭고한 주제를 다루는 송시(ode)를 많이 썼다.

ⓐ 다음은 「나이팅게일에 부치는 송시」("Ode to a Nightingale", 1819) 중 1부와 8부이다.

1

My heart aches, and a drowsy numbness pains
      My sense, as though of hemlock I had drunk,
Or emptied some dull opiate to the drains
      One minute past, and Lethe-wards had sunk:
'Tis not through envy of thy happy lot,
   But being too happy in thine happiness, --
         That thou, light-winged Dryad of the trees,
            In some melodious plot
Of beechen green, and shadows numberless,
   Singest of summer in full-throated ease.

8

Forlorn! the very word is like a bell
   To toll me back from thee to my sole self!
Adieu! the fancy cannot cheat so well
   As she is famed to do, deceiving elf.
Adieu! adieu! thy plaintive anthem fades
   Past the near meadows, over the still stream,
         Up the hill-side; and now 'tis buried deep
            In the next valley-glades:
Was it a vision, or a waking dream?
   Fled is that music:—do I wake or sleep?

주

One minutes past: = One minute ago.

That: = Because.

bell: 조종(弔鐘). 공상에서 현실로 돌아오는 것을 죽음으로 보고 이를 알리는 조종이라는 표현을 사용함.

sole: = solitary, lonely.

1

내 가슴은 쑤시고, 졸리게 하는 마비가 내 감각에
  고통 주는구나, 마치 잠시 전 독 당근을 마시거나
어떤 감각을 무디게 하는 아편을 찌꺼기까지 다 마셔
  망각의 강 쪽으로 가라앉은 듯이.
이는 너의 행복한 신세를 시샘해서가 아니라
  너의 행복이 너무 행복해서 -
    가벼운 날개 가진 나무의 정령인 네가
      푸른 너도밤나무의
어느 선율적인 곳에서, 헤아릴 수 없는 그늘에서,
  목청 높여 편안하게 여름을 노래하기 때문에,

8

쓸쓸하다! 바로 이 말은 조종(弔鐘)처럼
  나를 너로부터 나 자신에게로 돌아오게 하는구나.
그럼 안녕! 사람 속이는 요정인 공상은
  그 명성만큼 잘 속이지는 못하는구나.
잘 가라! 잘 가라! 너의 구슬픈 노래는 사라진다.
  가까운 목장을 지나, 고요한 시내 위로,
    저 언덕 위로, 그리고 이제는 깊이 묻혀 버렸다.
      그 다음 골짜기의 숲 속에.
이것은 환상이냐, 아니면 백일몽이냐?
  사라졌다 그 음악. 나 지금 깨어나는가 자고 있는가?

해설

이 시에서 시인은 나이팅게일의 울음소리를 들으면서 남국의 환락의 향취가 떠도는 포도주에 취해 남몰래 이 세상에서 사라져 버렸으면 하고 바란다. 나이팅게일은 변화하고 쇠퇴할 수밖에 없는 현실 세계로부터의 도피를 상징한다. 하지만 마지막 8연에서 시인의 의식은 다시 시간이 지배하는 현실 세계로 돌아온다.

ⓑ 다음은 「그리스 항아리에 부치는 송시」(“Ode on a Grecian Urn”, 1820) 중 1연과 5연이다.

1

Thou still unravished bride of quietness,
    Thou foster child of silence and slow time,
Sylvan historian, who canst thus express
  A flowery tale more sweetly than our rhyme:
What leaf-fringed legend haunts about thy shape
  Of deities or mortals, or of both,
    In Tempe or the dales of Arcady?
  What men or gods are these? What maidens loath?
What mad pursuit? What struggle to escape?
  What pipes and timbrels? What wild ecstasy?

5

O Attic shape! Fair attitude! with brede
  Of marble men and maidens overwrought,
With forest branches and the trodden weed;
    Thou, silent form, dost tease us out of thought
As doth eternity; Cold Pastoral!
  When old age shall this generation waste,
    Thou shalt remain, in midst of other woe
  Than ours, a friend to man, to whom thou say’st,

"Beauty is truth, truth beauty," --that is all
Ye know on earth, and all ye need to know.

주

sylvan historian: 나무와 이를 배경으로 많은 남녀와 목양신의 그림이 그려져 있으므로 '삼림의', 과거를 기록해 놓았으니 '역사가'이다.
leaf-fringed: 가장자리가 잎사귀로 장식된.
loth: = loath, unwilling.
Attic: 아테네가 위치한 이상적인 희랍의 한 지역으로 여기에서는 희랍을 지칭한다.
attitude: poise.
brede: braid, embroidery, carving.
tease us out of thought: 우리를 괴롭혀 생각에서 벗어나게 하다.
Cold Pastoral: 목가적 풍경이 조각된 차가운 항아리. 여기에서 '차갑다'고 한 것은 예술작품으로서 인간세계와 동떨어져 있기 때문이다.

1

그대, 아직도 더럽혀지지 않은 정숙의 신부여,
그대, 침묵과 느린 시간의 양자여,
삼림의 역사가여, 그대 꽃같은 이야기를
우리의 시보다 더 감미롭게 표현할 수 있구나.
무슨 가장자리 잎으로 꾸며진 전설이 그대 형체 주위에 떠도는가?
템페 혹은 아카디아의 골짜기에 있는
신들 혹은 인간들 혹은 둘 다의 전설인가?
이들은 어떤 남자들 혹은 신들인가? 어떤 처녀들이 꺼려하는가?
얼마나 미친 듯한 추격인가? 얼마나 도망치려 몸부림치는가?
무슨 피리며 북들인가? 얼마나 격렬한 황홀인가?

5

오 아티카의 형체여! 아름다운 자태여!
대리석 남자와 처녀들로 온통 장식되어 있구나.
숲의 나뭇가지와 짓밟힌 잡초와 함께.
그대 말없는 형상이여, 영원이 그렇듯
우리를 괴롭혀 생각에서 벗어나게 하는구나, 차가운 목가여!

노년이 이 세대를 황폐하게 할 때
　그대 우리와는 다른 비애 속에서
인간에게 친구로 남아, 인간에게 말하리라,
"아름다움은 진리고, 진리는 아름다움이다"고 --이것이
　　당신들이 이 세상에서 아는 전부이고, 알 필요가 있는 전부이다.

해설

그리스 항아리에는 디오니소스 축제 장면, 숨을 헐떡거리며 도망가고 이를 쫓아가는 젊은 연인들, 봄날 나무 밑에서 피리 부는 사람, 그리고 사제와 마을 사람들의 조용한 행렬 등이 새겨져 있다. 변화를 겪고 쇠퇴할 수밖에 없는 현실 속에서 영원성을 추구하던 시인은 처음 이 항아리 위에 그려진 상들이 영원히 아름다운 존재가 되었음에 매혹된다. 하지만 시인은 결국 항아리가 "하나의 차가운 전원화"에 불과하다는 생각에 이르게 된다.

ⓒ 다음 시는 「가을에게」("To Autumn", 1820)이다.

1

Season of mists and mellow fruitfulness,
　Close bosom-friend of the maturing sun;
Conspiring with him how to load and bless
　With fruit the vines that round the thatch-eves run;
To bend with apples the moss'd cottage-trees,
　And fill all fruit with ripeness to the core;
　　To swell the gourd, and plump the hazel shells
With a sweet kernel: to set budding more,
　And still more, later flowers for the bees,
Until they think warm days will never cease,
　　For Summer has o'er-brimmed their clammy cells.

2

Who hath not seen thee oft amid thy store?
  Sometimes whoever seeks abroad may find
Thee sitting careless on a granary floor,
  Thy hair soft-lifted by the winnowing wind;
Or on a half-reap'd furrow sound asleep,
  Drows'd with the fume of poppies, while thy hook
    Spares the next swath and all its twined flowers:
And sometimes like a gleaner thou dost keep
  Steady thy laden head across a brook;
  Or by a cyder-press, with patient look,
    Thou watchest the last oozings hours by hours.

3

Where are the songs of spring? Ay, where are they?
  Think not of them, thou hast thy music too, -
While barred clouds bloom the soft-dying day,
  And touch the stubble-plains with rosy hue;
Then in a wailful choir the small gnats mourn
  Among the river sallows, borne aloft
    Or sinking as the light wind lives or dies;
And full-grown lambs loud bleat from hilly bourn;
  Hedge-crickets sing; and now with treble soft
  The red-breast whistles from a garden-croft;
    And gathering swallows twitter in the skies.

주

sallows: willows.
borne: region.

1

안개와 무르익은 결실의 계절,
  성숙시키는 태양의 절친한 친구.

태양과 짜고 초가집 처마를 휘감고 도는 포도나무를
  열매 맺게 축복하며,
이끼 낀 오두막집 나무들을 사과로 구부러지게 하고,
  온갖 열매를 속속들이 익게 하고,
    박을 부풀리고, 개암 껍질을
달콤한 속살로 통통하게 하며, 늦게 피는 꽃들을
  꿀벌을 위해 더 많이 피게 하네.
꿀벌들이 따뜻한 날이 결코 그치지 않으리라고 여길 때까지,
    여름이 끈적끈적한 벌집을 넘쳐 나게 했기에.

2

누가 네 수확물 속에서 널 자주 보지 못했을까?
  때때로 집 밖에서 찾는 사람은 누구나 보았으리라,
곡식 창고 바닥에 태평스레 앉아
  키질하는 바람에 머리카락을 부드럽게 휘날리는 너를.
혹은 네 낫이 다음으로 벨 줄과 뒤엉킨 온갖 꽃들을
  남겨 두고 있을 동안 양귀비 향기에 졸려,
    반쯤 벤 이랑에서 깊이 잠든 너를.
그리고 가끔 넌 이삭 줍는 사람처럼
  짐을 인 머리를 개울 너머로 가만히 두고 있다.
  혹은 사과즙 틀 옆에서 참을성 있는 표정으로
    너는 지켜본다 마지막 방울들을 매 시간마다.

3

봄의 노래는 어디 있는가? 그래, 어디 있는가?
  그것에 대해 생각지 말라, 너에게도 네 음악 있으니 -
줄무늬 구름들이 부드럽게 저물어 가는 석양을 꽃피워,
  그루터기 들판을 장미 빛으로 물들이는 동안.
그때 구슬픈 합창으로 작은 각다귀들이 슬프게 노래한다
  강 가 버드나무 사이에서, 가벼운 바람이 일거나 사라짐에 따라
    높이 떠오르거나 가라앉으면서.
또한 다 자란 양들이 언덕배기에서 요란스레 매애매애 울고,
  여치들이 노래한다, 그리고 이제 부드러운 고음으로

방울새가 채마밭에서 울고,
무리지은 제비들이 하늘에서 지저귄다.

해설

이 시에서 가을은 "곡물 창고 바닥에 태평스레 앉아, 키질하는 바람에 머리칼을 부드럽게 휘날리는" 추수일 하는 사람의 모습으로 의인화된다. 키이츠는 삶과 죽음, 즐거움과 불유쾌함을 서로 떼어놓을 수 없는 것으로 봄으로써 현실을 있는 그대로 받아들이는 태도를 견지한다.

(2) 소설

① 고딕소설

고딕소설이 출현한 배경에는 18세기에 시작해서 19세기에 번창한 '중세회귀'라는 건축 상의 고딕 부흥운동이 있다. 고딕은 원래 게르만 민족의 일부 부족을 지칭했는데 후에 '중세기'를 의미하게 되었고, 중세에 대한 관심의 고조는 고딕 소설을 낳았다. 또한 감상주의가 확산되면서 이성으로 설명할 수 없는 신비하고 초자연적인 미지의 영역을 탐구하려 했던 것도 고딕소설이 생겨난 배경이다. 고딕소설가들은 중세 시대의 음산한 성곽을 중심으로 유령이 출몰하는 초자연적인 현상을 묘사하여 공포를 유발했다. 억압되었기에 낯설고 두려우면서도 다른 한편으로는 매혹적인 것의 회귀라는 주제가 고딕소설에서 자주 다루어진다. 고딕소설은 호레이스 월폴(Horace Walpole, 1717-1797)의 『오트랜토의 성』(*The Castle of Otranto*, 1764)을 필두로 하여 1800년경에 절정에 이르렀다. 래드클리프(Anne Radcliffe, 1764-1823)의 『우돌프의 신비』(*The Mysteries of Udolpho*, 1794)와 메어리 가드윈 셸리(Mary Godwin Shelley, 1797-1851)의 『프랑켄슈타인』(*Frankenstein,* 1818)도 고딕소설이다. 18세기 이성적 계몽주의의 한계를 넘어서는 인간 본성의 신비적, 비이성적, 파괴적 영역을 재현했던 고딕소설은 19세기 초에 번성했다가 곧 사라졌다.

② 역사소설

역사소설은 역사에서 시간적, 공간적 배경과 인물 성격의 일부를 따온 소설이다. 18세기 말엽에 낭만주의가 발흥하기 시작하면서 등장했다. 역사소설은 먼 과거의 일이라서 그 윤곽이 흐릿해진 사건들이 취급될 수 있기 때문에 고딕소설과 마찬가지로 낭만적이라고 할 수 있다. 월터 스콧(Sir Walter Scott, 1771-1832)은 소설에 사실적인 소재인 역사를 도입한 역사소설의 창시자이다. 그의 소설 속 인물은 인위적인 가공의 인물이 아니라 주변의 실제 인물로 보일 만큼 사실적이다. 그는 과거의 역사적 사건을 치밀하고 정확하게 묘사하고 재현했다. 스콧의 역사소설은 배경이 된 시대의 풍속이나 일상생활 등을 묘사한 풍속소설과도 유사한 면이 있다. 1745년 실제 사건인 재코바이트(Jacobite) 반란을 소재로 한 『웨이벌리』(*Waverly,* 1814)와, 12세기 중세기의 영국을 배경으로 한 『아이반호』(*Ivanhoe*, 1820) 등의 작품이 있다.

(3) 낭만주의 시대의 드라마

18세기에 이어 낭만주의 시대에도 드라마 장르는 위축되었다. 1737년 시행된 바 드루리 레인(Drury Lane) 극장과 코벤트 가든(Covent Garden) 극장에서만 극을 공연할 수 있도록 한 '극 공연 사전허가제'가 1843년 철폐되기 전까지는 드라마가 발전할 수 있는 여건이 아주 열악했다.

이 시기에 쓰여 진 드라마 중 문학성이 있는 것은 바이런의 『맨프레드』(*Manfred*, 1817), 셸리의 『해방된 프로메테우스』(*Promentheus Unbound*, 1819)처럼 낭만주의 시인들이 쓴 것들이었다. 셸리의 『센시』(*The Cenci, A Tragedy, in Five Acts*, 1819)는 셸리가 죽고 나서도 한참 후에야 상연 되었다.

(4) 낭만주의 시대의 산문

당대 최고의 수필가로는 영국 수필문학의 전통을 확립했다고 평가받는 찰스 램(Charles Lamb, 1777-1834)과, 윌리엄 해즐릿(William Hazlitt, 1778-1830), 토마스 드퀸시(Thomas De Quincey, 1785-1859) 등이 있다. 이들은 18세기적인 인습에 반발하여 문체의 특이성과 개별성을 추구하였다. 1863년에 발표된 찰스 램의 『엘리아 수필집』(*Essays of Elia*, 1823)은 영국 수필 최고의 걸작으로 꼽힌다.

V 빅토리아 시대 (1837-1901)

1) 역사, 사회적 배경

빅토리아 시대는 빅토리아 여왕이 즉위한 1837년부터 세상을 떠난 1901년까지 60여년의 기간을 말한다. 빅토리아 여왕 시대에 영국은 대영 제국의 절정기를 맞이했다. 이는 18세기 후반 세계에서 가장 먼저 시작되어 빅토리아 여왕 즉위 무렵에 절정에 달했던 산업혁명에 힘입은 바 크다. 이전에는 대다수의 인구가 농업 관련 일을 했고 손수 물건을 만들었는데, 19세기 말엽에 이르면 산업혁명의 결과로 대부분의 물품이 공장에서 기계로 생산되었다. 또한 도시에 자리 잡은 공장에서의 일자리를 찾아 인구가 도시로 집중되는 현상이 생겨났다. 이 기간 동안에 런던의 인구는 2백만에서 6백만 명 이상으로 급격한 증가세를 보였다. 1851년에는 인구의 50%가, 1881년경에는 인구의 2/3가 도시에서 살았다.

빅토리아 시대에 유례없는 성장이 이루어졌던 배경은 기차와 기선 등의 운송수단의 발전이었다. 영국이 다량 소유한 석탄을 이용해 1804년부터 만들기 시작한 증기 기관차는 철도망을 신장시켰다. 1825년 첫 여객 철도가 개통된 후 1830년에는 산업혁명을 선도했던 맨체스터와 리버풀 사이에 철도가 놓였다. 1848년에 이르면 곳곳에 깔린 철도의 총 길이가 5천 마일에 이르렀고 이후에도 신속하게 확장되었다. 철도는 철 같은 다른 산업을 성장시키는 원동력이 되었고 운송을 혁명적으로 변화시켰다. 1815년 영국 해협을 횡단한 증기선은 해상 여행을 획기적으로 변화시켰고, 1838년에는 대서양에 기선이 왕복하게 되었다. 방직업을 포함한 제조업과 철강업을 위시한 제반 산업시설의 확대로 영국은 1830년대에는 세계의 공장이 되었고, 대량 생산된 물품을 해외에 수출해서 막대한 부를 축적했다.

산업 혁명은 경제 구조의 혁명적 변화를 가져왔을 뿐만 아니라 동시에 정치 구조도 크게 바꾸어 놓았다. 농경사회를 기반으로 하는 귀족과 지주 지배 체제가 무너지고 산업화를 기반으로 한 신흥 중산계층이 자본가로 부상해서 세력을 확대해 나갔다. 이는 1832년 제1차 선거법 개정안(Reform Bill)과 1867년의 제2차 개정안으로 중산층과 노동자 계층에까지 선거권을 부여하는 민주주의의 대 진전을 가져왔다.

산업혁명으로 인한 생산시설의 기계화로 대량 생산된 공산품을 수출하기 위한 시장 확대가 필요하게 되었고 이는 저개발국에 대한 식민지 건설로 이어졌다. 가령 최고 품질의 면 생산국이었던 인도를 1858년 영국령으로 만들어 영국에서 기계로 대량 생산한 면제품을 수출했다. 중국 청나라를 상대로 한 제1차 아편전쟁(1840-1842)과 제2차 아편 전쟁(1856-1860)을 통해 영국은 시장을 크게 확대했다. 이 밖에도 미국, 오스트레일리아, 뉴질랜드, 캐나다, 아프리카 대륙에 이르기까지 식민지를 건설하여 영국은 역사상 가장 강력한 제국주의 국가가 되었다. 이 과정에서 증기기관을 활용한 엔진을 장착한 상선의 역할은 지대했다. 빅토리아 여왕이 사망할 즈음 대영제국은 넓이로는 1100만 제곱마일(지표 면적의 20%), 인구는 4억 명(당시 전 세계 인구의 25%)에 이르렀다. 영국은 대량 생산한 자국의 상품을 식민지에 수출했고 거기에서 거둔 이익금을 다시 해외에 투자해서 막대한 부를 창출해낼 수 있었다.

빅토리아 시대에는 자유방임주의의 부작용으로 빈부격차와 농촌의 해체, 열악한 노동환경 등이 사회문제로 대두되었다. 19세기 중반에 등장한 진화론과 천문학, 지질학 등 과학의 도전, 그리고 공리주의의 공격 등으로 종교는 수세에 몰리게 되었다. 그리하여 19세기는 유례없는 번영과 안정의 시기이면서 동시에 극심한 갈등과 회의의 시기이기도 했다. 사람들은 물질적 번영을 누리면서도 정신적으로는 불안한 시대를 살았다.

(1) 초기 빅토리아 시대 (1837-1848)

이 시기에는 산업혁명의 결과로 인한 영국사회의 급격한 변화로 각종 사회문제가 야기되었다. 공업화가 이루어지면서 농촌 인구의 도시 집중화가 일어났고, 이에 따른 부작용으로 도시 공장 지역은 매연과 악취로 뒤덮인 비위생적인 장소로 변했다. 아동 노동을 포함하여 노동자에 대한 인권 유린도 심했다. 이런 상황에서 개혁을 요구하는 목소리가 커졌고 이로 인한 갈등으로 극심한 혼란이 뒤따랐다. 1832년 제1차 선거법 개정으로 시골 지주들이 지명한 사람을 선출할 수 있었던 부패선거구(rotten boroughs)가 폐지되어 보수적인 지주들이 오랫동안 향유했던 권력의 독점이 무너졌다. 대신 인구가 많은 북부 신흥 산업 도시의 의석수가 늘어, 생산업자들로 구성된 도시의 중간계층이 선거권(franchise)을 갖게 되었고 그 결과 의회에서 강력한 여러 개혁적 조치들이 취해졌다. 여성과 아동의 노동시간을 제한하는 공장법(Factory Law, 1833), 빈민가의 위생 상태를 개선하기 위한 빈민법(Poor Law, 1834)이 제정되었다. 그럼에도 사회 전반적으로 빈부격차는 더 벌어졌다. 이러한 영국의 상황을 디즈레일리(Benjamin Disraeli, 1804-1881)는 소설 『시빌』(*Sybil*, 1845)에서 부자와 빈자, 자본계급과 노동계급, 대 공장주 및 상인과 임금노동자로 양분된 '두 개의 국가'(The Two Nations)라고 불렀다. 여전히 열악한 노동조건에 시달리던 노동자들은 경제 불황이 극심해지고 식량 가격이 치솟자 투쟁에 나섰고, 이는 차티스트(Chartist) 운동으로 절정에 이르렀다. 차티스트 운동은 1830년대부터 도시의 노동자들이 선거권 확대, 선거법 개정, 곡물법 폐지 등을 요구하며 벌인 청원운동이다. 그 결과 1838년 인민헌장이 선언되었다. 차티스트 운동은 1840년대 노동계층의 생활 여건 개선으로 불만이 감소됨으로써 1848년 대행진을 끝으로 사라지게 된다.

1840년대는 극심한 불경기의 시대였고 '굶주린 1840년대'(Hungry 1840)로 일컬어진다. 실업, 저임금, 높은 곡물가로 인한 생활고 때문에 언제라도 폭동이 일어날 것 같은 험악한 분위기가 팽배했다. 1846년 정부는 수입 곡물에 대해 높은 관세를 매겨왔던 곡물법(Corn Law)을 폐지하여 비정상적으로 높은 국내의 곡물 가격을 내림으로써 위기를 넘겼다. 곡물법 폐지를 계기로 자유무역에의 길을 열었고 이 결실이 중기의 번영으로 이어진다. 마침 경기가 호전되어 혼란을 수습할 수 있게 되고, 그 후 점차 안정을 찾아가게 된다. 하지만 심화된 빈부 양극화의 여파로 1848년에는 마르크스(Karl Marx, 1818-1883)와 엥겔스(Friedrich Engels, 1820-1895)가 공동 집필한 『공산당 선언』(*The Communist Manifesto*)이 출판되었다.

(2) 중기 빅토리아 시대 (1848-1879)

이 시대는 영국이 세계에서 가장 강력하고 부유한 국가로 부상한 번영의 시대였다. 영국 사회가 농업사회에서 산업사회로, 귀족사회에서 상공인의 사회로 대전환을 이룬 것도 이 시대였다. 특히 1850년대는 산업의 발달이 가져온 번영 속에서 끝없는 진보를 낙관하는 시대였다. 1851년 런던의 거대한 유리 건물인 수정궁에서 개최된 세계 최초의 대 박람회(Great Exhibition)는 산업혁명으로 이룩한 근대공업의 산물을 전시하면서 영국의 앞선 공업과 기술력을 전 세계에 과시했다. 이 시기에 영국은 산업혁명을 가장 먼저 시작한 국가로서의 우월한 기술력과 자본을 바탕으로 수출의 급격한 증가, 해외 투자, 호주 등 식민지로의 이민을 통해 세계의 시장을 선점했으며 대영제국으로서의 위상을 확립했다. 1857년에는 인도 정부로부터 동인도 회사를 넘겨받아 인도를 다스렸다. 그간 자국 산에 대해서는 낮은 관세를, 타국 산에 대해서는 높은 관세를 매겨 보호무역을 펼쳐왔던 영국은 해외무역을 장악하며 자신감을 얻게 되자 글래드스턴(William Gladstone, 1809-1898)의 관세 개혁 등으로 국가 간에 관세를 없애거나 최소화하는 자유무역 정책을 실시했다. 이후 세계무역은 영국이 주

산업혁명 때의 영국도시

산업혁명 때의 영국공장

도하는 자유무역체제로 진행되고 대영 제국은 전성기를 맞았다. 중기 빅토리아 시대의 번영은 1873년에 그 절정에 달했다. 당시 영국은 전 세계의 공장이며 런던은 전 세계의 은행이라고 해도 과언이 아니었다.

1868년에는 제2차 선거법 개정을 통해 도시 임금 노동자에게 선거권이 주어졌다. 빅토리아 시대 영국에서는 인구의 80%가 노동계층이었다. 그들은 선거법 개정 운동과 활발한 노동조합 운동을 전개하면서 무시할 수 없는 정치 세력이 되었으나 혁명을 일으키는 등의 과격한 행동을 하지는 않았다. 1870년에는 기혼여성재산권법이 시행되었고, 1872년에는 비밀투표가 도입되었다.

1875년 수상 디즈레일리(Disraeli, 1804-1881)는 1870년에 개통되었던 수에즈 운하 관리 회사의 주식을 사들였다. 수에즈 운하는 영국과 인도를 연결하는 통로로서 전략적 중요성을 갖고 있었기 때문이다. 1876년 빅토리아 여왕을 '인도의 여왕'(Empress of India)으로 선포하는 법령이 의회에서 통과되어 여왕은 1877년부터 1901년까지 영국 군주로서는 최초로 인도 제국의 황제로 군림하였다. 이렇게 하여 이 기간 동안 영국은 한때 전 세계 땅의 1/4를 소유하며 '해가 지지 않는 나라'로 불릴 만큼 군사적, 정치적, 경제적으로 패권을 갖는 거대한 대영제국을 수립할 수 있었다.

빅토리아 전기에 시작된 종교와 과학 간의 논쟁은 1859년 찰스 다윈(Charles Darwin, 1809-1882)이 『종의 기원』(*On the Origin of Species*)에서 성서적 창조설을 부정하고 생물의 진화론을 내세움으로써 본격적으로 불이 붙었다. 『종의 기원』은 형식적이나마 전통적인 신앙을 받아들이고 교회의 권위에 복종하던 당대 사회에 큰 충격을 던져 주었으며 이로 인해 그 이전까지 유지되어 온 빅토리아조의 질서와 안정감은 혼돈과 불확실성으로 바뀌게 되었다. 진화론과 창조

론간의 논쟁을 불러일으킨 생물학 뿐 아니라 지질학과 천문학 등의 과학의 발전 또한 전통적으로 별 의구심 없이 간직해온 종교에 회의를 불러일으켰다. 가령 칼라일(Thomas Carlyle, 1795-1881)은 『의상철학』(*Sator Resartus*, 1831)에서 기독교는 낡은 옷에 불과한 낡은 종교라고 선언했다.

(3) 후기 빅토리아 시대 (1880-1901)

영국의 번영은 1880년경부터 기울기 시작했다. 진보와 팽창이라는 빅토리아조의 시대적 이데올로기 또한 서서히 쇠퇴하여, 빅토리아조 중기의 희망과 확신의 분위기는 세기말에 환멸로 바뀌었다. 1884년에는 제3차 선거법 개정으로 농민과 광부들도 선거권을 부여받게 되었다. 노동자들은 점점 더 큰 불만의 목소리를 내고 조직적으로 움직이기 시작했으며 그 결과 1900년에는 노동당이 창당되었다. 경제적 상황 면에서도 변화가 일어났다. 이 시기에 중화학 공업으로의 전환이 늦었던 영국은, 전반적인 공업의 기반을 다져온 비스마르크(Bismarck, 1815-1898)의 독일과 미국에 견주어 이제 더 이상 확실한 우위를 점하지 못하게 된다. 러시아, 스웨덴, 이태리, 일본까지 산업화를 이룬 19세기 말에 이르면 영국의 경제는 상대적으로 위축된다. 1870년대에는 농촌에도 위기가 닥친다. 흉작으로 인해 농업 불황을 겪게 된 데다 해외로부터 들어온 값싼 곡물과 양모로 인해 가격 경쟁력을 잃게 되었고 그 결과 농민들이 일용노동자로 전락하거나 도시로 이주하여 빈민이 된 것이다.

1890년대는 영국의 산업과 제국주의에 대한 도전도 최고도에 달했고, 세기말(fin de si cle 혹은 end-of-century)의 징조가 사회 전반에 나타났다. 1890년대의 유미주의(또는 데카당스)는 도덕적 진지성이라는 빅토리아조의 가치를 조롱하며 미와 쾌락을 추구했다. 이렇게 '빅토리아 주의'(Victorianism)라고 불리는 빅토리아조의 가치들 즉 진지함, 점잖음, 근면, 성실, 검약 정신이 점차로 쇠퇴하게 된다. 특히 빅토리아조 신사의 이상적인 미덕으로 여겨졌던 진지함과 점잖음은 이제 위선과 이중성으로 비판되었다. 와일드(Oscar Wilde, 1854-1900)는 『진지함의 중요성』(*The Importance of Being Earnest*, 1895)에서 말장난을 통해 진지함을 풍자했다. 요컨대 1890년대는 빅토리아 시대의 전통적 가치관이 무너지면서 현대 모더니즘 시대로 옮겨가는 전환기였다.

2) 종교에의 회의, 공리주의, 복음주의

빅토리아조는 낙관론과 비관론, 이상주의와 회의주의 등의 상반되는 이념이 공존하는 혼란과 갈등의 시기였다. 낙관론은 산업의 눈부신 발전, 철도의 신속한 발달, 공장의 기계화 등 물질적 발전에 기반을 둔 것이었다. 다른 한편 과학 문명의 발달은 종교와 신앙심에 회의를 불러일으켰다. 이 시대 사람들은 엄청나게 빠른 변화의 속도에 경탄하면서도 당혹스러워 했고, 진보를 낙관하면서도 회의를 품고 있었다.

지질학과 생물학 분야에서의 여러 발견, 그 중에서도 『종의 기원』을 발표한 다윈의 진화론은 창조설을 신봉하며 교회의 권위에 복종하던 당대 사회에 큰 충격을 주었다. 진화론에 의하면 인간은 만물의 영장이기보다는 긴 세월 진행되어 온 진화사에서 다른 종들과 마찬가지로 적자생존의 원칙에 따르는 하나의 종에 불과하다. 인간을 왜소하게 만든 천문학적 발견들과 지질학도 기독교의 인간관과 정면으로 배치되는 것이었다.

과학의 발견 못지않게 종교에 위협이 되고 빅토리아조에 큰 영향을 끼친 것은 제레미 벤덤(Jeremy Bentham, 1748-1832)의 공리주의(Utilitarianism)이다. 공리주의는 '최대 다수의 최대 행복'을 주장한다. 공리주의에 따르면 각 구성원의 이익의 총계가 곧 공동체의 이익이다. 그러므로 각 개인의 이익을 최대화하면 사회 전체의 이익은 저절로 극대화된다. 물론 공리주의는 긍정적인 면을 갖고 있었다. 전근대적인 비효율과 악습을 개혁하여 영국이 근대사회로 나아가게 하는데 일정 부분 기여했기 때문이다.

그러나 공리주의는 유용성 및 효용이라는 단순한 척도를 복잡한 인간 삶의 모든 활동에 무차별적으로 적용하여 수량화할 수 없는 인간적인 가치인 종교, 사랑, 양심, 정의 등을 추상화함으로써 이들의 본뜻을 잃게 하는 부정적인 결과를 낳았다. 공리주의자들에게 전통 종교는 미신에 불과했다. 또한 공리주의는 자유방임과 결합되면서 중산층이 무제한으로 이윤을 추구할 수 있는 이론을 제공해주었다. 공리주의의 또 하나의 문제점은 노동자 계층이 '최대 다수의 최대 행복'에서 배제된 채 비참한 생활을 하는 것과 다수의 행복을 위하여 소수의 권리가 희생되는 것을 이론적으로 정당화해 주었다는 점이다.

19세기에 급부상한 계층은 중간계층이었다. 특히 19세기 중엽은 공장제가 굳건히 자리 잡기 시작하고 산업화의 진행과 함께 자본주의적인 생활 방식이 급속히 퍼져가는 가운데 계급과 재산이 우선적인 가치로 부상하던 시기였다. 부와 권력이 토지를 소유하고 있는 귀족 계급에게 편중된 농업위주 사회로부터 대규모의 공장을 운영하는 기업가들이 중심이 되는 근대적 산업국가로 탈바꿈하는 과정에서 중간계층이 급부상했다. 중간계층은 전통 토지 소유 계층인 귀족이나 일정 토지를 계승해온 젠트리 계층에는 속하지 못했지만, 토지가 아닌 다른 기반 즉 금융, 산업, 언론 등을 통해 부를 축적하여 일정한 독립적 자산을 보유하고 있었다. 중간계층은 젠트리와 함께 양모 공업, 철 공업, 광공업의 자본가로 또한 무역에 종사하기도 하는 산업자본가로 부상하면서 그 세력을 확대해 갔다.

중간계급은 자립과 자조를 기반으로 하는 개인주의를 추구하여 부의 증대를 통한 신분상승을 이뤄낸다. 그들은 처음에는 지주층인 귀족이나 젠트리의 문화와 가치 그리고 생활 습관을 모방하려 했지만 점차 전통에 얽매이지 않고 자신들만의 문화와 가치를 추구해가면서 귀족이나 젠트리와 구별되는 그 나름의 정체성을 확립해갔다.

중간계급은 영국의 사회 규범을 확립하는 데에도 핵심적인 역할을 했다. 그들은 가정에서의 어머니의 역할을 강조하면서 가정적임(domesticity)을 중요한 덕목으로 내세웠다. 또한 중간계급은 예법에 맞는 행동양식을 의미하는 점잖음(respectability)이라는 외적 척도를 중시하며 이것에 의거하여 자신과 타인을 평가했다. 그런데 점잖음이라는 잣대는 근면, 성실과 같은 내적 가치를 표방하는 청교도적 정신과 혼합되어 있고, 이 청교도적 도덕률은 19세기 빅토리아조 정신이라 할 수 있는 복음주의(evangelism)에 귀착된다.

18세기 존 웨슬리의 종교적 열정과 갱신운동에서 시작된 복음주의는 모든 열성적인 개혁정신을 지칭하는 말로 확대되었고 저교회파와 연관된다. 하지만 고교회파 존 헨리 뉴먼(John Henry Newman)을 중심으로 1830년대와 1840년대에 시작된 '옥스퍼드 운동'(Oxford Movement 또는 Tractarianism)도 광의의 복음주의에 포함된다. 영국 국교회 내의 지나친 프로테스탄티즘에 반대하여 가톨릭주의 전통을 강조한 '옥스퍼드 운동' 또한 신앙 쇄신운동으로서 신앙에 따른 실천을 강조했기 때문이다. 이 운동의 주도자들은 고교회파(High

Church)를 옹호하는 일련의 소논문(tract)을 발표함으로써 일반 대중에게 호소하는 전략을 구사했기 때문에 이 운동은 '트랙태리어니즘'(Tractarianism)이라고도 불린다. 사회개혁에 대한 복음주의적 관심은 도덕적 진지성(moral earnestness)의 원천이 되었다.

3) 문학

빅토리아조는 민주화, 다원화되는 시대였기 때문에 문학가들은 문학과 예술의 기능에 대해 공통된 합의를 이룰 수 없었고 시인과 소설가는 저마다 다양한 형식을 실험하였다. 그럼에도 불구하고 이 시대 문학가들은 당시 사회의 제반 문제를 나름대로 진단하여 그 해법을 찾아내려 했고, 작품 속에서 활발하게 그 문제에 대해 발언을 했으며 그럼으로써 독서대중을 계도하려 했다. 이러한 진지성은 진지함, 성실함, 의무 수행을 중요시했던 빅토리아조의 가치관과 통하는 것이다.

(1) 빅토리아 시대 시

빅토리아조 시인들은 낭만주의 시인들의 영향을 받아 다양한 시 형식을 실험했다. 이 시기에 가장 큰 영향력을 행사한 낭만주의 시인은 키이츠였는데, 특히 테니슨이 키이츠의 영향을 많이 받았다.

빅토리아 시대를 대변하는 대표적인 세 시인은 테니슨(Alfred Tennyson, 1809-1892), 아놀드(Matthew Arnold, 1822-1888), 브라우닝(Robert Browning, 1812-1889)이다. 이들은 시대적 환경 속에서 정신적 불안과 회의를 경험했고 그러한 감정이 그들의 시에 나타나 있다.

빅토리아조 후기에는 빅토리아조의 가치와 기준들이 무너지면서 세기 말의 정서를 표현하는 시들이 등장했다. 쾌락주의나 유미주의는 빅토리아조의 엄격함과 진지함에 대한 반발이었다. 유미주의는 19세기 말 유럽에서, 산업화 시대의 추악한 속물근성이나 부르조아 가치에 대한 반발로 시작되었다. 예술은 예술 그 자체의 아름다움만을 위해 존재한다는 것이 그 신조이다. 다른 한편 홉킨스(Gerald Manley Hopkins, 1844-1888)는 19세기에 태어나서 작품 활동을 시작했음에도 낭만주의 시인들이나 빅토리아조 시인들의 전통을 따르지 않았다. 오히려 그의 시는 20세기의 현대시에 더 가깝다.

① 알프레드 테니슨

테니슨은 개인적 미의 비전을 추구한 낭만주의 서정 시인이었다. 그는 주로 과거를 예찬하는 감상적이고 회상적인 시를 썼지만, 종교 문제나 진화론 등 당시의 현안에 대해 발언하면서 사회를 계도하는 데에도 관심이 많았다. 1850년에는 계관시인으로 임명되고 기사 작위까지 받는 등 영광스런 삶을 살았다. 탁월한 언어감각을 지녔기에 그의 시에서는 감미로운 음악성이 느껴진다.

테니슨의 장시인 「추도시편 A. H. H」(“In Memorium A. H. H.”, 1850)는 절친한 친구이자 그의 여동생의 약혼자였던 아서 헨리 핼럼(Arthur Henry Hallam)의 죽음을 애도하여 쓴 비가(elegy)이다. 핼럼의 갑작스런 죽음에 크게 상심한 테니슨은 이 시를 통해 인생과 죽음, 종교적 불안과 영생에 대한 믿음을 이야기한다. 이 시에는 종교와 과학의 갈등이 나타나는데, 과학을 불신하고 신의 인도를 바라는 시인의 태도가 나타나 있다.

다음은 그의 서정시 「부서져라, 부서져라, 부서져라」(“Break, Break, Break”, 1842)이다.

Break, break, break,
  On thy cold gray stones, O Sea!
And I would that my tongue could utter
  The thoughts that arise in me.

O, well for the fisherman's boy,
  That he shouts with his sister at play!
O, well for the sailor lad,
  That he sings in his boat on the bay!

And the steady ships go on
  To their haven under the hill;
But O for the touch of a vanished hand,
  And the sound of a voice that is still!

Break, break, break,
  At the foot of thy crags, O Sea!
But the tender grace of a day that is dead
  Will never come back to me.

주

O, well for: ~이면 얼마나 좋을까.
That: ~ 할 수 있으므로.

부서져라, 부서져라, 부서져라,
  차가운 잿빛 바위에, 오 바다여!
내 안에서 떠오르는 생각들을
  내 혀로 표현할 수 있으면 좋으련만!

아, 어부의 아들은 얼마나 좋을까.
  누이와 함께 놀며 소리치네!
아, 젊은 뱃사공은 얼마나 좋을까.
  포구에 들어선 배에서 노래하네!

장엄한 배들은 나아가네
　언덕 아래 항구를 향해서;
그러나 오, 사라진 손길의 감촉이여,
　잠잠해진 목소리여!

부서져라, 부서져라, 부서져라,
　네 거친 절벽 발치에, 오 바다여!
그러나 가버린 날의 다정한 은총은
　다시는 내게 돌아오지 않으리.

해설

이 시에는 친구를 상실한 비애감과 허전함이 깃들어 있다. 친구를 잃고서 슬픔에 잠긴 시인이 보기에 어부의 아들, 젊은 뱃사공, 큰 배들은 거리낌 없이 자유롭고 즐겁다. 바다의 파도 또한 거침없이 자유롭다. 시인은 핼럼이 죽음을 맞이한 바다를 상상하면서 부서지는 파도처럼 그의 가슴 아픔도 부서져 사라지기를 바란다.

② 로버트 브라우닝

브라우닝은 낙천적이고 정력적인 시인이었는데, 그의 낙천주의와 에너지는 빅토리아 시대의 한 특성이었다. 브라우닝은 테니슨이나 아놀드와는 다른 면에서 이 시대의 전형적인 시인이다. 아름다운 시어와 운율을 사용한 테니슨과는 달리, 그는 대담한 구어체의 스타일과 거칠고 파격적인 운율을 구사했다. 테니슨의 시가 섬세하고 우울한 데 비해 브라우닝의 시는 선이 굵고 기운이 넘친다.

빅토리아 시대에는 시에서도 다양한 형식상의 실험이 이루어졌다. 화자의 서술을 통해 이야기가 전달되는 설화시(narrative poem)가 그 대표적인 예이다. 그중에서도 특히 브라우닝은 주로 시인 자신의 감정을 직접 토로한 동시대 시인들과는 달리, 제 3의 화자를 등장시켜 말하게 하는 극적 독백(dramatic monologue)의 기법을 확립했다. 브라우닝이 사용한 극적 독백은 특정한 상황과 시간을 배경으로 하여 화자가 가상의 청자에게 대화를 하는 드라마 형태를 띤다. 청자는 직접 말을 하지는 않지만 화자 옆에서 직접 그의 말을 듣고 있음이 화자의 언급을 통해 시사된다. 화자는 청자에게 자신을 정당화하려 하는 가운데 아이러니컬하게도 자신의 동기나 성격상의 문제점을 본의 아니게 드러낸다. 이를 통해 브라우닝은 화자의 성격을 생생하게 그려내는 가운데 인간 행동의 복잡한 심리적 동기들을 함축적으로 드러낸다. 다음은 「내 전처 공작부인」("My Last Duchess", 1842)이다.

That's my last Duchess painted on the wall,
Looking as if she were alive. I call
That piece a wonder, now: Frà Pandolf's hands
Worked busily a day, and there she stands.
Will 't please you sit and look at her? I said
'Frà Pandolf' by design, for never read
Strangers like you that pictured countenance,
The depth and passion of its earnest glance,
But to myself they turned (since none puts by
The curtain I have drawn for you, but I)
And seemed as they would ask me, if they durst,
How such a glance came there; so, not the first
Are you to turn and ask thus. Sir, 't was not
Her husband's presence only, called that spot
Of joy into the Duchess' cheek: perhaps
Frà Pandolf chanced to say, 'Her mantle laps
Over my lady's wrist too much,' or 'Paint
Must never hope to reproduce the faint
Half-flush that dies along her throat:' such stuff
Was courtesy, she thought, and cause enough

For calling up that spot of joy. She had
A heart -- how shall I say? -- too soon made glad,
Too easily impressed; she liked whate'er
She looked on, and her looks went everywhere.
Sir, 't was all one! My favour at her breast,
The dropping of the daylight in the West,
The bough of cherries some officious fool
Broke in the orchard for her, the white mule
She rode with round the terrace -- all and each
Would draw from her alike the approving speech,
Or blush, at least. She thanked men, -- good! but thanked
Somehow -- I know not how -- as if she ranked
My gift of a nine-hundred-years-old name
With anybody's gift. Who'd stoop to blame
This sort of trifling? Even had you skill
In speech -- (which I have not) -- to make your will
Quite clear to such an one, and say, 'Just this
Or that in you disgusts me; here you miss,
Or there exceed the mark' --and if she let
Herself be lessoned so, nor plainly set
Her wits to yours, forsooth, and made excuse,
-- E'en then would be some stooping; and I choose
Never to stoop. Oh, sir, she smiled, no doubt,
Whene'er I passed her; but who passed without
Much the same smile? This grew; I gave commands;
Then all smiles stopped together. There she stands
As if alive. Will 't please you rise? We'll meet
The company below then. I repeat,
The Count your master's known munificence
Is ample warrant that no just pretence
Of mine for dowry will be disallowed;
Though his fair daughter's self, as I avowed
At starting, is my object. Nay, we'll go

Together down, sir. Notice Neptune, though,
Taming a sea-horse, thought a rarity,
Which Claus of Innsbruck cast in bronze for me!

주

never -but -: --하면 반드시 --한다.

저 벽화는 내 전처의 초상화입니다.
살아 있을 때 모습 그대로지요.
걸작입니다. 판돌프 수사가 하루 동안
부지런히 손을 움직인 덕에 저 모습이 그려졌지요.
여기 앉아 보시지요. 나는 일부러 판돌프 수사라는 말을 했소.
선생처럼 이 그림을 처음 보는 손님들은 저 그림 속의 얼굴,
저 애틋한 시선의 깊이와 열정을 이해하지 못해서,
으레 내게, (나 아니고는 그 누구도 내가 당신을 위해
하듯 커튼을 걷어 올릴 수는 없기 때문에) 감히 할 수 있다면,
어떻게 저런 시선이 나타나게 되었는지 묻고 싶어 했소.
그러니 나를 향해 그렇게 물어보는 사람이 당신이 처음은 아니라오.
선생, 공작부인 뺨의 저 홍조는 남편 앞에서만 떠오른 것은 아니었소.
판돌프 수사가 우연히 별 뜻 없이,
"공작부인의 망토가 손목을 너무 많이 가리는데요"라거나,
"그림으로는 목 언저리를 따라 사라지는 엷은 홍조를 재현할
엄두도 못 내겠습니다"라고 하면, 그 말은 전처에게
의례적인 것으로 여겨지기는 했지만
기쁨의 홍조를 불러일으킬 충분한 이유가 되었지요.
전처는 뭐랄까 다정다감했지요. 너무 빨리 좋아하고,
너무 쉽게 감명을 받고, 바라보는 것은 무엇이든 좋아했어요.
눈길이 닿지 않은 데가 없었지요.
선생, 모두 다 똑 같았어요. 그녀의 가슴에 단 내 정표나,
서쪽으로 지는 저녁노을,
주제넘은 얼간이가 과수원에서 꺾어다 준 벚꽃 가지,
그녀가 타고 테라스 주변을 돌아다니던 흰 노새 - 그 모든 것들이

그녀로부터 똑같이 찬사를 받았거나
아니면 적어도 얼굴을 붉히게 했소.
그녀는 사람들에게 감사를 표했소. - 좋소! 그러나 어찌되었건 -
어떻게 그런지는 모르겠소만,
그녀는 900년 명망가의 자손인 나의 선물과
다른 이의 선물이 동급이나 되는 것처럼 굴었다오.
누가 이런 하찮은 일에 구차하게 토를 달겠소?
언변이 좋아서 - 난 언변이 좋지 않소만 - 이런 사람에게
당신의 의사를 분명하게 "당신의 이런저런 면들이 싫소,
이건 잘못했고 저건 도를 넘었오."라고 말할 수 있다 해도,
또한 그녀가 순순히 책망을 받아들여서
단호히 대들지 않고 사과를 한다 해도,
- 그렇더라도 그건 내게 체면 구기는 일이었을 것이오.
그래서 나는 결코 체면을 구기는 일은 하지 않기로 했소.
오 선생, 물론 그녀는 내가 옆을 지나갈 때마다 미소 지었소.
하지만 어느 누가 지나가며 똑같은 미소를 받지 않았겠소?
이런 일이 쌓여 갔고 나는 명령을 내렸소.
그래서 모든 미소가 딱 멈췄소.
저기 그녀가 마치 살아있는 듯 서있지요. 자 일어날까요?
아래층의 일행을 만나봅시다. 재차 말하지만
선생의 주인이신 백작이 통이 크기로 유명하니
결혼지참금에 대한 나의 정당한 요구가
절대로 거부되지 않으리라 확신한다오.
처음에 밝힌 대로 아름다운 따님이 내 목적이기는 하지만 말이오.
자, 함께 내려가십시다.
그런데 해마를 길들이는 넵튠 상을 보시오.
인스브룩의 클라우스가 청동으로 떠서 내게 준 진품이랍니다!

해설

이 시는 페라라(Ferrara) 공작이 가상의 청자인 중개인 앞에서 전처의 초상화를 가리고 있던 커튼을 뒤로 잡아 젖히는 극적인 순간을 포착하고 있다. 일방적으로 말을 시작한 공작은 초상화를 그려준 판돌프 수사

의 이야기를 하면서 서서히 아내의 결점을 밝힌다. 전처에 대한 불만을 늘어놓은 후 화자인 공작은 백작 딸과의 혼사문제로 화제를 바꾼다. 그는 천연덕스럽게 결혼의 목적이 백작의 따님 본인이라고 말한다. 하지만 공작이 제일 먼저 결혼 지참금을 언급한다는 점에서 이 말이 진심이 아님이 드러난다. 공작에게는 두 번째 결혼도 사랑이 아닌 소유욕을 충족시키기 위한 결혼이 될 것임이 시사된다. 화자인 공작의 극적독백 속에서 그의 성격과 공작부인의 성격, 그리고 공작부인의 죽음을 둘러싼 실상이 드러나는 점이 이 시의 묘미이다.

③ 매슈 아놀드

아놀드(Matthew Arnold, 1822-1888)는 박식하고 견문이 넓은 문필가이고 문화 및 사회에 대한 비평가였다. 삶에 대한 깊은 인식을 중시한 그에게 있어서 모든 문학의 목적은 인생비평이었다. 그는 시에서 병든 현대 사회에서의 소외된 개인을 다루면서 영국 사회의 문제점을 제기한다. 그의 시는 도덕적으로 진지하고 명상적이며, 우울과 불안이 스며든 애조를 띤다. 다음은 그의 대표시 「도버 해협」(“Dover Beach”, 1867)이다.

The sea is calm to-night.
The tide is full, the moon lies fair
Upon the straits-- on the French coast the light
Gleams and is gone; the cliffs of England stand,
Glimmering and vast, out in the tranquil bay.
Come to the window, sweet is the night air!

Only, from the long line of spray
Where the sea meets the moon-blanched land,
Listen! You hear the grating roar
Of pebbles which the waves draw back, and fling,

At their return, up the high strand,
Begin, and cease, and then again begin,
With tremulous cadence slow, and bring
The eternal note of sadness in.

Sophocles long ago
Heard it on the Aegean, and it brought
Into his mind the turbid ebb and flow
Of human misery; we
Find also in the sound a thought,
Hearing it by this distant northern sea.

The Sea of Faith
Was once, too, at the full, and round earth's shore
Lay like the folds of a bright girdle furled.
But now I only hear
Its melancholy, long, withdrawing roar,
Retreating, to the breath
Of the night wind, down the vast edges drear
And naked shingles of the world.

Ah, love, let us be true
To one another! For the world, which seems
To lie before us like a land of dreams,
So various, so beautiful, so new,
Hath really neither joy, nor love, nor light,
Nor certitude, nor peace, nor help for pain;
And we are here as on a darkling plain
Swept with confused alarms of struggle and flight,
Where ignorant armies clash by night.

주

hear: 지각동사로서 목적격 보어는 begin, cease, begin, bring이다.
3연의 thought: 바로 다음 연에 이 생각의 내용이 나온다.

the folds…furled: 육지의 해변이 잔잔한 파도로 잔주름 잡힌(furled) 바다에 둘러 싸여 있는 모습을 나타낸다.

darkling plain: 어두워지는 광야.

오늘밤 바다는 잔잔해요.
조수는 차 있고, 달은 곱게 누워 있어요
해협 위에; 프랑스 해안에선 불빛이
빛을 발하다 사라지고, 영국 쪽 절벽은 희미한 빛을 내며
거대하게, 평온한 만에 튀어나와 서 있어요.
창가로 와요, 밤공기가 달콤해요!

달빛으로 하얘진 육지와 바다가 만나는
긴 물보라 선으로부터,
들어봐요, 파도가 물러갔다가,
되돌아올 때 물가 높이 들어 올리는 자갈들이
부딪쳐 포효하는 소리가 들려올 뿐이오.
떨리는 느린 소리로,
시작했다가는 그치고, 그러다가 다시 시작하면서
영원한 애조를 자아내고 있어요.

소포클레스는 오래 전에
에게 해에서 이 소리를 듣고 마음속에
떠올렸어요. 인간 불행의
혼탁한 밀물과 썰물을. 우리도
먼 북쪽 바다에서 이 소리를 들으며
하나의 생각을 하게 되는군요.

신앙의 바다는
한때는 만조여서 지구의 해변을
겹겹이 접힌 반짝이는 띠의 주름으로 감쌌었지요.
그러나 이제 들리는 것은 단지
조수가 물러가는 우수 어린 긴 포효 소리.
밤바람의 숨결에 맞춰

광막하고 황량한 물가로,
알알이 드러난 조약돌 깔린 해변으로 물러가는 소리뿐이오.
아, 사랑하는 이여, 우리 서로 진실해져요!
그토록 다채롭고 그토록 아름답고 그토록 새로운 꿈의 나라처럼
우리 앞에 펼쳐져 있는 듯한 이 세계는
사실은 아무런 기쁨도 사랑도 빛도,
확실성도, 평화도, 고통의 해소도 없어요.
우리는 지금 어두운 전쟁터에 있는 것과 같아요.
상대를 분간 못하는 군대들이 밤에 충돌하여
싸우고 도망치는 혼란스러운 아우성에 휩쓸린.

해설

이 시는 자연적 명상시로서 워즈워드의 시와 유사한 면이 있다. 밀려왔다 밀려가는 파도 소리를 들으면서 불현듯 슬픔을 느낀 시인은 과거를 생각하는데, 이로써 역사적 문맥이 부여된다. 이와 함께 시인은 인간사의 고통에 대한 상념에 잠기고 시인의 시야는 인간 일반으로 확대된다. 이어 시인은 현재와 과거를 대비하며 현재의 상황을 조망한다. 이때 과거와 현재를 각기 의미하는 once와 now가 대비된다. 과거에는 넘치도록 가득 찼던 '신앙의 바다'가 지금은 썰물처럼 퇴각하듯 물러나고 그 뒤에는 황량한 자갈들이 깔린 해변만이 남겨졌음을 생각한다. 이는 확실한 목표도 없이 환멸 속에 방황하는 혼란스럽고 불안한 시대라는 생각으로 이어진다. 이러한 현재의 상황에서 우리 인간이 할 수 있는 것은 사랑하는 사람끼리 서로 진실 되게 대하는 진정한 인간관계라고 시인은 생각한다. 왜냐면 이 세상은 멋져 보이는 외양과는 달리 실제로는 어둡고 황량한 광야이기 때문이다. 이때 외양을 함축하는 seems와 실제를 함축하는 really라는 부사가 대비된다.

④ 제럴드 맨리 홉킨스

홉킨스는 비문법적 탈락과 도치, 압축과 생략, 구어체 문장의 도

입, 상이한 이미저리의 통합 등 다양한 실험을 한 시인이다. 홉킨스의 시는 주로 자연 속에 나타난 신의 영광스러운 모습을 찬양한다. 「신의 영광」(“God’s Grandeur”, 1877)과 「황조롱이 -우리 주 그리스도에게」(“The Windhover -To Christ Our Lord”, 1918)가 그 예이다. 다음은 「황조롱이」이다.

I caught this morning morning’s minion, king-
  dom of daylight’s dauphin, dapple-dawn-drawn Falcon, in his riding
  Of the rolling level underneath him steady air, and striding
High there, how he rung upon the rein of a wimpling wing
In his ecstasy! then off, off forth on swing,
  As a skate’s heel sweeps smooth on a bow-bend: the hurl and gliding
  Rebuffed the big wind. My heart in hiding
Stirred for a bird,—the achieve of; the mastery of the thing!

Brute beauty and valour and act, oh, air, pride, plume, here
  Buckle! AND the fire that breaks from thee then, a billion
Times told lovelier, more dangerous, O my chevalier!

  No wonder of it: shéer plód makes plough down sillion
Shine, and blue-bleak embers, ah my dear,
  Fall, gall themselves, and gash gold-vermilion.

주

windhover: falcon. 매의 속어. 바람을 거슬러 날아다니므로 windhover라고 불린다. hover는 맴돌다, 서성이다.

minion: darling, favorite.

My heart in hiding: 종교적 소명을 받들기를 주저하고 두려워하는 마음.

Buckle: 죄어지다. 결합하다.

AND: 새를 찬미하다가 이제 신의 찬미로 옮겨감을 부각시키기 위해 대문자 사용.

told: (고어) 계산하다.

dangerous: 내면의 고통을 보지 못하고 외면적인 영광만 보는 것은 위험하다는 의미.

sillion: =furrow. 고랑, 이랑.

Fall, gall themselves, and gash gold-vermilion: 등걸불의 마지막 재가 허물어지면서 발그레한 빛을 드러내는 모습을 그린 구절이다. 십자가에 못 박힌 그리스도를 암시함으로써 희생을 통한 그리스도의 영광을 나타낸다.

나는 보았네 오늘 아침 아침의 총아, 햇빛 왕국의
황태자, 얼룩진 새벽에 이끌려 나온 매가
넘실거리는, 그의 밑이 평탄한, 안정된 대기를 타고 오르며,
저 높이 활보하는 것을, 잔물결 이는 날개를 고삐 삼아
황홀경 속에 어떻게 도는 지를! 그러고 나서 선회하며 휘익 나아간다.
스케이트 굽이 매끄럽게 활을 그리듯, 세차게 던져 미끄러지며
거센 바람을 박찬다. 숨어 있던 내 가슴은
새 때문에 벅차올랐다. -이 새의 성취, 이 새의 숙달!

야성의 미와 용맹과 행위, 아, 자태, 긍지, 영광이 여기서
단단히 죄어졌다! 그러자 너한테서 터져 나온 불, 억만 배나
더 사랑스럽고 더 위험스럽다. 오, 나의 기사여!

놀랄 것 없다. 순전한 노역으로 고랑을 가는 쟁기는
빛이 난다. 또 푸르스름하게 타다 남은 등걸불이, 아, 내 사랑,
떨어져, 껍데기 벗겨지고, 황금주홍빛 깊은 속살을 드러낸다.

해설

시인은 바람을 타는 매의 모습에서 기사(chevalier)를 떠올리는데, 이는 신의 기사인 그리스도(Christ)에 대한 상념으로 이어진다. 아름답고 힘찬 매의 비상을 본 시인은 그리스도의 영광과 희생을 떠올린다. 이 시에서는 이전의 영시와는 달리 고대영시의 두운(alliteration)을 새롭게 활용한 도약리듬(sprung rhythm)이 구사되고 있다. 이는 하나의 강세에 여러 개의 약세가 들어가거나, 약음절이 계속되다가 강음절이 톡톡 도약하듯이 진행되는 리듬이다. 이 리듬은 황조롱이가 위엄 있게 비상하는 모습을 잘 나타내고 있다.

(2) 빅토리아 시대 소설

빅토리아 시대는 눈부신 산업 사회 이면에 빈부격차라는 그늘이 짙게 드리워진 시대였다. 외적으로는 유례없는 물질적 번영을 이룩했지만 내적으로는 이에 대한 도덕적 회의가 공존했다. 이 시대의 소설가들은 이율배반적인 당대 사회의 핵심적인 국면을 사실주의적인 기법으로 생생하고 충실하게 재현하는 가운데 당대 사회 현실의 총체적이고 전형적인 모습을 담아내고자 했다.

빅토리아 시대에는 기계화에 따른 생산성의 향상과 문자해독율의 증가로 독서 인구가 크게 늘어났다. 장편소설의 한 장을 매월 잡지나 정기간행물에 분할 출판하여 판매하는 새로운 연재 출판 방식의 등장도 소설 읽기를 대중화하는데 공헌했다. 연재되는 1회분이 대체로 완전한 에피소드로 구성되었고 독자의 관심이 고조되는 부분에서 이야기가 끝나 그 다음 회의 이야기를 기다리게 만들었던 것이다. 연재로 출판하다보니 작가는 독자의 반응에 따라 등장인물의 운명을 바꾸기도 했다. 작가와 독자 간에 긴밀한 유대감이 생겨났던 것이다.

한편 빅토리아조 소설은 완전히 마무리된 이야기가 한 권의 책으로 출판되는 대신, 연재 형식으로 그 내용이 조금씩 알려지기 때문에 구성 면에서 치밀하지 못한 경우가 많았다. 단일 줄거리가 아니라 서로 얽혀 있는 복잡한 줄거리로 짜여 지거나 내용이 지나치게 늘어지기도 했다. 소설의 클라이맥스는 과도할 정도로 극적이었고, 플롯보다도 작중인물의 묘사에 더 치중했다. 독자의 관심을 끌기 위해 인물을 과장하거나 희극적으로 묘사하기도 했다.

소설은 빅토리아 시대에 꽃을 피웠다고 할 수 있을 만큼 초기부터 말기까지에 걸쳐 많은 소설가들이 왕성하게 집필 활동을 했다. 시대별로 살펴보면 1830년대 찰스 디킨즈(Charles Dickens, 1812-1870)의 초기 소설, 40년대 브론테 자매 즉 샬롯 브론테(Charlotte Brontë, 1816-1855)의 『제인 에어(*Jane Eyre*, 1847)와 에밀리 브론테(Emily Brontë, 1818-1848)의 『워더링 하이츠』(*Wuthering Heights,* 1847), 50년대 윌리엄 쌔커리(William M. Thackeray, 1811-1863)의 『허영의 시장』(*Vanity Fair,* 1848), 60, 70년대 조지 엘리어트(George Eliot, 1819-1880)의 『미들마치』(*Middlemarch,* 1872), 80, 90년대 토마스 하디(Thomas Hardy, 1840-1928)의 『더버빌 가의 테스』(*Tess of the D'Urberville*, 1891)와 『무명의 주드』(*Jude the Obscure*, 1895) 등이 발표되었다. 이 시대 소설가들은 저마다 다양한 소재를 다채로운 문체와 기법으로 다뤘다.

(3) 빅토리아 시대 소설가들

찰스 디킨즈는 런던을 배경으로 일반인의 생활 모습을 사실적이면서도 해학적으로 그려내면서 당대 사회를 풍자했다. 디킨즈는 멜로드라마적인 구성, 생기 넘치는 유머, 범죄 물과 미스테리 소설을 버무린 복잡하고 흥미진진한 플롯, 온갖 군상의 생생한 인물 창조 등을 통해 폭넓은 독자층으로부터 대중적인 인기를 누렸다. 『어려운 시절』(*Hard Times*, 1854)은 코우크타운(Coketown)이라는 신흥공업도시를 배경으로 하여 '합리적인' 원칙에 의해 논리적, 과학적으로 확인 가능한 '사실'만을 중시하는 교육자 그랫그라인드(Gradgrind)와, 허세와 탐욕에 가득 찬 자본가 바운더비(Bounderby)의 결탁과 그 비참한 결과를 통해 당대 산업주의 사회의 물질주의와 공리주의를 고발한다. 『막대한 유산』(*Great Expectations*, 1860-1861)은 순진한 시골 소년이 속물로 타락했다가 진정한 신사로 거듭나는 즉 정신적으로 성장하는 과정을 일인칭 시점으로 다루고 있다. 그 밖에도 당대 영국의 비효율적인 법률 체계와 혼란스러운 런던의 모습을 그려낸 『블리크 하우스』(*Bleak House*, 1852-1853)와 『리틀 도릿』(*Little Dorrit*, 1855-1857) 등을 발표했다.

샬롯 브론테는 가난한 목사의 딸로 태어나 가정교사(governess) 일을 하며 가족의 생계를 도와야 했다. 두 동생 에밀리와 앤(Anne Bronte)도 문학적 소양이 풍부하여 세 자매가 함께 익명으로 시집을 내기도 했다. 『제인 에어』는 '재산이 없는 고아 여자아이'로서 성적, 계급적인 억압을 당해야 했던 제인이 숱한 역경을 극복하면서 성장하여 마침내 독립적인 자아로서 로체스터(Rochester)와 결혼하게 되는 과정을 보여주는 성장 이야기이다. 성숙한 서술자 제인이 과거의 고뇌 및 사랑의 좌절과 성숙 과정을 회상체로 전달하는 일인칭 자서전 소설이기도 하다. 이 밖에도 『셜리』(*Shirley*, 1849)와 『빌레트』(*Villette*, 1853) 등을 썼다.

에밀리 브론테는 30세에 생을 마감할 때까지 짧지만 강렬한 삶을 살았다. 감수성이 예민했던 에밀리는 황무지와 묘지가 보이는 목사관에서 강렬한 정열을 가슴 속에 간직한 채 내성적이고 과묵하게 자랐다. 외부인이 접근하기 어려운 황량한 황무지에서 고립된 채 자연과 밀착된 삶을 살아간 에밀리에게 있어서 주변의 황야는 생명이 숨 쉬고 있는 영적인 실체였다. 에밀리의 단 하나의 소설인 『워더링 하이츠』는 원초적인 생명력을 지닌 히스클리프(Heathcliff)와 캐서린(Catherine) 사이의 통제되지 않은 채 거칠게 분출되는 격정의 이야기를 완벽하게 통제된 구조 속에 담아냈다. 에밀리가 그려낸 세계는 구체적이고 현실적이면서 동시에 현실을 초월한 영적인 세계였다.

윌리엄 쌔커리는 삽화가로서 활동하다 글쓰기로 전업한 작가로서, 쾌활하고 수다스러운 수필, 신변잡기식의 평론, 그리고 신문잡지용 이야기를 썼다. 대표작 『허영의 시장』은 처음 쌔커리 자신이 삽화를 넣은 24개월짜리 연재물로 나왔었고 1848년에 단행본으로 출판되었다. 이 소설은 인간을 상품화하는 신흥 중산층과 천박하고 부패한 상류계층의 허풍과 위선을 폭로했다. 이 소설에서 쌔커리는 선악이 혼합된 복합체로서의 인간의 모습을 잘 그려냈다.

조지 엘리어트는 인간의 본질에 대한 깊이 있는 통찰을 통해 내면 심리 묘사 위주의 근대적 사실주의 기법을 발전시켰다. 『아담 비드』(*Adam Bede*, 1859)는 당시 실제로 일어났던 영아살해 사건을 중심 플롯으로 설정하여 헤이슬롭(Hayslope)이라는 농촌 사회를 배경으로 목수인 아담 비드(Adam Bede), 감리교도 여성 설교가인 다이너(Dinah), 지주의 손자 아서 도니쏜(Donnithorne), 시골처녀 헤티(Hetty) 등의 평범한 인물들의 삶과 애환을 생생하게 사실적으로 그려냈다. 이 소설에서 엘리어트는 분투하며 살아가는 결함 많은 평범한 인간에 대해 공감을 확대해줄 필요성이 있음을 시사했다. 이 밖에도 엘리어트는 자서전적 소설인 『플로스 강의 물방앗간』(*The Mill on the Floss*, 1860)과 『미들마치』(*Middlemarch*, 1871-1872) 등을 썼다. 『미들마치』에서는 엘리어트 자신을 연상시키는 여주인공 도로시아 브루크(Dorothea Brooke)가 여러 번의 좌절을 겪으면서 성장해가는 과정을 그리고 있다.

토마스 하디(Thomas Hardy, 1840-1928)는 사회 진화론의 영향으로 인한 기독교적 관습과 가치체계에 대한 회의감을 작품 속에 담아냈다. 그는 당대 청교도 사회에서 금기시한 성, 즉 인간 본능의 영역을 본격적으로 다룬다. 다른 한편으로는 고향과 그 주변 지역인 웨섹스(Wessex)를 공간적 배경으로 삼아 빅토리아 시대 후기의 영국 농촌 사회의 변화양상과 그 변화를 직접 체험하는 농촌 사람들의 삶을 사실적으로 그려냈다. 당시 여성 해방을 부르짖던 신여성의 문제에 관심을 갖던 하디는 여성이 받는 성적, 경제적 억압, 자연적인 성 본능과 인위적인 결혼제도 및 관습 사이의 갈등을 『무명의 주드』의 주제로 삼고 있다. 이 밖에도 빅토리아 시대의 편협하고 이중적인 성 이데올로기를 비판하는 『더버빌 가의 테스』, 엑돈 히스(Egdon Heath)를 배경으로 도시의 화려함을 동경하는 유스테이시어(Eustacia)와 고향으로 돌아와 농민을 교육시키려 하는 클림(Clym) 사이의 비극적 갈등과 대립을 그린 『귀향』(*The Return of the Native*, 1878) 등의 작품을 썼다.

엘리자베스 개스켈(Elizabeth Gaskell, 1810-1865)은 여성의 발언권과 독립성을 인정해주었던 유니테리언(Unitarian)교의 독실한 신자였다. 개스켈은 빈부차이와 도시문제, 그리고 계급문제 등 산업사회의 문제점을 다룬 사회소설을 발표했다. 대표적인 소설로는 『매리 바튼』(*Mary Barton*, 1848)이 있다.

① 찰스 디킨즈의 『어려운 시절』

『어려운 시절』은 1854년 주간지로 출판이 시작되었다. 디킨즈는 당대의 지배 이데올로기로 작동하던 공리주의가 산업사회의 여러 부작용을 초래했다고 보고, 상상의 도시인 영국의 코우크타운(Coketown)을 배경으로 하여 공리주의를 근본적으로 비판한다. 코우크타운은 산업혁명을 거치면서 새로 부상한 북부 산업도시로 설정되어 있다. '최대 다수의 최대 행복'이라는 명제를 내건 공리주의는 개인의 행복을 최대로 향상시킬 수 있는 사회적 효용성을 최고의 가치로 내세웠다. 행복의 척도를 산술적으로 측정 가능한 물질적 효용성에 두었기 때문에 개인의 감정과 상상력의 가치는 무시되었다. 인간은 사회 시스템의 부품으로 취급되었으며 생산수단의 일부로 전락했다. 인간적 가치는 부정되고 다만 '사실'(fact)에 기초한 설명과 이해만이 존재할 뿐이었다. 디킨즈는 『어려운 시절』을 통해 인간을 지성, 감정, 상상력을 지닌 복합체로서가 아닌 경제적 단위나 통계적 수치로만 생각하는 현실을 비판하고, 인간적 교육의 중요성을 강조한다. 다음은 『어려운 시절』의 제 1권 2장의 일부이다.

Thomas Gradgrind, sir. A man of realities. A man of facts and calculations. A man who proceeds upon the principle that two and two are four, and nothing over, and who is not to be talked into allowing for anything over. Thomas Gradgrind, sir—peremptorily Thomas—Thomas Gradgrind. With a rule and a pair of scales, and the multiplication table always in his pocket, sir, ready to weigh and measure any parcel of human nature, and tell you exactly what it comes to. It is a mere question of figures, a case of simple arithmetic. You might hope to get some other nonsensical belief into the head of George Gradgrind, or Augustus Gradgrind, or John Gradgrind, or Joseph Gradgrind (all supposititious, non-existent persons), but into the head of Thomas Gradgrind—no, sir!

In such terms Mr. Gradgrind always mentally introduced himself, whether to his private circle of acquaintance, or to the public in general. In such terms, no doubt, substituting the words 'boys and girls,' for 'sir,' Thomas Gradgrind now presented Thomas Gradgrind to the little pitchers before him, who were to be filled so full of facts.

Indeed, as he eagerly sparkled at them from the cellarage before mentioned, he seemed a kind of cannon loaded to the muzzle with facts, and prepared to blow them clean out of the regions of childhood at one discharge. He seemed a galvanizing apparatus, too, charged with a grim mechanical substitute for the tender young imaginations that were to be stormed away.

'Girl number twenty,' said Mr. Gradgrind, squarely pointing with his square forefinger, 'I don't know that girl. Who is that girl?'

'Sissy Jupe, sir,' explained number twenty, blushing, standing up, and curtseying.

'Sissy is not a name,' said Mr. Gradgrind. 'Don't call yourself Sissy. Call yourself Cecilia.'

'It's father as calls me Sissy, sir,' returned the young girl in a trembling voice, and with another curtsey.

'Then he has no business to do it,' said Mr. Gradgrind. 'Tell him he mustn't. Cecilia Jupe. Let me see. What is your father?'

'He belongs to the horse-riding, if you please, sir.'

Mr. Gradgrind frowned, and waved off the objectionable calling with his hand.

'We don't want to know anything about that, here. You mustn't tell us about that, here. Your father breaks horses, don't he?'

'If you please, sir, when they can get any to break, they do break horses in the ring, sir.'

'You mustn't tell us about the ring, here. Very well, then. Describe your father as a horsebreaker. He doctors sick horses, I dare say?'

'Oh yes, sir.'

'Very well, then. He is a veterinary surgeon, a farrier, and horsebreaker. Give me your definition of a horse.'

(Sissy Jupe thrown into the greatest alarm by this demand.)

'Girl number twenty unable to define a horse!' said Mr. Gradgrind, for the general behoof of all the little pitchers. 'Girl number twenty possessed of no facts, in reference to one of the commonest of animals! Some boy's definition of a horse. Bitzer, yours.'

The square finger, moving here and there, lighted suddenly on Bitzer, perhaps because he chanced to sit in the same ray of sunlight which, darting in at one of the bare windows of the intensely white-washed room, irradiated Sissy. For, the boys and girls sat on the face of the inclined plane in two compact bodies, divided up the centre by a narrow interval; and Sissy, being at the corner of a row on the sunny side, came in for the beginning of a sunbeam, of which Bitzer, being at the corner of a row on the other side, a few rows in advance, caught the end. But, whereas the girl was so dark-eyed and dark-haired, that she seemed to receive a deeper and more lustrous colour from the sun, when it shone upon her, the boy was so light-eyed and light-haired that the self-same rays appeared to draw out of him what little colour he ever possessed. His cold eyes would hardly have been eyes, but for the short ends of lashes which, by bringing them into immediate contrast with something paler than themselves, expressed their form. His short-cropped hair might have been a mere continuation of the sandy freckles on his forehead and face. His skin was so unwholesomely deficient in the natural tinge, that he looked as though, if he were cut, he would bleed white.

'Bitzer,' said Thomas Gradgrind. 'Your definition of a horse.'

'Quadruped. Graminivorous. Forty teeth, namely twenty-four grinders, four eye-teeth, and twelve incisive. Sheds coat in the spring; in marshy countries, sheds hoofs, too. Hoofs hard, but requiring to be shod with iron. Age known by marks in mouth.' Thus (and much more) Bitzer.

'Now girl number twenty,' said Mr. Gradgrind. 'You know what a horse is.'

She curtseyed again, and would have blushed deeper, if she could have blushed deeper than she had blushed all this time. Bitzer, after rapidly blinking at Thomas Gradgrind with both eyes at once, and so catching the light upon his quivering ends of lashes that they looked like the antennæ of busy insects.

토마스 그랫그라인드입니다., 여러분. 현실적인 인간. 사실과 계산의 인간, 둘 더하기 둘은 넷이지 그 이상도 이하도 아니라는 원칙에 따라 살아가는 인간이며, 넷 이외의 다른 숫자를 생각할 수 없는 인간, 토마스 그랫그라인드입니다, 여러분 - 아무도 토를 달 수 없는, 토마스 - 토마스 그랫그라인드. 자와 저울, 구구표를 항상 주머니에 가지고 다니면서 인간성의 어떤 조각이라도 무게를 달고 치수를 재고 그 결과를 정확히 알려줍니다. 그건 단순히 숫자의 문제이고 간단한 산술의 문제입니다. 조지 그랫그라인드나 오거스터스 그랫그라인드, 존 그랫그라인드나 조지프 그랫그라인드에게라면(모두 가상적이고 존재하지 않는 인물들이죠) 어떤 말도 안 되는 생각을 주입시킬 수 있을지 몰라도, 토마스 그랫그라인드에게는-결코 어림없는 이야기입니다, 여러분!

그랫그라인드 씨는 개인적으로 친분이 있는 사람을 만나든 일반대중을 만나든 항상 마음속으로 이렇게 자신을 소개했다. 의심할 바 없이 바로 이렇게 토마스 그랫그라인드는 '여러분' 대신에 '학생들'이라고 부르면서, 자기 앞에 있는, 사실로 가득 채워지게 될 작은 주전자들에게 자신이 바로 토마스 그랫그라인드임을 드러내는 것이다.

실제로 그가 앞서 말한 지하저장고 같은 눈이 그들에게 번득일 때면, 그는 포구까지 사실로 장전되어 한 방에 그들의 유년기를 날려버릴 준비가 되어 있는 일종의 대포 같았다. 또한 그는 소탕해버려야 하는 섬세하고 참신한 상상력 대신 끔찍한 기계를 장착한 전지전도 장치 같았다.

"20번 여학생," 그랫그라인드 씨는 네모난 집게손가락으로 단도직입적으로 가리키며 말했다. "모르는 학생이로군. 이름이 뭔가?"

"씨씨 주프입니다, 선생님." 20번이 얼굴을 붉히고 일어서서 공손히 인사하며 대답했다.

"씨씨는 이름이 아니야." 그랫그라인드 씨가 말했다. "씨씨라고 부르지 마라. 씨씰리아라고 불러."

"아버지가 씨씨라고 부르십니다, 선생님." 어린 소녀는 떨리는 목소리로 다시 공손히 인사하며 대답했다.

"아버지라도 그렇게 부르면 안 돼." 그랫그라인드 씨가 말했다. "그렇게 불러선 안 된다고 아버지께 말씀드려라. 씨씰리아 주프. 어디 보자. 아버지는 무슨 일을 하시느냐?"

"아버지는 곡마단에 있습니다, 선생님."

그랫그라인드 씨는 얼굴을 찌푸리고는 손사래를 쳐서 그 못마땅한 직업을 떨쳐버렸다.

"우리는 여기서, 그것에 대해 아무것도 알고 싶지 않아. 여기서, 그런 얘기는 하면 안 돼. 그러면 네 아버지는 말을 길들이는 거구나, 그렇지?"

"예, 선생님. 길들일 말이 있으면 곡마장에서 길들입니다."

"여기서, 곡마장에 대해 말하면 안 돼. 그래, 좋아. 네 아버지를 조마사라고 하거라. 병든 말을 치료하기도 하겠구나?"

"그렇습니다, 선생님."

"그래, 좋다. 네 아버지는 수의사, 즉 말을 치료하는 사람이자 조마사다. 말에 대해 정의해 보거라."

(이 요구를 받고 씨씨 주프는 크게 당황하여 어찌할 바를 모른다.)

"20번 학생은 말을 정의할 줄 모르는군!" 그랫그라인드 씨는 모든 작은 주전자들을 위해 말했다. "20번 여학생은 가장 흔한 동물에 대해서조차 알고 있는 사실이 하나도 없어! 말에 대해 정의해 볼 남학생. 비쳐, 네가 한번 해 보거라."

이리저리 움직이던 네모진 손가락이 갑자기 비쳐에게 멈췄는데, 아마 온통 하얗게 칠이 된 교실의 맨 유리창으로 들어와 씨씨를 비추던 햇살이 쭉 뻗어나간 지점에 마침 비쳐가 앉아 있었기 때문일 것이다. 남학생과 여학생들은 중간에 좁은 간격을 두고 각기 빽빽하게 무리지어 경사진 바닥에 앉아 있었다. 해가 드는 쪽 가장자리에 있는 씨씨가 햇살의 시작 부분에 들어 있다면, 반대쪽 가장자리 몇 줄 앞에 있는 비쳐는 광선의 끝부분에 들어 있었다. 그러나 눈과 머리카락이 짙은 여학생은 해가 자신을 비출 때 그로부터 더 진하고 빛나는 혈색이 된 듯 했던 반면, 눈과 머리카락이 옅은 색인 남학생은 바로 그 햇살이 그가 지닌 약간의 혈색마저 모조리 앗아가 버리는 듯했다. 그의 차가운 두 눈은, 그보다 더 창백한 피부와 직접 대비되어 눈의 형태를 드러내주는 짤막한 속눈썹이 없었다면 눈처럼 보이지도 않았을 것이다. 짧게 자른 머리카락은 이마와 얼굴에 모래처럼 박혀 있는 주근깨의 연장으로 보일지도 모를 일이었다. 피부는 병적일 정도로 자연색이 부족해서, 만약 베인다면 하얀 피를 흘릴 것만 같았다.

"비쳐," 토마스 그랫그라인드가 말했다. "말에 대해 정의해 보아라."

"네 발 짐승. 초식동물. 이빨은 마흔 개로 어금니 스물네 개. 송곳니 네 개. 그리고 앞니 열두 개. 봄철에 털갈이를 하고 습지에서는 발굽갈이도 함. 발굽은 단단하지만 편자를 붙어야 함. 나이는 입 안쪽의 표시로 알 수 있음." 비쳐는 이런 식으로 (그리고 더 많이 보태서) 말을 정의했다.

"자, 20번 여학생," 그랫그라인드 씨가 말했다. "이제 말이 어떤 동물인지 알았지."

씨씨는 다시 한 번 공손히 인사를 하고 내내 얼굴을 붉히고 있었는데, 그보다 더 붉힐 수 있었다면 아마 그랬을 것이다. 비쳐는 토마스 그랫그라인드에게 두 눈을 동시에 재빨리 깜빡였는데, 떨리는 속눈썹 끝이 햇살을 받아 부지런히 움직이는 곤충의 촉수같이 보였다.

해설

이 소설은 공리주의에 대한 비판이다. 그랫그라인드는 자와 저울, 곱셈의 산술로써 인간의 모든 감정까지를 계량하려 한다. 그의 이러한 태도는 인간의 모든 면을 쾌락과 고통의 더하기, 빼기로 파악하고 그 결과로써 인간에게 유용한지 아닌지를 단정하려 했던 공리주의의 문제점을 고스란히 보여준다. 디킨즈는 사실만을 강조하는 학교 이사장 그랫그라인드를 통해 역설적으로 사실(fact) 너머에 존재하는 인간미와 상상이 중요함을 강조한다.

위 인용문에서는 자유로운 상상과 인간적 호기심을 가진 씨시와 독선적으로 사실만을 강조하는 그랫그라인드가 대조되고 있다. 그랫그라인드에게는 하나의 생명체로서의 말은 안중에도 없다. 오로지 말에 대한 사전적 정의만이 교육할 가치가 있을 뿐이다.

② 에밀리 브론테의 『워더링 하이츠』

캐서린은 아버지가 주워 온 히스클리프와 강한 유대감을 맺으며 살아가지만 대지주 린튼가의 상속자 에드가의 청혼을 받아들인다. 청혼을 받아들였음에도 불구하고 캐서린은 마음속에서는 자신이 잘못하고 있음을 확신한다. 이 사실은 캐서린이 넬리에게 에드가로부터 청혼을 받았음을 고백하면서 고통을 토로하는 9장에서 잘 드러난다. 비천해진 히스클리프와의 결혼은 자신의 품위를 떨어뜨리게 될 것이므로 에드가를 선택하지만 에드가와는 근본적으로 잘 어울리지 않는 사이임을 캐서린은 잘 알고 있다. 캐서린은 자신과 히스클리프의 영혼은 똑같고 히스클리프는 그녀보다 더 자기 자신이며 그 무엇도 두 사람 사이를 떼어놓을 수 없을 거라며 두 사람의 굳건한 유대관계를 천명한다. 다음은 9장의 일부이다.

'I don't want your permission for that --I SHALL marry him: and yet you have not told me whether I'm right.'

'Perfectly right; if people be right to marry only for the present. And now, let us hear what you are unhappy about. Your brother will be pleased; the old lady and gentleman will not object, I think; you will escape from a disorderly, comfortless home into a wealthy, respectable one; and you love Edgar, and Edgar loves you. All seems smooth and easy: where is the obstacle?'

'HERE! and HERE!' replied Catherine, striking one hand on her forehead, and the other on her breast: 'in whichever place the soul lives. In my soul and in my heart, I'm convinced I'm wrong!'

'That's very strange! I cannot make it out.'

'It's my secret. But if you will not mock at me, I'll explain it: I can't do it distinctly; but I'll give you a feeling of how I feel.'

She seated herself by me again: her countenance grew sadder and graver, and her clasped hands trembled.

'Nelly, do you never dream queer dreams?' she said, suddenly, after some minutes' reflection.

'Yes, now and then,' I answered.

….

"I won't hear it, I won't hear it!" I repeated, hastily.

I was superstitious about dreams then, and am still; and Catherine had an unusual gloom in her aspect, that made me dread something from which I might shape a prophecy, and foresee a fearful catastrophe. She was vexed, but she did not proceed. Apparently taking up another subject, she recommenced in a short time.

'If I were in heaven, Nelly, I should be extremely miserable.'

'Because you are not fit to go there,' I answered. 'All sinners would be miserable in heaven.'

'But it is not for that. I dreamt once that I was there.'

'I tell you I won't hearken to your dreams, Miss Catherine! I'll go to bed,' I interrupted again.

She laughed, and held me down; for I made a motion to leave my chair.

'This is nothing,' cried she: 'I was only going to say that heaven did not seem to be my home; and I broke my heart with weeping to come back to earth; and the angels were so angry that they flung me out into the middle of the heath on the top of Wuthering Heights; where I woke sobbing for joy. That will do to explain my secret, as well as the other. I've no more business to marry Edgar Linton than I have to be in heaven; and if the wicked man in there had not brought Heathcliff so low, I shouldn't have thought of it. It would degrade me to marry Heathcliff now; so he shall never know how I love him: and that, not because he's handsome, Nelly, but because he's more myself than I am. Whatever our souls are made of, his and mine are the same; and Linton's is as different as a moonbeam from lightning, or frost from fire.'

"난 넬리의 허락을 받고 싶지는 않아. 어찌되었든 그와 결혼할 테니까. 그래도 넬리는 내가 승낙한 게 옳은 건지 아닌지 말해주지 않았잖아."

"만약 현재만을 생각해서 결혼해도 좋다면 완벽하게 옳아요. 이번에는 뭐 때문에 불행한지 들어봅시다. 오빠께서는 좋아하실 거고 린튼 집안 내외분도 반대는 안하실 거예요. 그리고 지금의 어수선하고 편치 않은 집안을 피해서 돈 많고 점잖은 집으로 가게 되고, 아가씨도 에드가 도련님을 사랑하고 에드가 도련

님도 아가씨를 사랑하잖아요. 그러니 모든 것이 순조로워 보이는데 어디에 무슨 잘못이 있단 말이에요?"

"여기에! 그리고 여기에도!"하고 캐서린 아가씨는 한쪽 손으로는 이마를 치고 다른 한쪽 손으로는 가슴을 치면서 대답하는 것이었어요.

"어느 쪽에 영혼이 들어 있든지 간에 영혼에서건 가슴에서건 나는 옳지 않다고 생각돼!"

"그건 매우 이상하네요! 난 알 수가 없어요."

"그것이 내 비밀이야. 그러나 나를 조롱하지 않겠다면 설명을 할께. 똑똑히 설명할 수는 없지만 내가 느끼는 느낌만은 말해주겠어."

아가씨는 내 곁에 다시 앉았어요. 얼굴은 더 슬프고 침울해졌으며 맞잡은 손은 떨리고 있었어요.

"넬리, 넬리는 이상한 꿈을 꾸지 않아?"하고 아가씨는 몇 분 동안 생각에 잠긴 끝에 불쑥 말했지요.

"네 저도 이따금 꾸지요,"하고 저는 대답했어요.

….

"듣지 않겠어요, 듣지 않겠어요!"하고 저는 급하게 말을 되풀이했어요.

저는 그 당시 꿈에 대해서는 미신을 가지고 있었고 지금도 그래요. 게다가 캐서린 아가씨의 모습이 여느 때보다도 침울하기에, 무슨 나쁜 조짐이 되고 무서운 파국을 예견하게 되는 이야기를 듣게 되지 않을까 두려웠던 것이지요.

캐서린 아가씨는 화가 났었지만 이야기를 계속하지는 않았습니다. 다른 이야기를 꺼냈다가 이내 아가씨는 다시 말을 시작했어요.

"내가 만약 천국에 간다면, 넬리, 나는 굉장히 비참해 질 거야."

"아가씨는 거기에 어울리지 않기 때문이죠,"하고 제가 대답했어요. "죄지은 사람들은 천국에서는 불행하니까요."

"그런 게 아니야. 한번은 내가 천국에 간 꿈을 꾸었어."

"나는 꿈 이야기는 듣지 않겠어요, 아가씨. 나는 자러 가겠어요,"하고 저는 다시 말을 가로 막았죠.

아가씨는 웃어 제치더니 저를 끌어 앉혔습니다. 제가 의자에서 일어서려고 했기 때문이었죠.

"이건 아무것도 아니야,"하고 아가씨는 외쳤어요. "천국은 내가 갈 곳이 아닌 것 같다고 말하려 했을 뿐이야. 나는 지상으로 돌아오려고 가슴이 터지도록 울었어. 그러니까 천사들이 몹시 화를 내며 나를 히스 들판의 한가운데 있는 워더링 하이츠의 꼭대기로 내던졌어. 거기서 나는 기뻐서 울다가 잠이 깼지. 이것이

다른 것과 마찬가지로 내 비밀을 설명해 줄 거야. 나는 천국에 가지 않아도 되는 것처럼, 에드가 린튼과 꼭 결혼할 필요도 없는 거지. 저 방에 있는 저 고약한 인간이 히스클리프를 저렇게 비천한 처지로 내몰지 않았던들 에드가와의 결혼 같은 것은 생각지도 않았을 거야. 그러나 지금 히스클리프와 결혼한다면 내 격이 떨어지고 말거야. 그래서 내가 얼마나 그를 사랑하고 있는지를 결코 그에게 알릴 수가 없어. 내가 그를 사랑하는 건 그가 잘생겨서가 아니야, 넬리, 그가 나보다도 더 나 자신이기 때문이야. 우리의 영혼이 무엇으로 만들어졌든지 간에 그의 영혼과 내 영혼은 똑같아. 린튼의 영혼은 달빛이 번개와 다른 것처럼, 혹은 서리가 불과 다르듯이 전혀 달라."

부유해져 돌아온 히스클리프와 에드가의 불화 속에 캐서린은 결국 세상을 떠나고 이후 히스클리프는 두 집안을 상대로 복수를 벌인다. 하지만 언쇼(Earnshaw)가와 린튼(Linton)가 두 집안을 파괴할 수 있는 모든 준비가 다 끝나자 히스클리프는 그렇게 하려는 의지를 상실했다고, 즉 복수가 무의미함을 깨닫게 되었다고 넬리에게 고백한다. 그는 캐서린을 잃은 후의 그의 일상이 고통의 연속이었다면서 이제 그 긴 싸움을 끝낼 때가 되었다고 말한다. 다음은 33장의 일부이다.

'It is a poor conclusion, is it not?' he observed, having brooded awhile on the scene he had just witnessed: 'an absurd termination to my violent exertions? I get levers and mattocks to demolish the two houses, and train myself to be capable of working like Hercules, and when everything is ready and in my power, I find the will to lift a slate off either roof has vanished! My old enemies have not beaten me; now would be the precise time to revenge myself on their representatives: I could do it; and none could hinder me. But where is the use? I don't care for striking: I can't take the trouble to raise my hand! That sounds as if I had been labouring the whole time only to exhibit a fine trait of magnanimity. It is far from being the case: I have lost the faculty of enjoying their destruction, and I am too idle to destroy for nothing.

'Nelly, there is a strange change approaching; I'm in its shadow at present. I take so little interest in my daily life that I hardly remember to eat and drink. Those two who have left the room are the only objects which retain a distinct material appearance to me; and that appearance causes me pain, amounting to agony. About HER I won't speak; and I don't desire to think; but I earnestly wish she were invisible: her presence invokes only maddening sensations. HE moves me differently: and yet if I could do it without seeming insane, I'd never see him again! You'll perhaps think me rather inclined to become so,' he added, making an effort to smile, 'if I try to describe the thousand forms of past associations and ideas he awakens or embodies. But you'll not talk of what I tell you; and my mind is so eternally secluded in itself, it is tempting at last to turn it out to another.

...

'But what do you mean by a change, Mr. Heathcliff?' I said, alarmed at his manner: though he was neither in danger of losing his senses, nor dying, according to my judgment: he was quite strong and healthy; and, as to his reason, from childhood he had a delight in dwelling on dark things, and entertaining odd fancies. He might have had a monomania on the subject of his departed idol; but on every other point his wits were as sound as mine.

'I shall not know that till it comes,' he said; 'I'm only half conscious of it now.' …

'Then you are not afraid of death?' I pursued.

'Afraid? No!' he replied. 'I have neither a fear, nor a presentiment, nor a hope of death. Why should I? With my hard constitution and temperate mode of living, and unperilous occupations, I ought to, and probably SHALL, remain above ground till there is scarcely a black hair on my head. And yet I cannot continue in this condition! I have to remind myself to breathe - almost to remind my heart to beat! And it is like bending back a stiff spring: it is by compulsion that I do the slightest act not prompted by one thought; and by compulsion that I notice anything alive or dead, which is not associated with one universal idea. I have a single wish, and my whole being and faculties are yearning to attain it. They have yearned towards it so long, and so unwaveringly, that I'm convinced it will be reached - and soon - because it has devoured my existence: I am swallowed up in the anticipation of its fulfilment. My confessions have not relieved me; but they may account for some otherwise unaccountable phases of humour which I show. O God! It is a long fight; I wish it were over!'

"불쌍한 결말이군, 그렇지 않아?"하고 그는 방금 눈앞에 벌어진 광경을 보고 잠시 생각에 잠기더니 이렇게 말했어요. "내 맹렬한 노력에 대한 터무니없는 결말이지 않아? 두 집안을 부숴 버리기 위해 지렛대며 곡괭이를 장만해놓고 헤라클레스와 같은 엄청난 힘을 낼 수 있도록 나 자신을 훈련했는데, 막상 만반의 준비가 되고 내 힘으로 무엇이든 할 수 있게 되자 어느 쪽 집에서도 기와 한 장 들어내고 싶은 생각이 사라져 버렸으니 말이야! 나의 옛 원수들은 나를 넘어뜨리지는 않았어. 이제야말로 복수를 할 때야. 내 힘으로 할 수 있지. 그리고 아무도 막을 수 없게 됐지. 하지만 그래서 무슨 소용이 있겠어? 난 사람을 때리고 싶지가 않아. 손을 휘두르는 것이 귀찮아졌단 말이야! 이렇게 말하니 나는 마치 오직 아량의 미덕을 보이기 위해서만 이제까지 애를 써온 것처럼 들리는데, 그와는 거리가 먼 이야기야. 난 그들의 파멸을 즐길 힘도 없어졌고 쓸데없이 남을 파멸시키려고 수고하기도 싫어졌단 말이야.

"이봐요, 넬리, 이상한 변화가 다가오고 있어, 나는 지금 그 변화의 그늘 아래 서 있는 셈이지. 나는 나날의 생활에 흥미가 없어져서 먹고 마시는 것조차 거의 잊어버릴 지경이야. 지금 방을 나간 저들이 내게는 확실한 물체의 형상을 띠고 있는 유일한 대상이지. 한데 저들의 모습이 내게 고뇌에 가까운 괴로움을 준단 말이야. 캐서린에 대해서는 말하지 않겠어. 생각하고 싶지도 않아. 제발 내 눈

앞에 보이지 않았으면 좋겠어. 저 애를 보기만 하면 꼭 미칠 것만 같으니까. 헤어튼이라는 놈은 좀 다르지. 그런데도 만약 내가 미친 사람처럼 보이지 않고 그렇게 할 수만 있다면 난 다시는 녀석을 보지 않겠어! 넬리는 아마 내가 미치는 게 아닌가 하고 생각할거야," 하더니 애써 미소를 지으려고 애쓰면서 그는 이렇게 덧붙이는 것이었어요. "만약 내가 그 녀석이 일깨워 주거나 제 몸에 지니고 있는 지난날의 그 수많은, 그와 관련된 기억이며 생각을 일일이 다 이야기하려고 한다면 말이야. 그러나 내가 말하는 것을 넬리는 다른 데 이야기하지는 않겠지. 내 마음은 끊임없이 그 자체 안에 틀어 박혀 있어서 결국 다른 사람한테 그걸 털어놓고 싶어진 거지."

…

"하지만 다가오는 변화란 무슨 말이지요, 히스클리프씨?"하고 저는 그의 태도에 놀라며 말했어요. 그러나 제 생각으로는 그 분은 건강해 보였어요. 그리고 그 분의 본바탕에 대해서 말하자면, 그 분은 어렸을 때부터 어두운 생각에 잠기기를 좋아했고, 기묘한 공상을 품곤 했답니다. 세상을 떠난 그 분 우상의 일에 대해서 너무나 외골수로 파고들었는지도 모르지만 그 밖의 다른 점에 있어서는 그 분의 생각도 저와 마찬가지로 이상한 점이라고는 없었어요.

"변화가 생길 때까지는 나도 알 수 없을 거야,"하고 그 분은 말했어요. "지금은 다만 어렴풋이 변화가 오리라는 것을 의식하고 있을 뿐이야." …

"그럼 죽음이 두렵진 않으세요?"하고 다시 물었어요.

"죽음이 두렵다고? 천만에!"하고 그 분은 대답하는 것이었어요. "난 죽음에 대한 두려움도 없거니와, 그런 예감도, 죽었으면 좋겠다는 희망 같은 것도 없어, 왜 죽는단 말이야? 이렇게 튼튼한 몸에 절제 있는 생활을 하고 위험하지 않은 직업에 종사하고 있으니, 마땅히 내 머리에 검은 머리가 없어질 때까지 살아야지— 그리고 어쩌면 그렇게 살게 될 거야. 하지만 이런 상태로 살 수는 없어! 난 숨을 쉬도록 내 자신에게 상기시켜야 돼. 심장의 고동마저도 거의 잊지 않도록 해야 된단 말이야! 그것은 마치 강한 용수철을 뒤로 젖혀 놓은 것과 같아. 한 가지 생각에 자극받지 않으면 아무리 사소한 행동이라도 억지로 하고 있는 것 같아. 하나의 보편적인 관념과 관계가 없는 것은 산 것이든 죽은 것이든 억지로 주의하지 않으면 알 수가 없단 말이야! 나는 오직 한 가지 소원이 있는데, 나의 온 몸과 힘이 그것을 성취하기를 열망하고 있는 거야. 몸과 힘이 얼마나 오랫동안 그리고 얼마나 꿋꿋하게 그 소원의 성취를 열망했던지 나는 그것이 꼭 성취되리라고 믿고 있지. 그것도 금방 말이야. 그것 때문에 나의 생애를 바쳐왔기 때문이지. 나의 생애는 소원이 성취되리라는 기대 속에 먹혀 버린 거야. 내가 고백한다고 해서 고통이 감해지는 건 아니지. 그러나 그 고백이 내 성질의 설명할 수 없는 면에 대한 해명은 될 거야. 아, 젠장! 긴 싸움이었지. 이제 끝장이 났으면 좋겠어!"

해설

캐서린과 히스클리프의 관계는 에드가에 대한 통상적인 사랑과 뚜렷이 구분되는바, '타인을 통한 욕망' 즉 자아와 세계가 그 속에서 발견되는 동시에 확인되는 필수적인 관계이다. 절제될 수 없는 황야의 자연 그 자체를 상징하는 히스클리프와 캐서린은 서로가 상대방에게 영혼이며 생명 그 자체가 되는 근본적인 유대감으로 굳게 맺어져 있다. 이들은 서로에게 교양이나 규범으로 통제되기 이전의 본원적인 감정을 느낀다. 당연한 전제로서의 일체감으로 맺어져 있는 캐서린과 히스클리프의 유대관계는 설명될 수 없을 만큼 비이성적이고 그 누구도 끊을 수 없을 만큼 절대적인 것이다.

히스클리프의 처절한 복수 및 그의 광기조차도 캐서린에 대한 절대적 사랑에서 비롯된다. 캐서린이 없는 삶 속에서 히스클리프가 느끼는 내면의 고통은 주변의 타인을 향한 폭력과 학대를 통해 표출된다. 히스클리프의 복수가 무자비하고 가차 없으며 집요한 것은, 캐서린이라는 대상을 잃어버린 데서 오는 커다란 상실감이 캐서린과 연관된 모든 것을 손에 넣으려는 탐욕으로 변질되었기 때문이다.

그들의 관계는 종교적인 면을 지닌다. 상대방을 자신의 생명이나 영혼으로 받아들였던 두 사람은 자신들의 유대가 바위처럼 굳건하게 영원히 지속될 것을 믿었고 죽는 날까지 이 믿음을 잃지 않는다. 죽음을 앞둔 캐서린이 히스클리프에게 죽음을 넘어 재결합할 수 있도록 그녀를 따라오라고 말한 후, 히스클리프는 죽을 때까지 그 주변에 맴도는 캐서린의 영혼의 존재를 느끼고, 구름이나 나무를 포함한 주위의 모든 사물에서 캐서린의 모습을 본다. 히스클리프가 보기에 전 세계는 그녀가 한 때는 존재했으나 이제는 영원히 사라졌음을 일깨워주는 비망록일 따름이다.

자연의 에너지로 굳게 맺어진 두 사람의 유대 관계는 있을 수 없는 일인 것 같지만 사실은 그렇지 않다는 점에서 신화적 차원에 속한다고 할 수 있다. 신화는 시공간을 초월하지만 시대의 변형을 거치면서 영원한 생명을 지닌 채 되풀이되며, 개인의 문화나 각각의 내면에 존재하는 삶을 반성적으로 성찰하게 하면서 자기 본래의 모습을 찾도록 유도한다. 히스클리프와 캐서린의 관계는 본원적인 차원에서의 삶과 연관된 근원적인 질문을 던진다는 점에서 신화라고 할 수 있다. 또한 신화에 등장하는 인물은 인간 사회를 초월한 존재이면서 동시에 인간의 원형이라는 점에서 히스클리프는 신화의 차원에 속한다고 할 수 있다.

③ 조지 엘리어트의 『아담 비드』

『아담 비드』의 제 2부의 첫 장인 17장 '이야기가 잠시 중단된 곳'(In Which the Story Pauses a Little)에서 엘리어트는 현실에 입각해서 있는 그대로 충실하게 묘사할 것을 선언한다. 이러한 사실주의 미학에 따라 엘리어트는 이 소설에서 농촌의 풍경, 농민들의 언어나 관습 등을 포함한 일상사를 구체적으로 세밀하게 묘사했다. 이는 당대 사회의 평범한 사람들의 삶에 대한 작가 엘리어트의 진지한 관심의 소산이다. 더 나아가 엘리어트는 외형 묘사의 사실주의 뿐 아니라 심리적 사실주의를 추구했다. 인물을 하나의 유형으로 단순화하지 않고 그 내면의 복잡한 심리와 미묘한 동기를 드러내어 독자로 하여금 그 인물을 깊이 있게 이해하고 공감과 동정을 보내주도록 한다.

> "THIS Rector of Broxton is little better than a pagan!" I hear one of my readers exclaim. "How much more edifying it would have been if you had made him give Arthur some truly spiritual advice! You might have put into his mouth the most beautiful things—quite as good as reading a sermon."
>
> Certainly I could, if I held it the highest vocation of the

novelist to represent things as they never have been and never will be. Then, of course, I might refashion life and character entirely after my own liking; I might select the most unexceptionable type of clergyman and put my own admirable opinions into his mouth on all occasions. But it happens, on the contrary, that my strongest effort is to avoid any such arbitrary picture, and to give a faithful account of men and things as they have mirrored themselves in my mind. The mirror is doubtless defective, the outlines will sometimes be disturbed, the reflection faint or confused; but I feel as much bound to tell you as precisely as I can what that reflection is, as if I were in the witness-box, narrating my experience on oath. …

So I am content to tell my simple story, without trying to make things seem better than they were; dreading nothing, indeed, but falsity, which, in spite of one's best efforts, there is reason to dread. Falsehood is so easy, truth so difficult. The pencil is conscious of a delightful facility in drawing a griffin —the longer the claws, and the larger the wings, the better; but that marvellous facility which we mistook for genius is apt to forsake us when we want to draw a real unexaggerated lion. Examine your words well, and you will find that even when you have no motive to be false, it is a very hard thing to say the exact truth, even about your own immediate feelings—much harder than to say something fine about them which is NOT the exact truth.

It is for this rare, precious quality of truthfulness that I delight in many Dutch paintings, which lofty-minded people despise. I find a source of delicious sympathy in these faithful pictures of a monotonous homely existence, which has been the fate of so many more among my fellow-mortals than a life of pomp or of absolute indigence, of tragic suffering or of world-stirring actions. …

All honour and reverence to the divine beauty of form! Let us cultivate it to the utmost in men, women, and children—in our gardens and in our houses. But let us love that other beauty too, which lies in no secret of proportion, but in the secret of deep human sympathy.

"이 브룩스턴의 목사님은 이교도보다도 나은 데가 없군요!" 내 귀에는 독자 한 분이 이렇게 외치는 소리가 들리는 듯하다. "만일 목사님이 아서에게 진정으로 정신적인 충고를 해주었더라면 훨씬 더 교훈적이었을 거예요. 목사님의 입에서 가장 아름다운 말, 설교문처럼 훌륭한 말이 나오도록 할 수 있었을 텐데요."
분명 나는 그렇게 할 수 있었을 것이다. 이전에도 존재하지 않았고 앞으로도 존재하지 않을 사물을 표현하는 것이 소설가의 최고의 소명이라고 생각했다면. 그렇다면 물론 내 인물들이나 삶을 오로지 내 마음대로 선택했을 것이고, 더할 나위 없이 완벽한 목사님을 골랐을 것이며, 어느 경우에나 그의 입을 통해 훌륭한 나의 견해를 내보내도록 했을 것이다. 하지만 정반대로 나는 그런 인위적인 그림을 피하고 마음속에 비치는 그대로의 인간과 사물들을 충실하게 기술하려고 노력해왔다. 의심할 바 없이 그 거울에는 결함이 있으며 때로 윤곽이 흔들리고 거울에 비친 영상이 희미하거나 혼란스럽기도 하다. 그러나 나는 증인석에 서서 맹세를 하고 경험을 진술하는 사람처럼, 될 수 있는 대로 정확하게 거울에 비친 상을 여러분에게 말해야한다고 느낀다. …

그러므로 나는 사물을 현재의 상태보다 더 낫게 보이게 만들려고 애쓰지 않으면서 내 소박한 이야기를 해나가는 것에 만족한다. 아무것도 두렵지 않지만, 아무리 진지한 노력을 해도 거짓에 대해서는 다분히 두려워할 만한 이유가 있다. 거짓은 너무 쉽고, 진실은 너무 어렵다. 그리핀을 그릴 때 연필은 유쾌한 솜씨를 의식하고 있다. 발톱이 길수록, 날개가 클수록, 더 멋질 것이다. 그러나 우리가 재능이라고 착각하는 그 놀라운 솜씨는 우리가 과장되지 않은 진짜 사자를 그리려고 할 때 우리를 저버리고 만다. 당신이 쓴 단어들을 잘 검토해보라. 그러면 당신은 거짓을 쓰려는 동기가 없을 때도, 심지어 당신 자신의 즉각적인 감정에 대해서도, 진실을 정확히 말하는 것이 대단히 어려운 일임을 알게 될 것이다. 정확한 사실이 아닌 감정에 대해 그럴 듯한 말을 하는 것보다 정확한 진실을 말하는 것이 훨씬 더 힘들다.

고상한 마음을 지닌 사람들이 경멸하는 네덜란드 회화들에서 내가 기쁨을 느끼는 것은 바로 현실에 대한 충실성이라는 이 드물고 귀중한 자질 때문이다. 나는 단조롭고 소박한 삶을 충실하게 그린 이 그림들에서 즐거운 공감의 원천을 발견한다. 화려하거나 절대적으로 빈곤하거나 혹은 비극적인 고통을 겪거나 세계를 뒤흔들 활약을 하는 삶보다도 바로 그러한 삶이 우리 동료 인간들 가운데 많은 사람들의 운명이었다. …

신성한 아름다운 용모에 온갖 명예와 존경이 따르기를! 남자와 여자 그리고 아이들, 우리의 정원과 집에서 그 아름다움을 최고도로 가꾸도록 하자. 하지만 균형의 비결이 아니라 깊은 인간적 공감의 비결에 놓여있는 또 다른 아름다움 역시 사랑하도록 하자.

해설

1859년에 발표된 이 소설은 엘리어트가 살았던 시대보다 더 과거인 1790년대 후반을 시간적 배경으로, 전형적인 옛 농촌 마을 헤이슬롭(Hayslop)을 공간적 배경으로 삼고 있다. 엘리어트가 이 책의 출판업자인 블랙우드(John Blackwood)에게 보낸 편지에서 밝히고 있듯이 엘리어트의 표면적인 집필 의도는 전통적인 영국 농촌을 이상적인 모습으로 재현하는 것이었다. 그러나 실상 이 소설에서 묘사된 세계는 전원적이고 목가적인 것만은 아니다. 이 소설에서 엘리어트는 이상적인 시골을 전원시적으로 재현하는데 관심이 있는 것이 아니다. 그 보다는 역사적인 사실과 있는 그대로의 진실에 충실하고자 했다.

④ 토마스 하디의 『더버빌 가의 테스』

제목부터 여주인공 테스에 초점이 맞추어져 있는 『더버빌 가의 테스』(*Tess of the d'Urbervilles*)의 부제는 "순정한 여인"(Pure Woman)이다. 미혼모이자 유부녀의 신분으로 다른 남자의 정부가 되고 결국에는 살인자가 되어버린 테스를 "순결"하고 "순정한" 여인으로 칭함으로써 작가 하디는 당대 빅토리아조 사회의 순결 관념에 도전한다. '순정성'은 본심을 감추면서 가식적으로 외양을 꾸며 내는 것이 아니라 속마음을 그대로 표현하고 행동하는 진실성과 연관된다. 테스의 진정성은 에인절에게 변치 않은 절대적인 사랑을 보내며 이를 삶의 근간으로 삼고 그것에 일관되게 충실한 태도로 발현된다.

다음은 59장으로 마무리되는 이 소설 중 58장의 일부이다.

She ceased, and he fell into thought. In the far north-east sky he could see between the pillars a level streak of light. The uniform concavity of black cloud was lifting bodily like the lid of a pot, letting in at the earth's edge the coming day, against which the towering monoliths and trilithons began to be blackly defined.

"Did they sacrifice to God here?" asked she.

"No," said he.

"Who to?"

"I believe to the sun. That lofty stone set away by itself is in the direction of the sun, which will presently rise behind it."

"This reminds me, dear," she said. "You remember you never would interfere with any belief of mine before we were married? But I knew your mind all the same, and I thought as you thought—not from any reasons of my own, but because you thought so. Tell me now, Angel, do you think we shall meet again after we are dead? I want to know."

He kissed her to avoid a reply at such a time.

"O, Angel—I fear that means no!" said she, with a suppressed sob. "And I wanted so to see you again—so much, so much! What—not even you and I, Angel, who love each other so well?"

Like a greater than himself, to the critical question at the critical time he did not answer; and they were again silent. In a minute or two her breathing became more regular, her clasp of his hand relaxed, and she fell asleep. The band of silver paleness along the east horizon made even the distant parts of the Great Plain appear dark and near; and the whole enormous landscape bore that impress of reserve, taciturnity, and hesitation which is usual just before day. The eastward pillars and their architraves stood up blackly against the light, and the great flame-shaped Sun-stone beyond them; and the Stone of Sacrifice midway. Presently the night wind died out, and the quivering little pools in the cup-like hollows of the stones lay still. At the same time something seemed to move on the verge of the dip eastward— a mere dot. It was the head of a man approaching them from the hollow beyond the Sun-stone. Clare wished they had gone onward, but in the circumstances decided to remain quiet. The figure came straight towards the circle of pillars in which they were.

He heard something behind him, the brush of feet. Turning, he saw over the prostrate columns another figure; then before he was aware, another was at hand on the right, under a trilithon, and another on the left. The dawn shone full on the front of the man westward, and Clare could discern from this that he was tall, and walked as if trained. They all closed in with evident purpose. Her story then was true! Springing to his feet, he looked around for a weapon, loose stone, means of escape, anything. By this time the nearest man was upon him.

"It is no use, sir," he said. "There are sixteen of us on the Plain, and the whole country is reared."

"Let her finish her sleep!" he implored in a whisper of the men as they gathered round.

When they saw where she lay, which they had not done till then, they showed no objection, and stood watching her, as still as the pillars around. He went to the stone and bent over her, holding one poor little hand; her breathing now was quick and small, like that of a lesser creature than a woman. All waited in the growing light, their faces and hands as if they were silvered, the remainder of their figures dark, the stones glistening green-gray, the Plain still a mass of shade. Soon the light was strong, and a ray shone upon her unconscious form, peering under her eyelids and waking her.

"What is it, Angel?" she said, starting up. "Have they come for me?"

"Yes, dearest," he said. "They have come."

"It is as it should be," she murmured. "Angel, I am almost glad—yes, glad! This happiness could not have lasted. It was too much. I have had enough; and now I shall not live for you to despise me!"

She stood up, shook herself, and went forward, neither of the men having moved.

"I am ready," she said quietly.

테스는 말을 그쳤고 에인절은 생각에 잠겼다. 먼 북동쪽 하늘에서 에인절은 가지런한 광선 한 줄기를 돌기둥 사이로 볼 수가 있었다. 변함없이 오목하게 덮여 있던 먹구름이 냄비의 뚜껑이 벗겨지듯이 통째로 걷히면서 땅 끝에서부터 먼동이 트고 있었다. 먼동을 등지고 우뚝 서 있는 일석주와 삼석탑은 검게 윤곽을 드러내기 시작했다.

"사람들은 이곳 신에게 제물을 바칠까요?" 그녀가 물었다.

"아니요." 그가 대답했다.

"그럼 누구에게?"

"태양에게 바치리라고 믿어요. 홀로 떨어져 서 있는 저 드높은 돌은 태양 방향으로 있거든요. 그리고 태양은 곧 그 뒤에서 솟아오를 거요."

"이 돌을 보니까 생각이 나요." 그녀가 말했다. "우리가 결혼하기 전엔 제가 무엇을 믿건 참견하지 않겠다고 하신 걸 당신은 기억하세요? 전 당신 마음 역시 매한가지임을 알았어요. 그리고 전 당신이 생각한 대로 생각했어요. 제 나름의 이유 때문이 아니라 당신이 그렇게 생각했기 때문이에요. 에인젤, 지금 말해 주세요. 우리가 죽은 후에 우린 다시 만나게 되리라고 생각하세요? 전 알고 싶어요."

그런 경우 대답을 회피하기 위해 그는 그녀에게 키스했다.

"오, 에인젤 -못 만난다는 거군요?" 울음을 억누르며 그녀는 말했다. "그런데 전 당신을 다시 만나고 싶어요 -무척, 무척! 무어라고요, 에인젤-서로 그렇게도 사랑하는 당신과 내가 못 만나나요?"

중대한 시기의 중대한 질문에 대해 그는 지나치게 신중을 기하느라고 대답하지 않았고 그들은 다시 아무 말도 하지 않았다. 잠시 후 호흡은 보다 고르게 되고 그의 손을 쥐었던 손이 풀리더니 그녀는 잠이 들었다. 동녘 지평선의 파리한 은빛 띠가 대평원의 먼 부분까지를 검고 가깝게 보이게 했다. 그리고 거대한 풍경 전체가 해뜨기 전에 늘 그러하듯이 자제와 침묵과 망설임의 인상을 풍겼다. 동쪽 돌기둥의 처마 도리는 햇빛을 등지고 검게 서 있었고 그 너머에는 거대한 태양 모양의 돌이 있었다. 중간에는 제단석이 있었다. 이윽고 밤바람이 자고 돌에 패인 컵과 같이 오목한 곳에 고인 조그만 물웅덩이의 잔물결도 잠잠해졌다. 바로 그때 동쪽의 움푹 내려간 곳의 가장자리에 무언가가 단지 하나의 점으로 계속 움직이는 것 같았다. 그것은 태양돌 너머 깊게 파인 곳으로부터 그들에게 다가오고 있는 사람의 머리였다. 클레어는 좀 더 가지 못했던 걸 후회했으나 이 상황에서는 가만히 기다리기로 했다. 그 그림자는 그들이 있던 돌기둥의 둘레를 향해 똑바로 다가왔다.

그는 그 뒤에서 무슨 소리를 들었다. 그것은 발을 스치는 소리였다. 돌아다보니까 엎드린 기둥 위에 또 하나의 형체가 있었다. 그러고서 그가 미처 알아채기도 전에 오른쪽 삼석탑 밑에 또 하나의 형체가 나타났고 왼쪽에도 또 하나가 나타났다. 새벽빛은 서쪽에 나타난 사람 앞을 환히 비추었다. 클레어는 이때 그가 키가 크고 훈련된 걸음걸이를 하고 있다는 것을 확인했다. 그들은 모두가 명백한 목적을 갖고 포위망을 좁혀 왔다. 그럼 그녀의 이야기는 정말이었구나! 벌떡 일어나 그는 무기를, 돌멩이를, 도주 수단을, 무언가를 찾아 두리번거렸다. 이때쯤 가장 가깝게 다가온 사나이가 그를 붙들었다.

"소용없습니다." 그 사내가 말했다. "들판에 열여섯 명이 깔려 있고 온 지방 사람들이 듣고 일어났소."

"이 여자가 자던 잠이나 마저 자게 해 주시오!" 그는 주위에 모여든 사람들에게 속삭이듯 애원했다.

그들은 그 여자가 누워 있는 곳을 발견하게 되었을 때 에인절의 제안을 반대하지 않고 주위의 기둥처럼 우두커니 서서 그녀를 지켜보았다. 그는 테스가 누워 있는 돌 옆으로 가서 그녀를 내려다보고 그녀의 가냘픈 작은 손을 쥐었다. 그녀의 숨소리는 지금 마치 여자보다도 더 작은 동물의 숨소리처럼 빠르고 작았다. 모두가 점점 밝아지는 햇빛 속에서 기다렸다. 그들의 두 손과 얼굴은 은빛으로 빛났고 나머지 모습은 거무스름했다. 돌들은 녹회색으로 번들거렸고 대평원은 아직도 그림자의 집단이었다. 이윽고 햇빛이 강해졌고 광선은 잠든 그녀의 온몸에 번쩍이며 그녀의 눈시울 밑을 들여다보고 그녀를 깨웠다.

"무슨 일이예요? 에인절?" 놀라면서 그녀는 말했다. "저를 잡으러 왔나요?"

"그렇소." 에인절은 말했다. "당신을 잡으러 왔소."

"와야 할 게 온 거예요." 그녀는 중얼거렸다. "에인절, 전 거의 기쁠 지경이예요 --그래요, 기쁘고말고요! 이 행복은 오래 갈 수가 없었어요. 너무나 행복했어요. 전 실컷 행복을 맛보았어요. 이젠 당신의 멸시를 받으며 살게 되지는 않을 거예요!"

테스는 일어서서 몸을 털고 앞으로 나갔다. 그러나 테스를 잡으러 온 사나이들은 아무도 움직이지 않았다.

"준비됐어요," 그녀가 조용히 말했다.

해설

알렉에게 순결을 잃은 테스는 모든 내적 어려움을 극복하고 에인절과의 결혼을 단행하지만 그녀의 과거를 용납할 수 없는 에인절에게 버림받는다. 그렇지만 그와의 사랑을 "성취"(fulfilment)하는 것이 그녀의 간절한 소망이었기에 그가 돌아와 용서를 구했을 때 그녀는 알렉을 살해하는 처절한 선택을 한다. 에인절과의 사랑 성취가 테스에게는 진실성이라는 자신의 본성을 '실현'(fulfil)하는 길이었기에 그녀는 이를 위해 살인까지도 불사한 것이다. 그리고 자신의 행위에 대해 의연하게 책임을 진다. 이 과정에서 보여준 테스의 태도는 고전비극 주인공의 그것처럼 숭고하며 고결해 보인다.

테스의 진실성이 드러난 예는 "여자들이 하나같이 말하는 것을 어떤 여자는 그대로 느낀다"(what every woman says some women may feel, 125)고 알렉에게 말한다거나 그를 진정으로 사랑하지 않는다는 사실을 거짓말로 숨기면 득이 되겠지만 그렇지 않고 솔직하게 자신의 감정에 따라 그를 떠나기로 결단을 내리는 것, 그리고 에인절이 그를 속이려 한 "사기꾼"(impostor, 299)으로 자신을 볼 수도 있겠다는 생각이 들자 크게 당혹스러워 하면서 "남을 속이는 여자"(deceitful woman, 302)가 아니라고 항변하는 것을 들 수 있다.

테스는 수동적 희생자로 결정지어진 상황에서 구체적 개인, 더 나아가 '순정성'을 지닌 숭고하고 고결한 여인으로 승화되는 인물이다. 작가는 테스가 "순정한 여인"임을 "충실하게 제시"하기 위해서 자연 묘사나 '빛'

과 '어둠' 이미지 속에 상징적인 의미를 함축시킨다. 얼핏 잘 드러나지 않은 이미지의 패턴이 반복되며 약간씩 변형되어 나타나는 가운데 의미망을 구축하고 이를 확장해 가면서 작가의 의도를 구현해 간다. 소설은 논증이 아니라 삶에 대한 작가의 인상이라고 생각한 하디는 이미지를 내포한 하나의 그림으로 틀을 지워서 즉 시각화해서 독자에게 보여주고 그림의 반복과 차이를 통해 그 안에 상징적인 의미를 함축시킨다. 테스의 에인절에 대한 사랑이 가장 기본적인 인간 본성에 의거한 것이었고, 알렉과의 과거와 이를 둘러싼 사회법의 압력이라는 '어둠'에 얽매이고 짓눌려 있는 테스에게는 새 생명을 주는 '빛'이었기에, 그 사랑의 성취를 위해 일관되게 노력하며 온 몸을 바치는 테스는 "순정한 여인"이라는 것이다.

(4) 빅토리아 시대 드라마

빅토리아 시대에 새로운 드라마가 출현한 것은 오스카 와일드(Oscar Wilde, 1856-1900)와 버나드 쇼(George Bernard Shaw, 1856-1950) 등의 극작가가 등장한 1890년대였다. 와일드는 '예술을 위한 예술'을 주창한 탐미주의자로서, 당시 중산층의 겉치레용 진지함과 체통에 대한 집착을 비판했다. 버나드 쇼는 스웨덴의 극작가 입센(Henrik Ibsen, 1828-1906)의 영향을 받아서 자연주의적인 기법을 사용한 사회극에 관심을 가졌던 진보적인 작가였다. 그는 논쟁적인 극을 썼는데 극중 논쟁에서 사회주의, 철학, 과학 등에 대해 자신의 주장을 강하게 피력했다. 이렇듯 이 시기의 드라마는 당시 세기말적 사회상에 대한 비판이 주를 이루었다. 하지만 다른 장르와 비교해 볼 때 이 시기의 드라마는 대체로 융성하지 못했다.

(5) 빅토리아 시대 산문

빅토리아 시대에는 소설뿐만 아니라 산문이 꽃을 피운 시대이기도 했다. 칼라일(Thomas Carlyle, 1795-1881), 밀(John Stuart Mill, 1806-1873), 러스킨(John Ruskin, 1819-1900), 페이터(Walter Horatio Pater, 1839-1894) 등의 산문작가들은 번영하는 이 시대의 이면에 잠재해 있던 극심한 회의와 갈등을 진지한 자세로 탐구하였고, 각자 다양한 스타일과 방식으로 나름의 해법을 제시하였다. 이들은 산문을 통해 적극적으로 독자들을 설득하고자 했고 때로는 같은 주제를 놓고 상반된 주장으로 논쟁을 벌이기도 하였다. 칼라일은 다른 산문작가들보다 앞서 빅토리아조의 문제를 예견하였으며 개성적이고 독특한 문체로 자신의 사상을 피력했다. 그는 『의상철학』(*Sartor Resartus*, 1833-1834)에서 기독교적 형식들을 낡은 의상으로 간주하고 거부하면서 '살아있는 신'을 추구했다. 밀의 『자유론』(*Theory of liberty,* 1859)은 명확하고 논리적인 어조로 독자의 이성에 호소하는 산문이다.

아놀드는 산문을 통해 영국 사회의 문제점에 대한 해답을 제시했다. 문명을 비판한 『교양과 무질서』(*Culture and Anarchy*, 1869)에서 아놀드는 자유경제 체제 하에서 자행되는 중산계층의 이기적인 노동자 착취, 청교도 중산계층의 편협성과 속물근성(philistinism)을 비판한다. 그가 보기에 그릇된 자유의 관념에서 비롯된 무질서를 구제할 수 있는 방법은 인간성의 조화로운 완성을 지향하는 교양이다. 그는 문학 뿐 아니라 삶에서도 인문주의적 사고가 중요함을 지적했다.

VI. 20세기

20세기는 에드워드 시대(Edward Ⅶ, 재위 1901-1910), 조지안 시대(조지 V, 재위 1910-1936), 모더니즘 시대(1922-1965), 그리고 엘리엇이 세상을 떠난 1965년 이후의 포스트모더니즘 시대로 구분할 수 있다. 획기적인 형식의 문학 작품들 즉 제임스 조이스(James Joyce, 1882-1941)의 『율리시즈』(*Ulysses*)와 엘리어트(T. S. Eliot, 1888-1965)의 『황무지』(*The Waste Land*)가 출간된 1922년이 모더니즘의 절정기였다. 이 책에서는 1901년에서 제2차 세계대전이 종결된 1945년까지를 20세기 전반, 이후를 20세기 중, 후반으로 구분하기로 한다.

1. 20세기 전반 (1901-1945)

1) 역사, 사회적 배경

빅토리아 여왕이 죽고 에드워드 7세가 즉위한 1901년부터 영국의 20세기가 시작된다. 20세기에 들어서 영국 경제와 산업은 새로이 부상하는 다른 국가들 특히 독일과 미국의 추격을 받게 되면서 서서히 쇠퇴했다. 빅토리아 여왕 말기부터 그동안 선호되었던 자유무역과 자유방임체제에 대한 비판이 점차 거세어졌다. 노동 계급이 성장하여 노동자로서의 의식을 갖게 되었고 결국 노동당이 창당된다. 이로써 보수당 대 자유당이었던 대결구도가 보수당 대 노동당의 대결구도로 재편된다. 한편 1902년 남아프리카 지역에서 발발한 보어전쟁(Boer War, 1899-1902)을 계기로 영국은 19세기 내내 일관되게 유지해왔던 '영광의 고립' 정책의 문제점을 깨닫게 되었다. 그 사이 고수해온 고립 정책의 결과 다른 나라의 지원을 전혀 받지 못한 영국은 각국의 지원을 받은 보어 군과 싸우는데 큰 어려움을 겪었던 것이다. 이후 영국은 협상이라는 새로운 외교정책을 펼치게 된다.

제1차 세계대전(1914-1918)은 역사상 최초로 큰 규모로 벌인 총력전이었다. 영국은 군수부를 설치하여 산업을 통제하고 기간산업을 국유화하였으며 1917년에는 식량배급을 시작하는 등 조직적으로 대처하여 전쟁에서 승리했다. 조지 5세(George Ⅴ, 재위 1910-1936) 통치 기간 중인 1917년에는 하노버라는 명칭을 버리고 윈저 왕조(the House of Windsor)로 개명했다. 하노버라는 명칭이 제1차 세계대전으로 인해 적국이 된 독일과 연관이 있었기 때문이다. 전쟁 중인 1916년, 수백 년 동안 영국의 지배를 받아오던 아일랜드에서 독립을 쟁취하기 위한 부활절 봉기가 일어나 영국을 당혹스럽게 만들었다.

전쟁이 끝난 1918년 성인 남자 보통 선거권이 부여되어 거의 모든 노동자까지도 선거권을 갖게 되었다. 한편 전쟁 중 여성은 전쟁터로 나간 남성의 일자리를 대신했는데 이로 인해 전통적인 성역할에 변화가 생겼다. 이제 여성은 더 이상 가정의 천사가 아니라 군수공장과 운송업체에서 필요로 하는 노동력의 주된 공급원이었다. 1911년에는 약 59만 명에 이르던 직장여성의 수가 제1차 대전을 겪으면서 2배로 증가하여 134만 5천 명에 달하게 되었다. 성역할의 변화는 가부장제 문화에서 벗어나는 계기가 되었고, 여성 투표권 부여를 촉진하는 계기가 되었다. 1918년에는 30세 이상의 여성이, 1928년에는 남녀평등 선거법(the Equal Franchise Act)으로 21세 이상의 모든 여성이 참정권을 갖게 되었다. 18세 이상의 모든 남녀가 선거권을 갖게 된 것은 1969년에 이르러서였다.

제1차 대전에서 승리했지만 영국은 전후 심각한 경제적 위기에 봉착했다. 불경기를 겪은 데다 일부 산업이 미국의 능률적인 생산 체제에 밀리게 되었고 무역도 침체되어 세계 경제 중심으로서의 위치를 미국에 빼앗겼다. 전후의 경제 정세 악화, 무역의 부진, 실업자의 증대 등으로 노동 운동이 활발하게 되었고, 1920년대에는 노동당이 세력을 얻어 1924년 최초의 노동당 내각이 구성되었다. 1926년의 총파업과 1930년대의 금융공황 등으로 인해 국가 재정이 위기에 처했다. 결국 영국은 파운드화의 금본위제를 폐지하고 1932년 자유방임주의를 종결지었다. 경제적 위상 뿐 아니라 국제 정치상의 지도권도 후퇴했다. 아일랜드는 1937년에 영국에서부터 완전히 독립하여 에이레 공화국이 되었다. 1936년에는 조지 5세를 이은 에드워드 8세가 미국인 이혼녀 심슨 부인(Mrs. Simpson)과 결혼하기 위해 왕위를 포기하는 파격적인 사건이 발생했고 조지 6세(George VI, 재위 1936-1952)가 그 뒤를 이어 즉위했다. 1930년대는 세계 전역에 걸친 공황, 이태리에서의 파시즘(fascism)의 등장, 독일 히틀러(Adolf Hitler, 1889-1945, 총통통치 1933-1945)의 나치정권 수립(1933)이라는 전체주의의 위협으로 전 세계에 위기감이 팽배했다. 이는 제2차 세계대전의 발발로 이어진다.

제2차 세계대전(1939-1945)의 전시 연립내각에서 보수당은 국방, 외교 등 전쟁 수행의 업무를 담당했고 경제, 복지 등 국내적 사안은 소수파 노동당이 담당했다. 영국은 윈스턴 처칠(Winston Churchill,

1874-1965) 수상의 강력한 지도력을 바탕으로 전쟁에서 승리했다. 1945년 종전과 함께 치러진 총선에서 노동당은 전쟁을 승리로 이끈 처칠의 보수당을 누르고 집권했다. 그런데 전쟁으로 영국의 경제는 모두 소진되었고 국가 재산의 4분의 1이 소모되었다. 19세기 산업혁명을 거쳐 1차 세계대전까지 영국은 세계 경제를 이끄는 선두주자였으나 세계 1차, 2차 대전에서의 전비 소모와 전후 미국과 독일의 부상과 함께 예전의 경제적 위상을 점차 상실하게 되었다.

2) 모더니즘

20세기에는 기존의 연대기적 시간관과는 구별되는 새로운 시간관이 도입되면서 인간의 의식에 대해 새로운 관점을 갖게 되었다. 이제 시간은 일련의 연대기적 순서가 아닌, 인간의 의식 속에서 과거와 현재, 회상과 예상이 교차하기도 하면서 끊임없이 흘러가는 하나의 연속적인 흐름으로 파악되었다. 과거의 기억들이 인간의 의식 세계를 지배하면서 현재에 환기된다는 프로이드(S. Freud)의 정신분석학의 영향으로 기억이 중요하게 간주되었다. 또한 인간의 의식은 원인과 결과, 시간의 순서에 따라 질서정연하게 변하는 것이 아니라 여러 생각이 혼란스럽게 얽히고 자극에 따라 시시각각 변하면서 흐른다는 새로운 관점이 대두되었다. 이에 작가들은 인물의 의식 속으로 들어가 외부의 자극에 대한 인물의 의식의 변화, 즉 '의식의 흐름'(stream of consciousness)을 직접 전달하려 했다. '의식의 흐름'은 미국의 심리학자 윌리엄 제임스(William James, 1842-1910)가 사용한 심리학적 용어이다.

1900년에 출간된 프로이드의 『꿈의 해석』(*The Interpretations of*

Dream)의 영향으로 무의식의 영역이 주목을 받게 되면서, 이제 예술가는 복잡하고 유동적인 내면의식을 포착하는데 관심을 갖게 되었다. 1910년 초 런던에서는 사물을 바라보는 인지자의 주관적 인상에 따른 표현을 강조하는 후기 인상파 화가들의 그림전이 열렸다. 1890년 무렵부터 제2차 세계대전 직후까지의 시기에 건축, 미술, 문학 분야를 포함한 각 분야에서 낡은 것을 거부하고 새로운 것을 만들려고 시도한 일련의 움직임을 모더니즘(Modernism) 운동이라고 한다. 상징주의, 인상파, 미래파, 이미지즘, 표현주의, 다다이즘, 초현실주의 등이 모더니즘 예술 운동에 포함된다. 1910년부터 1940년까지 약 30년이 모더니즘의 전성기였다.

모더니즘 문학가들은 무엇을 표현할 것인가 보다도 어떻게 표현할 것인가에 더 관심을 기울이면서 새로운 형식과 기법을 실험했다. 그 예로는 전통적인 서술방법이 아닌 의식의 흐름 기법과, 전통적인 시 형식을 대신한 자유시 형식이 있다. 모더니즘 작가들은 현대 세계의 파편화된 현실을 파편화된 형식으로 그렸지만 그 가운데에서도 통합을 지향했고, 현실의 문제점을 넘어설 수 있는 대안을 모색했다. 혼돈과 무질서에 질서와 통일을 부여하는 형식적 장치로서 그들은 신화와 전설, 고전의 틀 등을 사용했다.

3) 문학

(1) 20세기 전반의 시

20세기 전반의 영국 시인들은 세 부류로 나누어진다. 첫 부류는 전통적 영시의 기풍을 따라 시를 쓰는 시인들인데, 대표적인 시인은 토마스 하디와 로렌스(D. H. Lawrence, 1885-1930)이다. 하디의 시들은 주로 자연과 우주의 무관심에 맞서 싸우는 인간의 비극적인 운명과 투쟁을 그리고 있다. 고통 받는 인간에 대한 연민을 표현했으므로 시의 분위기는 어둡고 침울하다. 하지만 하디 시는 아이러니와 역설을 구사하는 가운데 단순하고 명료한 문체로써 비극적 감정을 절제했다. 이는 슬프지만 달콤하기도 한 자기연민에 빠져 있었던 빅토리아조 시들과는 다른 점이다. 로렌스는 현대 산업문명 사회의 문제점에 대한 대안으로서 자연에서 발견되는 원초적인 생명력과 인간 내면의 본능적 에너지에 주목했고 이를 시의 주요 주제로 삼았다. 그는 자유 시형을 즐겨 사용했다.

두 번째 부류는 혁신적인 새로운 시에 현대인의 문제를 담아내려 한 실험적인 시인들로서, '모더니즘 시인'으로 지칭된다. 모더니즘 시인은 그 이전 시인들과는 달리 독자와 시인이 공통적으로 중요하다고 생각하는 그 무엇을 공유하고 있지 않다고 보기에, 독자와 공유하는 현실 세계를 묘사하는 대신 자신의 상상력을 통해 본 세계, 즉 비전을 보여주려 한다. 이와 함께 그 비전을 독자들에게 설득력 있게 전달하기 위해서 시인 나름의 기법을 구사한다.

모더니즘 시는 17세기 영국의 형이상학파 시, 19세기 말의 프랑스 상징주의 시, 20세기 초의 영미 이미지즘 운동의 영향을 받았다. 형이상학파 시로부터 이질적인 것들을 한데 통합하는 기상과 지적인 태도를, 상징주의로부터는 암시의 기법을, 이미지즘으로부터는 표현의 구체성과 정확성을 배웠다. 그 결과 모더니즘 시는 직접적으로 진술하거나 묘사하는 대신, 상징과 이미지를 통해 간접적으로 암시하거나 환기했다.

영국에서 상징주의는 1899년에 출판된 시몬스(Arthur Symons)의 『프랑스에서의 상징주의 운동』(*The Symbolist Movement in*

France)과 함께 도입되었다고 할 수 있다. 상징주의는 19세기 말에서 20세기 초에 걸쳐 프랑스를 중심으로 나타난 시의 한 경향으로서 사물, 정서, 사상 등을 상징을 사용하여 암시적으로 표현하려고 했다. 이 책은 예이츠나 T. S. 엘리어트에게 큰 영향을 끼쳤다.

에즈라 파운드(Ezra Pound, 1885-1972)를 중심으로 전개된 이미지즘(Imagism) 운동은 1909년에 시작해서 1917년에 끝났다. 파운드를 이어 이 운동을 이끈 에이미 로웰(Amy Lowell, 1874-1925) 등이 간행한 시집『이미지즘 시인들』(*Some Imagist Poets,* 1915)에 '이미지즘 선언'이 들어 있다. 이에 따르면 일상용어와 정확한 단어의 사용, 새로운 리듬의 창조, 자유로운 주제 선택, 그리고 집중이 강조된다. 이미지즘의 이론은 르네상스 이후의 휴머니즘 사상에 반대하고 가톨릭 사상과 고전주의를 주장한 흄(T. E. Hulme, 1883-1917)의 영향을 받은 것이다. 흄은 낭만주의자들의 모호함과 안이한 감정주의를 배격했다.

제1차 세계대전으로 인해 심화된 현대문명의 문제들에 대한 관심으로 인해 조이스, 파운드, 엘리어트 같은 대표적인 모더니스트 시인들은 도시를 작품의 배경으로 삼았다. 이로 인해 도회적임이 모더니즘의 한 특징이 되었다. 소외, 소통의 부재, 배금주의 등으로 인한 현실의 혼돈과 절망에 대한 깊은 인식을 내포하고 있는 모더니즘 시들은 비관적이고 염세적인 분위기를 띤다.

① D. H. 로렌스

로렌스는 소설 뿐 아니라 시도 썼다. 그의 시 「뱀」("Snake", 1923)에서 시인은 꼼짝하지 않고 선 채로, 뱀이 통나무 물통에서 도도하게 물을 마시는 모습을 두려움과 반발감이 뒤섞인 상태로 지켜본다. 이

때 그의 마음속에는 뱀을 죽이라고 말하는 "내가 받은 교육의 목소리들"(the voices of my education)인 인습의 가르침과, 뱀의 원시적 생명력을 찬탄하고 흠모하는 감정 사이에 갈등이 생긴다. 시인이 장작개비를 던져 뱀을 쫓아버렸을 때 짜릿한 흥분은 사라지고 대신 죄책감이 들어선다. 다음은 이 시의 후반부이다.

And immediately I regretted it.
I thought how paltry, how vulgar, what a mean act!
I despised myself and the voices of my accursed human education.

And I thought of the albatross
And I wished he would come back, my snake.

For he seemed to me again like a king,
Like a king in exile, uncrowned in the underworld,
Now due to be crowned again.

And so, I missed my chance with one of the lords
Of life.
And I have something to expiate:
A pettiness.

주

albatross: 신천옹이라는 이름을 가진 큰 새로서 남쪽 바다에 산다. 코울리지의 「노수부의 노래」에서 늙은 수부는 아무런 동기 없이 이 새를 죽이게 되는데, 이후 구원을 받을 때까지 죽음에 가까운 온갖 수난을 겪는다.

Like a king in exile: '추방당한'이라는 표현이 사용된 이유는 뱀이 겉으로는 표출하지 못한 채 단지 내면에 숨어있는 욕망 및 원초적인 생명력을 상징하기 때문이다.

그러고는 즉시 뉘우쳤다.
얼마나 쩨쩨하고 얼마나 속되고 얼마나 비열한 짓이었던가!

나는 나 자신과 가증스러운 인간 교육의 목소리들을 경멸했다.
그리고 나는 신천옹을 떠올렸고,
그리고 그가, 내 뱀이 돌아오기를 바랐다.

내게 그는 다시 왕처럼 보였기 때문이다.
하계에서 왕위를 빼앗겨 망명객의 되었지만,
이제는 마땅히 다시 왕관을 써야 할 왕.

그리하여, 나는 놓쳐버렸다 한 생명의 왕과 함께 할
기회를.
그리고 나는 속죄할 게 있다.
이 옹졸함을.

해설

이 시에서 로렌스는 뱀이 상징하는 원시 생명력과 본능의 세계를 찬양하고 인간의 교육이나 관습을 비판한다. 시 속 화자는 뱀에 대한 경건한 마음을 끝까지 간직하지 못하고 결국 인간의 교육의 목소리에 굴복한 후 신천옹을 생각한다. 화자는 코울리지의 시에서 노수부가 신천옹을 죽인 후에 겪었던 엄청난 고난을 생각하고 자신의 행위를 뉘우친다. 화자는 뱀이 인간의 교육, 관습으로 인하여 왕관을 빼앗기고 하계에서 귀양살이하는 왕과 같은 존재라고 보며 그가 조만간 왕위를 되찾아야 한다고 생각한다. 이제 화자에게 뱀은 생명의 군주로 여겨진다. 화자는 인간의 잘못된 교육에서 기인한 옹졸함 때문에 그 생명의 왕을 가까이서 배알하고 경배할 순간을 놓친 것임을 깨닫는다. 따라서 그는 인간 교육의 쩨쩨함을 속죄한다.

② 윌리엄 버틀러 예이츠

예이츠(William Butler Yeats, 1865-1939)는 전기 시에서 몽환적인 낭만 세계와 아일랜드의 영웅담 및 민담에 바탕을 둔 초자연적인 세계를 보여주었다. 중기 시에서는 여기에서 벗어나 현실세계와 접하게 되며 그것을 일상적인 언어로 다루었다. 성숙기의 시는 상징주의, 사실주의, 형이상학적 시인으로서의 복합적인 면모를 보여준다.

예이츠는 1902년 아일랜드 국립극단을 창립하는데 주도적인 역할을 하고 1904년에 애비 극장(abbey theater)을 개관하면서 아일랜드 문예부흥을 위해 애썼다. 1916년 부활절에 일어난 아일랜드 봉기가 영국에 의해 무력으로 진압되고 가담했던 아일랜드 민족주의자들이 처형되자 예이츠는 「부활절 1916」(“Easter 1916”)이라는 시를 썼다. 예이츠는 1920년 「두 번째 재림」(“The Second Coming”)이라는 시에서 “모든 것이 무너져 내리고; 중심이 지탱될 수 없고; 단지 무정부상태가 전 세계에 만연하는”(Things fall apart; the center cannot hold; Mere anarchy is loosed upon the world) 암울한 시대적 상황을 포착했다. 1923년에는 노벨문학상을 수상하였다.

예이츠에게 많은 영향을 준 시인은 파운드였다. 1911년 파운드를 만난 예이츠는 그의 영향으로 낭만적인 꿈과 환영에 심취한 초기의 시풍을 버리고, 구체적인 이미지와 상징으로 현대의 모순과 고뇌를 적확하게 표현하게 되었다. 예이츠와 엘리어트는 서로를 알지 못한 채 시작 활동을 했다. 객관적 상관물을 통해 몰개성의 시를 쓰려했던 엘리어트와는 달리, 예이츠는 ‘개성’을 시 속에 표현하려 한 서정시인이었다.

ⓐ 다음은 예이츠의 시 「레다와 백조」(“Leda and the Swan”, 1824)이다.

A sudden blow: the great wings beating still
Above the staggering girl, her thighs caressed

By the dark webs, her nape caught in his bill,
He holds her helpless breast upon his breast.

How can those terrified vague fingers push
The feathered glory from her loosening thighs?
And how can body, laid in that white rush,
But feel the strange heart beating where it lies?

A shudder in the loins engenders there
The broken wall, the burning roof and tower
And Agamemnon dead.

Being so caught up,
So mastered by the brute blood of the air,
Did she put on his knowledge with his power
Before the indifferent beak could let her drop?

불시의 습격 -비틀거리는 여인 위로
그 거대한 날개들 아직도 퍼덕거리고, 그녀의 허벅지는
시커먼 물갈퀴에 애무 당하고, 목덜미는 부리에 붙잡힌 채
그는 어찌할 바 모르는 그녀의 가슴을 제 가슴에 끌어안는다.

어떻게 저 겁에 질려 망연자실한 손가락들이 깃털에 싸인 영광을
그녀의 풀어지는 허벅지에서 밀어낼 수 있으랴?
그리고 어떻게 저 백색의 급습에 덮쳐 진 몸이 그 누운 자리에서
낯선 심장이 고동치는 것을 느끼지 않을 수 있으랴?

둔부의 전율이 거기에 잉태한다.
파손된 성벽, 불타는 지붕과 탑,
그리고 죽은 아가멤논을.

그렇게 붙들려서,
날짐승의 피에 그렇게 정복당했을 때,

그녀는 그의 힘과 함께 그의 지식도 전해 받았을까,
그 무심해진 부리가 그녀를 풀어주기 전에?

해설

소네트 형식으로 쓴 이 시의 배경은 다음의 그리스 신화이다. 제우스신이 백조의 형상으로 레다를 찾아가고, 이들이 결합한 결과 레다는 헬렌(Helen)과 클림네스트라(Clymnestra)를 출산한다. 헬렌은 트로이의 멸망을 초래했고 클림네스트라는 트로이 전쟁 때 그리스군의 총사령관이었던 남편 아가멤논을 살해한다. 이런 연유로 예이츠는 제우스신이 레다에게 나타난 것이 그리스 문명의 시작을 알리는 "통고"(annunciation -이 단어는 Annunciation이라고 쓰면 성모의 수태고지를 뜻한다)라고 생각한다.

이 시는 백조가 레다를 급습하는 순간을 포착한 극적 장면을 통해 백조로 상징된 신의 차원과 레다로 상징되는 인간의 차원간의 이원적 질서와 그 사이의 팽팽한 극적 긴장을 극화했다. 이 시에서는 날개, 허벅지, 목덜미 같은 부분에 초점을 맞춘 여러 개의 스냅 사진 같은 조각들의 효과적인 사용과 빠른 장면전환을 통해 숨 가쁘게 진행되는 상황이 생생하게 포착되어 있다.

ⓑ 다음은 「비잔티움」("Byzantium", 1927)이다.

The unpurged images of day recede;
The Emperor's drunken soldiery are abed;
Night resonance recedes, night-walkers' song
After great cathedral gong;
A starlit or a moonlit dome disdains
All that man is,
All mere complexities,
The fury and the mire of human veins.

Before me floats an image, man or shade,
Shade more than man, more image than a shade;
For Hades' bobbin bound in mummy-cloth
May unwind the winding path;
A mouth that has no moisture and no breath
Breathless mouths may summon;
I hail the superhuman;
I call it death-in-life and life-in-death.

Miracle, bird or golden handiwork,
More miracle than bird or handiwork,
Planted on the starlit golden bough,
Can like the cocks of Hades crow,
Or, by the moon embittered, scorn aloud
In glory of changeless metal
Common bird or petal
And all complexities of mire or blood.

At midnight on the Emperor's pavement flit
Flames that no faggot feeds, nor steel has lit,
Nor storm disturbs, flames begotten of flame,
Where blood-begotten spirits come
And all complexities of fury leave,
Dying into a dance,
An agony of trance,
An agony of flame that cannot singe a sleeve.

Astraddle on the dolphin's mire and blood,
Spirit after spirit! The smithies break the flood,
The golden smithies of the Emperor!
Marbles of the dancing floor
Break bitter furies of complexity,
Those images that yet

Fresh images beget,
That dolphin-torn, that gong-tormented sea.

낮의 정화되지 않은 형상들이 물러나고,
황제의 술 취한 병사들이 잠들고,
밤의 반향도 물러난다, 성당의 대종이 울린 후
밤 보행자들의 노래 소리도;
별빛 비친 혹은 달빛 비친 돔은 경멸한다
인간 존재 모든 것을,
온갖 그저 복잡한 것들을,
인간 혈관의 격정과 진창을,

내 앞에 떠오른다 한 형상이, 인간인지 유령인지,
인간이기보다는 유령, 유령이기보다는 형상이;
왜냐면 미이라 삼베에 감긴 하계의 실패가
구불구불한 길을 풀어 놓을 수도 있을 것이기에;
물기도 숨결도 없는 입을
숨죽인 입들은 소환할 수도 있을 것이기에;
나는 환호로 맞이한다 초인을;
나는 그것을 생사중, 사중생이라 부른다.

기적이, 새든 황금세공이든,
새나 세공이기보다는 기적이
별빛 비치는 황금가지에 앉혀져서,
하계의 수탉처럼 울 수 있다.
혹은, 달에 적의를 품고, 소리높이 조소할 수 있다,
변함없는 금속의 영광 속에서
보통 새나 꽃잎을
그리고 진창이나 피의 온갖 복잡한 것들을.

한밤중에 황제의 보도 위엔 훨훨 날아다닌다
장작이 때지 않은, 혹은 강철이 불붙이지 않은,
또한 폭우가 흩뜨릴 수도 없는 불꽃, 불꽃에서 태어난 불꽃들이,

그 불꽃 속에 육신에서 태어난 망령들이 와서
분노의 온갖 복잡한 것들을 떠나,
죽어간다 춤 속으로,
황홀의 격통,
소매를 태울 수 없는 불꽃의 격통으로,

돌고래의 진창과 피 위에 걸터앉아,
망령 다음에 또 망령! 대장간들이 물결을 부순다.
황제의 황금 대장간들이!
무도장 바닥의 대리석들이
부순다 복잡성의 쓰라린 분노의 물결을.
아직도 새로운 형상들을
낳는 그런 형상들을,
저 돌고래에 찢긴, 저 징에 시달리는 바다를.

해설

시인은 "영원불변의 금속의 영화"를 찾아 자연의 세계를 떠난다. 영혼을 상징하는 돌고래 위에 걸터앉아서 시인은 인간 열정의 들끓는 물결을 헤쳐 나간다. 그러나 그 동안에도 그 열정의 물결은 되몰아친다. 이는 예술이 성장과 변화의 세계, 생식과 죽음의 세계와 밀접한 관계를 맺고 있음을 함축한다. 이러한 면에서 이 시는 키이츠의 「그리스 항아리에 부치는 송시」의 주제와 유사하다.

③ 티 에스 엘리어트

엘리어트는 모더니즘의 대표적인 시인이자 20세기 가장 영향력 있는 시인으로서 「알프레드 프루프록의 연가」(*The Love Song of J. Alfred Prufrock*, 1915)와 『황무지』(*The Waste Land*, 1922) 등의 시를 썼다. 엘리어트는 시인임과 동시에 「전통과 개인의 재능」("Tradition and Individual Talent", 1919), 「형이상학파 시인들」("The Metaphysical

Poets", 1921) 등의 비평문을 써서 동시대 시문학을 주도한 비평가였다. 1948년 노벨상을 수상했다.

엘리어트는 17세기 중반 신고전주의 시대 이후 20세기 초까지 제대로 평가받지 못했던 형이상학파 시에 중요한 위상을 부여했다. 엘리어트에 의하면 17세기 중엽이후 밀턴과 드라이든의 영향 때문에 지성과 감성이 분리되었다. 엘리어트는 지성과 감성을 통합한 감수성으로 쓰여 진 형이상학파 시를 찬미했다.

엘리어트는 시가 시인 감정의 자연발생적인 넘쳐흐름이라고 본 워즈워드와 견해를 달리 한다. 엘리어트에게 있어서 시는 "정서의 풀어놓음이 아니라 정서로부터의 도피"(Poetry is not a turning loose of emotion, but an escape from emotion)이다. 그는 인습적인 시어와 연상들을 피하고 정확하고 몰개성적인(impersonal) 언어를 사용할 것을 강조했다. 엘리어트 시에 나타난 "나"(I)는 시인이 아니라 하나의 극중 인물이다. 엘리어트의 시론에 의하면 시에 쓰이는 경험과 정서는 개인적 색채가 완전 배제된 탈개성적인 것이어야 한다.

엘리어트의 몰개성 이론을 좀 더 구체적으로 발전시킨 것이 '객관적 상관물'(objective correlative) 이론이다. 시인은 그의 정서를 독자에게 바로 환기시킬 제 3의 사물, 즉 객관적 상관물로써 표현해야 한다고 엘리어트는 생각한다. 즉 시인의 감정은 시의 이미지나 사건 및 상황을 통하여 간접적으로 전달될 뿐이라는 것이다. 엘리어트가 말하는 객관적 상관물이란 독자의 마음에 어떤 정서적 반응을 자동적으로 촉발시킬 합당한 상황이나 사물, 일련의 사건 등이다. 이를 통해 정서는 그것과 분리할 수 없게 융합된 사상과 함께 독자에게 동시적으로 직접 환기된다. 시는 시인 자신의 감정과 동가의 구체적인 사물 즉 객관적 상관물이라는 것이 엘리어트의 생각이다. 따라서 시인은 자신의 정서나 감정에 부합하는 이미지를 찾아내야 한다.

엘리어트는 이미지즘 시의 구체성과 정확성, 그리고 형이상학파 시의 복잡성과 암시성을 결합한 문체로써, 생기 없이 음울한 현대 도시를 배경으로 하여 현대인의 자의식, 고독, 소외의 문제를 그려냈다. 그의 초기 시들은 현실과 이상사이의 갈등과 괴리에서 오는 고독과 우울, 그리고 이로 인해 촉발된 현실에 대한 환멸과 자조 등을 담아 냈다.

ⓐ『황무지』

『황무지』(*The Waste Land*, 1922)는 워즈워드와 코울리지의『서정담시집』이래 가장 혁명적인 시이다. 모더니즘의 시작과 끝을『황무지』가 발표된 1922년부터 엘리어트가 사망한 1965년으로 잡을 정도로『황무지』는 모더니즘의 정수를 구현했다.『황무지』에서 엘리어트는 현대문명의 붕괴와 현대인의 정신적 불모성, 그리고 구원의 가능성을 모색한다.『황무지』는 5부로 이루어져 있고 대표적인 자유시(free verse)이다. 이는 20세기 초에 엘리어트와 파운드 등 모더니즘 시인들이 발전시킨 시형으로서 전통시의 운율을 버리고 프랑스의 자유시를 모방했다. 다음은『황무지』의 첫 연이다.

April is the cruelest month, breeding
lilacs out of dead, mixing
Memory and desire, stirring
Dull roots with spring rain.

4월은 가장 잔인한 달,
라일락꽃을 죽은 땅에서 꽃피우고,

추억과 욕망을 뒤섞고,
활기 없는 뿌리를 봄비로 일깨운다.

해설

『황무지』에서 불모의 현대 기계문명사회를 살아가고 있는 시인은 다음을 생각한다. 첫째 이 사회가 왜, 어떤 연유로 황무지가 되어버렸는지, 둘째 어떻게 해야 우리가 구원받을 수 있는지에 관해서다. 시인은 이 두 물음에 대한 답을 동서양의 과거 및 현재의 신화와 여러 지식에서 구하려 한다. 이를 제시할 때 시인은 자신의 목소리를 배제한 채 다양한 이미지를 병치하거나, 역사, 철학, 사상 등을 인유한다.

황량한 토양에 대고 꽃을 피우라고 하므로 4월은 잔인한 달이라는 첫 연은 역설적이다. 현대 사회가 불신과 타락으로 얼룩져 있는 불모지이기 때문에 겉으로는 바삐 살아 움직이는 것 같지만 실상은 죽은 것과 다름없는 상태이고, 그렇기에 생명이 소생하는 4월은 잔인하게 느껴진다는 것이다.

ⓑ 다음은 「J. 알프레드 프루프록의 연가」("The Love Song of J. Alfred Prufrock", 1915, 1917) 중 첫 3연이다.

Let us go then, you and I,
When the evening is spread out against the sky
Like a patient etherized upon a table;
Let us go, through certain half-deserted streets,
The muttering retreats
Of restless nights in one-night cheap hotels
And sawdust restaurants with oyster-shells:
Streets that follow like a tedious argument
Of insidious intent
To lead you to an overwhelming question.

Oh, do not ask, "What is it?"
Let us go and make our visit.

In the room the women come and go
Talking of Michelangelo.

The yellow fog that rubs its back upon the window-panes,
The yellow smoke that rubs its muzzle on the window-panes
Licked its tongue into the corners of the evening,
Lingered upon the pools that stand in drains,
Let fall upon its back the soot that falls from chimneys,
Slipped by the terrace, made a sudden leap,
And seeing that it was a soft October night,
Curled once about the house, and fell asleep.

주

overwhelming question: 압도적인 문제란 프루프록이 사랑을 고백하는 것으로서 이는 감당해내기 힘들 정도로 그의 내면을 짓누른다.

The yellow fog …fell asleep: 고양이의 이미지이다. 고양이는 프루프록의 성적 욕망을 상징하는데, 고양이가 갑자기 뛰어오르다가 잠이 드는 것은 욕망이 솟았다가 이내 식어 버리는 내면 상태를 전달한다.

자 우리 갑시다, 당신과 나,
황혼이 수술대 위에 누운 마취된 환자처럼
하늘을 배경으로 펼쳐져 있는 이 때.
우리 갑시다, 인적이 거의 없는 거리들,
하룻밤 자는 값싼 여관의 잠 못 이루는 밤과
굴 껍질 널린 톱밥 깐 음식점들의
중얼거리는 은신처들을 지나서,
그대를 압도적인 문제로 끌고 가려는
음험한 의도의
지루한 논의처럼 잇따르는 거리들을 지나.
아, 묻지 마세요, "그게 뭐냐?"고.

우리 가서 방문합시다.

방안에선 그 여인들이
미켈란젤로에 대해 얘기하며 오간다.

창유리에 등을 비비는 노란 안개,
창유리에 콧등을 비비는 노란 연기가
저녁의 구석구석을 혀로 핥고,
배수로의 괸 웅덩이 위에서 머뭇거리며,
굴뚝에서 떨어지는 검댕을 자기 등에 받고,
테라스 곁을 미끄러져, 돌연 깡충 뛰어오른다.
따스한 시월 밤임을 알고서
한번 집 주변을 살펴보고는 잠이 들었다.

해설

「J. 알프레드 프루프록의 연가」는 프루프록의 구애 실패 과정을 그린 시로서, 분열된 자아 중 하나가 화자로 등장하여 다른 하나의 자아에게 말하는 극적 독백의 형식을 띠고 있다. 일견 시 같지 않은 구어체 언어를 사용하여, 이상과 현실, 욕망과 행동 사이에서 분열되어 무력감과 좌절감에 빠진 프루프록의 내면세계를 그린다. 2연에서 언급된 미켈란젤로(1475-1564)는 다비드 상과 피에타 상의 조각가이면서 시스티나 성당 천장의 천지창조를 그린 르네상스기 이태리 출신 화가로서, 활력 있는 남성성을 잘 표현했다. 따라서 여자들이 얘기하는 미켈란젤로는 행동으로 옮기지 못하는 소심한 '나'와 대조된다. 이 시에서는 사랑을 하고 싶은 욕망은 있으나 행동하기를 두려워하고 망설이는 소심함 사이에 분열되어 갈등하다가, 무위와 절망에 빠져 권태롭고 무의미한 일상을 살아가는 당시 사람들의 모습이 극적으로 그려져 있다.

이 시는 형이상학파 시와 유사한 면이 많다. 첫째 저녁노을이 하늘에 퍼져나가는 현상을 마취된 환자로 비유한 기상을 들 수 있다. 이 간결하고도 집약적인 기상을 통해 희망도 기쁨도 없이 무기력하게 저녁을 맞는 현대인의 절망적인 상황이 전달된다. 누추한 거리를 음험한 의도를 지닌 지루한 논의라고 비유한 것도 기상의 다른 예이다. 특히 3연에서 노란 연기 및 안개를 무료하게 배회하다 잠이 드는 고양이로 비유한 것은 기상의 대표적인 예이다. 할 일 없이 집 근처를 어슬렁거리다가 잠들어버리는 고양이의 이미지는 나른한 백일몽의 상태를 나타낸다. 이는 마비되어 의식하지 못하거나 의식을 회피하는 상태, 그래서 살아있지만 죽은 것과 마찬가지인 현대인의 황량하고 공허한 심리 상태를 상징한다. 이때 고양이의 비유는 한 행에만 단발성으로 나타나는데 그치지 않고 하나의 연에 걸쳐 집중적으로 전개된다. 이는 대표적인 형이상학파 시인인 던의 시에서 여러 연에 걸쳐 전개된 컴파스의 비유를 연상시킨다.

둘째 일상 구어체를 이용한 대화체로 시작한 것도 형이상학파 시와 유사하다. 다만 이 시에서는 시인 자신과 시인의 분신(alter-ego) 사이의 대화라는 점에서 상대방과의 대화로 이루어진 형이상학파 시와는 다르다.

(2) 20세기 전반의 드라마

20세기 영국의 대표적인 극작가는 버나드 쇼(George Bernad Shaw, 1856-1950)이다. 그는 빅토리아 시대의 귀족 계급과 중류 계급의 인습적, 도덕적 위선을 기지와 재치로 풍자해 낸 오스카 와일드(Oscar Wilde, 1854-1900)의 영향을 받았다. 그러한 점에서 그는 18세기의 풍속희극의 전통에 서 있다고 볼 수 있다. 그는 영국의 기존제도, 사회적 편견 및 인습을 풍자하면서 이들의 개혁을 주장한 궤변적 논리가이자 사회 비평가였다.

쇼는 와일드 뿐 아니라 사무엘 버틀러(Samuel Butler, 1835-1902), 독일 철학자인 쇼펜하우어(Arthur Schopenhauer, 1788-1860)와 니체(Friedrich Wilhelm Nietzsche, 1844-1900), 노르웨이 극작가인 입센(Henrik Johan Ibsen, 1828-1906) 등의 다양한 분야의 인물들에게서 영

향을 받아 그의 희극의 사상체계를 정립했다. 그의 극들은 기본적으로는 사실주의 극이라고 할 수 있지만, 있는 그대로의 현실을 그대로 재생해 내는 모사적 사실주의 극이 아니다. 자신이 전달하고자 하는 사상을 극에 투입시키려 하기 때문에 자연히 인물들은 추상적이 되고 현실성이 약화되거나 과장되고 때로는 희화화 되는 경향이 있다. 열정적으로 도덕적 교훈을 주려 할 때 그의 대사는 종종 장황해지고 부자연스러워 질 만큼 경직된다.

쇼의 극은 주로 현대 문명 생활을 다룬 토론극이자 사상극(drama of ideas)이다. 그는 종교문제, 여성문제, 교육문제, 임금문제, 자본주의의 부의 불균형 문제 등을 다룬다. 다양한 주제들을 다루면서 그는 기존의 전통과 인습, 도덕적 위선, 맹목적 애국주의, 낭만적 영웅주의, 그리고 정치, 사회, 종교제도의 억압적인 권위 등에 도전하며 사회적 개혁을 요구한다. 그는 하층계급 사람들이 빈곤과 사회적 불평등 때문에 충분한 교육 기회를 갖지 못한다고 보며, 이러한 사회적, 경제적 불평등은 사라져야 한다고 주장한다. 그렇지만 그는 민주주의적 평등보다는 오히려 이상적 국가를 이끌 탁월한 지도자, 즉 초인(superman)의 필요성을 역설한다.

초기시절 쇼는 19세기 드라마 장르인 'well-made play', 즉 말끔한 플롯과 극적 효율성을 얻기 위해 미리 결정된 패턴에 따라 구성하는 극의 영향을 받았으나, 1900년경에 기존의 플롯 중심의 극에서 벗어나 자유로운 양식의 사상극을 창안해 낸다. 그는 기존의 19세기 멜로드라마의 도입부, 복선, 결말 형식 중에서 도입부와 복선은 유지하지만, 토론 형식을 유지하기 위해 결말은 제거한다. 쇼는 도발적인 역설을 통해 자기만족감에 젖어 있는 관객에게 충격과 불안을 주는 소격효과(Alienation Effect)를 구사했다.

(3) 20세기 전반 소설

① 개관

20세기에 들어 무엇이 중요한가에 대한 공통된 기준의 붕괴, 시간과 의식에 대한 새로운 개념들이 소설의 기법과 주제들에 영향을 미치게 되었다. 20세기 소설들은 모든 개인을 자신만의 경험 및 기억과 무의식을 지닌 독특한 존재로 보며 개인의 본질적 고독을 강조한다. 이때 인간과 인간은 어떻게 관계를 맺고 살아야하며 과연 인간 사이의 진정한 교감은 가능한가라는 문제가 대두된다. 따라서 20세기 소설은 인간을 독립된 개체이자 고립된 존재로 보고 인간의 고립 및 소외와 이를 벗어날 인간관계를 주제로 다룬다. 이는 사회적 관계 속에서의 인간의 모습을 그린 빅토리아조의 소설들과 확연히 다른 점이다.

조셉 콘래드(Joseph Conrad, 1857-1924)는 폴란드인 선원 출신으로서 제국주의 이념의 허상과 제국주의가 초래한 잔학상을 비판하는 소설을 주로 썼다. 그의 대표작 『암흑의 핵심』(*Heart of Darkness*, 1899)은 백인 식민주의자 커츠(Kurtz)가 아프리카 콩고의 정글에서 타락하는 과정을 지켜 본 말로우(Marlow)의 목격담이다. 커츠는 위선과 탐욕 그리고 잔혹함으로 가득한 유럽식민주의자들을 대표한다고 할 수 있다. 이 소설은 말로우가 이야기하는 것을 화자가 듣고 서술하는 형식을 취하고 있다. 콘라드는 『밀정』(*The Secret Agent*, 1907)에서 문명의 허울 아래 놓여있는 무정부 상태를 포착했다. 그 밖에도 『로드 짐』(*Lord Jim*, 1900)과 『노스트로모』(*Nostromo*, 1904)가 있다.

콘래드는 암시적이고 다의미적인 언어를 실험했고, 다양한 시각들이 공존하면서 시점이 분산되는 복합 서술시점을 활용했다. 콘래드는 화자/작가와 독자 사이에 거리두기 전략을 구사하며, 여기에서 비롯되는 의미의 틈새를 밝혀내는데 독자가 적극적으로 참여하도록 유도한다. 그는 자신의 비전을 분명하게 직접적으로 전달하는 대신 간접적이고 은유적 방식으로 전달하고자 했고, 이를 위해 대상물의 재현보다는 인지자의 주관적 느낌과 반응을 반영하는 인상주의 기법을 구사했다.

제임스 조이스는 자신의 예술에 걸림돌이 되는 가족, 종교, 조국을 등지고 망명해서 유럽에서 창작활동을 했다. 그가 쓴 작품들은 대부분 가톨릭이라는 종교 및 더블린이라는 도시와 관련이 있다. 『더블린 사람들』(*Dubliners*, 1914)에서 조이스는 더블린을 '마비의 중심지'로 진단하고 아일랜드의 도덕사를 사실적으로 기록한다. 그의 자서전적인 소설 『젊은 예술가의 초상』(*A Portrait of the Artist as a Young Man*, 1916)에는 예술에 대한 소명의식과 조국에 대한 애증의 교차라는 양가적 감정이 잘 나타나 있다. 주인공 스티븐 디덜러스(Stephen Dedalus)는 "내 영혼의 대장간에서 아직 창조되지 않은 우리 민족의 양심을 벼려 낼" 환경을 찾기 위해 망명의 길에 오른다고 선언한다.

조이스는 등장인물 내면의 의식 상태를 작가의 논평 없이 직접적으로 제시하는 '의식의 흐름'이라는 파격적인 실험을 한 대표적 모더니스트이다. 개인의 의식 세계를 추적함으로써 그는 거기에 갇혀 있는 인간의 고독을 부각했다. 조이스는 구두점뿐 아니라 접속사까지도 생략하는 '직접적인 내면독백'(direct interior monologue)도 즐겨 사용했다. 이와 함께 그는 "갑작스러운 영적 현시"라고 스스로 정의한 에피파니(epiphany), 즉 감정이 고양된 극적인 순간에 인물이 진리를 순간적으로 포착하는 순간을 제시한다. 또한 조이스는 말장난(pun)

과, 언어를 패러디의 수단으로 삼는 언어유희 등 실험적으로 언어를 사용했다. 나

버지니아 울프(Virginia Woolf, 1882-1941)는 인간의 내면세계를 본격적으로 탐구한 소설가이자 수필가이다. 울프는 인간의 의식이 규칙적인 흐름이 아니라 사방에서 동시 다발적으로 밀려들어오는 무질서하고 불연속적인 복합체라고 보았다. 그녀는 이러한 의식을 담아내기 위해서 과거와 현재가 유기적 관계를 맺는 순간을 포착해 '삶의 유동성' 속에서 '정지된 순간'을 창조하려 했다. 전통적인 사실주의 소설가들의 있는 그대로의 재현을 거부하고 새로운 실험적 소설 양식을 시도한 것이다. 전통적 소설의 플롯에서 벗어났을 뿐 아니라 시적인 요소를 도입한 울프의 소설은 산문으로 평가받는다. 『등대로』(*To the Lighthouse*, 1927)에서 앤드류(Andrew)의 죽음 같은 외적인 사건은 괄호 속에 간단히 언급되는 반면, 램지부인(Mrs. Ramsay)의 내면의식과 그녀의 실체를 파악하려고 애쓰는 화가 릴리 브리스코(Lily Briscoe)의 내면의식이 소설 내용의 전체를 구성한다. 이 밖에도 『댈러웨이 부인』(*Mrs. Dalloway*, 1925)과 『파도』(*The Waves*, 1931)를 발표했다.

E. M. 포스터(1879-1970)는 진보적이면서도 과거를 동경하는 성향의 작가로서 모더니즘의 틀에 꼭 들어맞지는 않는다. 그는 우정과 고양된 영혼 및 상호 이해를 찬양하기 때문에 '자유주의적 인본주의자'(liberal humanist)로 분류된다. 『하워즈 엔드』(*Howard's End*, 1910)에서 그는 영국사회의 분열상을 다루면서 결합의 필요성을 주장한다. 제국주의 문제를 다룰 때 그는 인종과 문화의 차이를 초월한 관용정신을 피력하는데, 『인도로 가는 길』(*A Passage to India*, 1924)이 그 예이다.

D. H. 로렌스는 전직 교사 출신의 인텔리 어머니와 교육을 받지 못한 광부 아버지가 불행했던 부부관계를 맺고 있었던 가정 배경 하에서 성장했다. 이런 연유로 로렌스는 육체와 정신, 본능과 지성이라는 상반되는 두 속성 사이의 갈등과 대립 그리고 그 사이에서의 균형 유지에 관심이 많았다. 더 나아가 그는 개체성과 독자성 그리고 고유성을 확보한 개인이 다른 인물의 개체성을 인정해주며 평형관계를 이룩할 때 가능해지는 바람직한 인간관계를 제시했다. 삶에 대한 감각을 생생하게 구체화하고자 한 로렌스는 '살아있는 온전한 인간'인 '임'(being)을 형상화하고 '임'과 '임' 사이의 바람직한 남녀관계가 이룩되는 과정을 그리려 한다. 또한 로렌스는 차가운 지성과 의지력이 지배하는 서구 문명의 위기를 포착했으며 그 대안을 모색했다. 소설『연애하는 여인들』(*Women in Love*, 1920)에서 로렌스의 대변자라고 할 수 있는 버킨(Birkin)은 산업사회의 기계주의를 대표하는 탄광소유주 제럴드(Gerald)를 그의 운명적인 불행에서 구원하기 위해 '피의식'의 형제애, 즉 진정한 인간관계를 제안한다. 하지만 제럴드는 이를 받아들이지 않았기에 결국 차가운 알프스의 눈 위에서 비극적인 죽음을 맞고 만다.

로렌스는 일견 다른 모더니스트 작가들과는 달리 사실주의 소설의 전통에 따르는 것으로 보인다. 하지만 그를 사실주의 소설가로 규정할 수는 없는데, 그 이유는 그가 인간의 고독 및 소외나 내적 심리의 문제를 다루고 있기 때문이다. 인습적이고 관념적인 일상적 자아가 아닌 '비인성적인' 차원에서의 "다른 자아"(another ego)를 창조하려는 그 만의 독특한 인물형상화 방법도 19세기 사실주의 소설과는 확연히 다른 점이다.

② 소설가와 소설들

ⓐ 조셉 콘래드의 『암흑의 핵심』

말로는 강을 따라 내려오는 도중에 기선 위에서 죽음을 맞게 된 커츠와 정신적으로 결합한다. 말로가 보기에 커츠의 표정에는 오만과 권세 그리고 공포와 절망이 교차한다. 커츠는 "무서워라! 무서워라!"라고 속삭이며 숨을 거두는데, 이 순간은 "완벽한 인식"을 반영하고 있다고 말로는 느낀다. 말로는 이 속삭임을 "커츠 자신의 영혼이 이 세상에서 겪은 모험에 대해 내린 심판"이고, 커츠가 이런 심판을 내릴 수 있는 것은 삶의 의미에 대해 나름의 궁극적 깨우침에 도달했기 때문이라고 단정한다. 커츠는 너무 늦게야 이런 깨달음에 도달했기에 회한에 잠기게 되었고 이 상태에서 무섭다고 절규한 것이다. 말로가 보기에 이 순간은 커츠가 무서운 도덕적 타락과 무수한 패배를 대가로 치르고 얻은 "하나의 긍정"이요 "하나의 도덕적 승리"이다. 다음은 커츠의 인식의 순간이 다뤄진 부분이다.

"Kurtz discoursed. A voice! a voice! It rang deep to the very last. It survived his strength to hide in the magnificent folds of eloquence the barren darkness of his heart. Oh, he struggled! he struggled! The wastes of his weary brain were haunted by shadowy images now—images of wealth and fame revolving obsequiously round his unextinguishable gift of noble and lofty expression. My Intended, my station, my career, my ideas—these were the subjects for the occasional utterances of elevated sentiments. The shade of the original Kurtz frequented the bedside of the hollow sham, whose fate it was to be buried presently in the mould of primeval earth. But both the diabolic love and the unearthly hate of the mysteries it had penetrated fought for the possession of that soul satiated with primitive emotions, avid of lying fame, of sham distinction, of all the appearances of success and power.

"Sometimes he was contemptibly childish. He desired to have kings meet him at railway-stations on his return from some ghastly Nowhere, where he intended to accomplish great things. 'You show them you have in you something that is really profitable, and then there will be no limits to the recognition of your ability,' he would say. 'Of course you must take care of the motives—right motives—always.' The long reaches that were like one and the same reach, monotonous bends that were exactly alike, slipped past the steamer with their multitude of secular trees looking patiently after this grimy fragment of another world, the forerunner of change, of conquest, of trade, of massacres, of blessings. I looked ahead—piloting. 'Close the shutter,' said Kurtz suddenly one day; 'I can't bear to look at this.' I did so. There was a silence. 'Oh, but I will wring your heart yet!' he cried at the invisible wilderness.

"We broke down—as I had expected—and had to lie up for repairs at the head of an island. This delay was the first thing that shook Kurtz's confidence. One morning he gave me a packet of papers and a photograph—the lot tied together with a shoe-string. 'Keep this for me,' he said. 'This noxious fool' (meaning the manager) 'is capable of prying into my boxes when I am not looking.' In the afternoon I saw him. He was lying on his back with closed eyes, and I withdrew quietly, but I heard him mutter, 'Live rightly, die, die…' I listened. There was nothing more. Was he rehearsing some speech in his sleep, or was it a fragment of a phrase from some newspaper article? He had been writing for the papers and meant to do so again, 'for the furthering of my ideas. It's a duty.'

"His was an impenetrable darkness. I looked at him as you peer down at a man who is lying at the bottom of a precipice where the sun never shines. But I had not much time to give him, …

"One evening coming in with a candle I was startled to hear him say a little tremulously, 'I am lying here in the dark waiting for death.' The light was within a foot of his eyes. I forced myself to murmur, 'Oh, nonsense!' and stood over him as if transfixed.

"Anything approaching the change that came over his features I have never seen before, and hope never to see again. Oh, I wasn't touched. I was fascinated. It was as though a veil had been rent. I saw on that ivory face the expression of sombre pride, of ruthless power, of craven terror—of an intense and hopeless despair. Did he live his life again in every detail of desire, temptation, and surrender during that supreme moment of complete knowledge? He cried in a whisper at some image, at some vision—he cried out twice, a cry that was no more than a breath:

"'The horror! The horror!' …

This is the reason why I affirm that Kurtz was a remarkable man. He had something to say. He said it. Since I had peeped over the edge myself, I understand better the meaning of his stare, that could not see the flame of the candle, but was wide enough to embrace the whole universe, piercing enough to penetrate all the hearts that beat in the darkness. He had summed up—he had judged. 'The horror!' He was a remarkable man. After all, this was the expression of some sort of belief; it had candour, it had conviction, it had a vibrating note of revolt in its whisper, it had the appalling face of a glimpsed truth—the strange commingling of desire and hate. And it is not my own extremity I remember best—a vision of greyness without form filled with physical pain, and a careless contempt for the evanescence of all things—even of this pain itself. No! It is his extremity that I seem to have lived through. True, he had made that last stride, he had stepped over the edge, while I had been permitted to draw back my hesitating foot. And perhaps in this is the whole difference; perhaps all the wisdom, and all truth, and all sincerity, are just compressed into that inappreciable moment of time in which we step over the threshold of the invisible. Perhaps! I like to think my summing-up would not have been a word of careless contempt. Better his cry—much better. It was an affirmation, a moral victory paid for by innumerable defeats, by abominable terrors, by abominable satisfactions. But it was a victory! That is why I have remained loyal to Kurtz to the last, and even beyond, when a long time after I heard once more, not his own voice, but the echo of his magnificent eloquence thrown to me from a soul as translucently pure as a cliff of crystal.

커츠는 담론을 펴고 있었어. 그는 온통 목소리! 목소리였지! 그 목소리는 죽는 날까지도 깊이 울렸었지. 그의 기력은 떨어졌지만 그 목소리만은 살아남아서 그 화려한 달변의 주름 속에다 자기 심장의 황량한 어두움을 숨기고 있었던 거야. 오, 그는 몸부림치고 있었어! 몸부림치고 있었다구! 이제 쓰레기처럼 되어버린 그의 지쳐빠진 두뇌에는 망령 같은 이미지들이 출몰하고 있었어. 재산과 명예의 이미지들이 그 고귀하고 고매한 표현력이라는 탕진되지 않는 천부의 재능 주위를 비굴하게 맴돌고 있었던 거야. 나의 약혼녀, 나의 주재소, 나의 과업, 나의 이념 --이런 것들은 그가 이따금 고양된 감정을 말할 때마다 등장하곤 한 주제였어. 본래의 커츠를 대표하는 망령이 곧 태고의 땅에 묻힐 운명에 처해 있던 속이 텅 빈 가짜 커츠의 침상 곁에 자주 출몰하고 있었던 거야. 그러나 원래의 커츠가 침투해 들어갔던 그 신비로운 세계에 대한 악마적 사랑과 비현세적인 미움은 이제 원시적 감정을 만끽하며 거짓된 명성, 헛된 우수성, 겉으로 보기에 성공과 권세로 여겨지던 그 모든 것을 탐하고 있던 그의 영혼을 서로 차지하겠다고 다투고 있었어.

이따금 그는 경멸스러울 정도로 유치하기도 했어. 그는 자기가 위대한 사업을 성취하고자 했던 그 허망한 무명의 땅에서 귀국하는 날 제왕들이 그를 맞이하러 기차 정거장까지 나오게 되기를 바라고 있었지. '참으로 그들에게 이익이 될 어떤 자질이 그 어떤 자질이 우리에게 있다는 것을 그들에게 보여줄 수만 있다면, 우리의 능력은 무한대로 인정받게 될 것입니다'라고 그는 말하곤 했지. '물론 우리는 항상 그 동기, 올바른 동기에 대해 신경을 써야지요.' 늘 똑같아 보이는 긴 강기슭과 단조로운 만곡부가 기선 옆으로 미끄러지듯 지나가고 있었는데, 강가에 군집한 고목들은 딴 세상에서 찾아온 기름투성이의 물체요, 변화, 정복, 교역, 살육 및 축복의 선구자이기도 했던 우리 기선이 지나가는 모습을 참을성 있게 지켜보고 있었어. 나는 배를 조종하며 앞을 바라보고 있었지. '덧문을 닫아주세요. 차마 이 광경을 바라볼 수가 없군요.' 어느 날 커츠가 갑자기 말하더군. 그래서 내가 덧문을 닫았지. 침묵이 흘렀어. '오! 하지만 나는 너의 심장을 쥐어짜고 말리라!' 그는 보이지 않는 밀림을 향해 소리쳐댔지.

내가 걱정한 대로 기선에 고장이 났지. 그래서 우리는 어떤 섬이 시작되는 곳에 정박하고 배를 고쳐야 했어. 이 지체는 커츠의 자신감을 흔들리게 한 최초의 사건이었어. 어느 날 아침 그는 한 묶음의 서류와 사진 한 장을 주더군. 이 모두는 구두끈으로 묶여 있었어. '내 대신 이걸 좀 보관해 주시오.' 그가 말했어. 그런 후 그는 지배인을 지칭하며 '저 고약한 바보 녀석이 내가 보지 않을 때 몰래 내 사물함을 들여다볼 수도 있거든요'라고 말하더군. 그날 오후에 나는 그를 찾아보았어. 그가 눈을 감고 드러누워 있기에 조용히 물러서려고 했지. 그러나 그가 '올바르게 살아라, 죽을 때는, 죽을 …'이라고 중얼대는 소리가 들렸어. 그래서 귀를 기울였지만, 더 이상의 말은 없었어. 그는 잠결에 연설문을 외고 있었던 걸까, 아니면 그건 어느 신문 기사 구절의 한 부분이었을까? 그는 그간 여러 신문을 위해 글을 쓰고 있었고, 다시 글쓰기를 시작하려고 한다면서 '내 이념을 펼치기 위해서지요. 그건 내 임무입니다'라고 말했어.

그가 처해 있던 암흑은 도저히 침투할 수 없는 암흑이었어. 내가 그를 바라볼 때면 마치 햇빛이 전혀 들지 않는 절벽의 밑바닥에 누워 있는 사람을 내려다보는 기분이었으니까. 하지만 나는 그에게 많은 시간을 할애할 수가 없었지. …

어느 날 저녁 나는 촛불을 들고 들어오다가 커츠가 약간 떨리는 목소리로 '나는 죽음을 기다리며 여기 암흑 속에 누워있답니다'라고 말하는 것을 듣고 깜짝 놀랐어. 촛불은 그의 눈에서 1피트도 떨어지지 않은 곳에 있었지. 나는 애써 '쓸데없는 소릴 하시는군요!'라고 중얼거리면서, 마치 그 자리에서 꼼짝 못하게 된 사람처럼 그를 굽어보고 있었어.

그때 그의 표정에 나타난 변화와 비슷한 것을 나는 지금까지 본 적이 없고 앞으로도 다시는 보지 않게 되길 바랄 뿐이오. 내가 그 변화에 감동했다고는 할 수 없고, 오직 매혹되었을 뿐이지. 마치 베일이 찢어지는 것 같았어. 그 상앗빛 얼굴에서 나는 음침한 오만, 무자비한 권세, 겁먹은 공포, 그리고 강렬하고 희망 없는 절망의 표정이 감도는 것을 보았거든. 완벽한 앎이 이루어지는 그 지고한 순간에 그는 욕망, 유혹 및 굴종으로 점철된 그의 일생을 세세하게 되살리고 있었을까? 그는 어떤 이미지, 어떤 비전을 향해 속삭이듯 외쳤어. 겨우 숨결에 불과했을 정도의 낮은 목소리로 두 번 외쳤어.

'무서워라! 무서워라!' …

내가 커츠를 주목할 만한 사람이라고 단언하는 이유도 바로 여기에 있어. 그는 무언가 할 말이 있었거든. 그리고 그걸 말했지. 내 스스로 죽음의 문턱 너머를 바라본 적이 있기 때문에, 나는 커츠의 눈초리가 지닌 의미를 더 잘 이해할 수 있었어. 그 눈은 촛불을 보지 못하고 있었지만, 온 우주를 감싸 안을 듯이 활짝 뜨고 있었고 암흑 속에서 고동치고 있는 모든 심장들을 침투할 수 있을 만큼 꿰뚫고 있었어. 그는 자기의 삶을 요약한 후 '무서워라'라는 말로 판정을 내렸던 거지. 그는 주목할 만한 사람이었어. 어쨌든 이 말은 모종의 믿음을 표현하고 있었어. 그 말은 솔직했고 신념을 지니고 있었으며 그 속삭임 속에서는 떨리는 항거의 어조가 있었고, 흘끗 엿본 진실의 그 끔찍한 표정을 지니고 있었으며, 그래서 열망과 증오가 기이하게 뒤섞여 있었지. 그런데 내가 가장 잘 기억하고 있는 것은 내 자신이 처했던 극한 상황이 아니야. 그건 육신의 고통으로 가득하고 만물의 덧없음이나 심지어는 고통 자체의 덧없음에 대한 무관심한 경멸로 가득한 형상 없는 회색 비전이었어. 내가 잘 기억하고 있는 것은 그게 아니었어. 내가 보기에 그간 내가 체험해 온 것은 바로 커츠의 극한 상황이었어. 사실 그는 마지막 한 걸음을 성큼 내딛으며 죽음의 문턱을 넘어갔던 거야. 그러나 나는 그 문턱에서 머뭇거리다 물러서도록 허용되었지. 아마도 바로 거기에 그와 나의 모든 차이가 있을 거야. 아마도 모든 지혜, 모든 진실 그리고 모든 성실성도 우리가 그 보이지 않은 세계의 문턱을 넘어가는 바로 그 알 수 없는 순간 속에 압축될 걸세. 아마도 나의 맺음말이 무관심한 경멸을 나타내는 말은 아니었을 거라고 생각하고 싶네. 하지만 그의 외침이 더 훌륭했을 거야. 훨씬 더 훌륭했을 거야. 그 외침은 하나의 긍정이요 하나의 도덕적 승리이며, 그 대가로 그는 무수한 패배, 끔찍한 공포 및 역겨운 욕구 충족을 겪어야 했어. 그러나 그건 하나의 승리였어! 바로 그런 이유에서 나는 끝까지 커츠에게 충실했고 그가 죽고 난 후 한참을 지나 이제는 그 자신의 목소리를 직접 듣지 못하고 오직 어떤 수정 절벽처럼 투명하게 맑은 영혼의 소유주로부터 나에게 던져진 화려한 달변의 메아리를 듣게 되었을 때까지도 나는 그에게 충실했던 것이네.

해설

말로는 암흑의 핵심과도 같은 존재인 커츠와 자신을 동일시함으로써 커츠의 영혼이 겪은 모험을 대리 체험하게 된다. 더 나아가 그는 커츠에게서 찾아볼 수 있는 도덕적 결함은 곧 자기 자신의 결함일지도 모른다는 인식에까지 도달한다. 스스로를 돌아보는 성장을 하게 된 것이다.

ⓑ 제임스 조이스의『더블린 사람들』

이 단편집 속 15편의 단편을 지배하는 중심 주제는 '마비'(paralysis)이다. 마비는『더블린 사람들』의 첫 번째 이야기인「자매」(*Sisters*)에서 플린(Flynn) 신부의 육체적 마비를 통해 나타나기 시작하여, 이어지는 모든 이야기에서 다양하게 변형되어 제시된다. 마비는 감금과 밀접하게 연관되는데, 이 소설 속의 더블린이 바로 감금의 사회이다. 이러한 꽉 막힌 현실로부터 벗어나려는 욕망은 다양하게 표출되지만 끝내 실현되지 못한다.「애러비」에서 소년은 "막다른" 곳인 골목에 살고 있다. 그는 이국적인 '애러비'라는 바자에 사랑과 자유를 향한 환상을 투사시키지만 실제로 가서 본 그 곳은 환멸감을 안겨 줄 뿐이다. 다음은「애러비」(*Araby*)의 결말 부분이다.

I remained alone in the bare carriage. In a few minutes the train drew up beside an improvised wooden platform. I passed out on to the road and saw by the lighted dial of a clock that it was ten minutes to ten. In front of me was a large building which displayed the magical name.

I could not find any sixpenny entrance and, fearing that the bazaar would be closed, I passed in quickly through a turnstile, handing a shilling to a weary-looking man. I found myself in a big hall girded at half its height by a gallery. Nearly all the stalls were closed and the greater part of the hall was in darkness. I recognized a silence like that which pervades a church after a service. I walked into the centre of the bazaar timidly. A few people were gathered about the stalls which were still open. Before a curtain, over which the words Café Chantant were written in coloured lamps, two men were counting money on a salver. I listened to the fall of the coins.

Remembering with difficulty why I had come, I went over to one of the stalls and examined porcelain vases and flowered tea-sets. At the door of the stall a young lady was talking and laughing with two young gentlemen. I remarked their English accents and listened vaguely to their conversation.

'O, I never said such a thing!'

'O, but you did!'

'O, but I didn't!'

'Didn't she say that?'

'Yes. I heard her.'

'O, there's a… fib!'

Observing me, the young lady came over and asked me did I wish to buy anything. The tone of her voice was not encouraging; she seemed to have spoken to me out of a sense of duty. I looked humbly at the great jars that stood like eastern guards at either side of the dark entrance to the stall and murmured:

'No, thank you.'

The young lady changed the position of one of the vases and went back to the two young men. They began to talk of the same subject. Once or twice the young lady glanced at me over her shoulder.

I lingered before her stall, though I knew my stay was useless, to make my interest in her wares seem the more real. Then I turned away slowly and walked down the middle of the bazaar. I allowed the two pennies to fall against the sixpence in my pocket. I heard a voice call from one end of the gallery that the light was out. The upper part of the hall was now completely dark.

Gazing up into the darkness I saw myself as a creature driven and derided by vanity; and my eyes burned with anguish and anger.

나는 빈 기차에 혼자 있었다. 몇 분이 지난 후 기차는 임시 목제 플랫폼 옆에 멈추었다. 나는 길로 나섰고 조명이 된 시계 판을 보고 10시 10분 전임을 알았다. 내 앞에는 그 마술적 이름을 전시하고 있는 커다란 건물이 있었다.

나는 6펜스짜리 입구를 찾을 수 없었다. 바자가 폐장될까 걱정이 되어서 나는 빨리 회전문을 통과하면서 지쳐 보이는 사람에게 1실링을 건넸다. 나는 커다란 홀 안에 있었는데 반쯤 높이에 회랑이 둘려져 있었다. 거의 모든 점포들이 문을 닫았고 홀의 대부분은 어둠 속에 있었다. 예배가 끝난 뒤 교회를 덮는 정적을 여기에서도 느꼈다. 나는 바자 한복판으로 소심하게 걸어갔다. 몇몇 사람들이 아직도 열어 놓고 있는 점포 주위에 모여 있었다. 색등에 카페 샹땅이라 쓰여 있는 커텐 앞에서 두 남자가 쟁반 위의 돈을 세고 있었다. 나는 동전 떨어지는 소리를 들었다.

간신히 내가 왜 왔나를 생각하고서 나는 한 점포로 가서 자기 꽃병과 꽃무늬의 찻잔 세트를 살펴보았다. 점포 문간에서 한 아가씨가 두 젊은 신사와 함께 얘기하며 웃고 있었다. 나는 그들의 영국식 억양을 알아차렸고 막연히 그들의 얘기에 귀 기울였다.

"어머, 난 그런 말 한 적이 없어요."

"정말 그랬다구."

"하지 않았다니까요. "이 아가씨가 그 말 안했나?"

"했지. 내가 들었어."

"어휴. 거짓말."

나를 보고 아가씨가 와서 무엇을 사고 싶은 게 있느냐고 물었다. 그녀의 말투는 사라고 권하는 것이 아니었다. 어떤 의무감에서 내게 말한 것처럼 보였다. 나는 기가 죽어 점포의 어두운 입구 양 옆에 동양의 호위병처럼 서 있는 커다란 항아리를 쳐다보고 중얼거렸다.

"아니에요. 고맙습니다." 아가씨는 꽃병 하나의 위치를 바꿔 놓고 두 남자들에게 돌아갔다. 그들은 같은 얘기를 또 시작했다. 한 두어 번 그 아가씨가 어깨 너머로 나를 흘낏 쳐다보았다.

나는 그녀의 점포 앞에서 머뭇거렸다. 있어 봐야 소용이 없음을 알고 있지만 내가 진실로 그녀의 물건에 관심이 많은 것으로 보이도록 하기 위해서였다. 그러고 나서 나는 천천히 돌아서서 바자의 한복판을 걸어내려갔다. 나는 주머니 속에서 1페니 동전 두 개를 6펜스 동전에다 떨어뜨렸다. 회랑 한쪽 끝에서 등불을 끈다고 외치는 소리를 들었다. 홀의 윗부분은 이제 완전히 어두웠다.

어둠 속을 응시하면서 나는 허영에 내몰리며 조롱당하는 나 자신을 보았다. 내 눈이 고뇌와 분노로 타올랐다.

해설

소년이 바자회에 가서 엿듣게 되는 대화에서 젊은 남녀는 무의미하게 서로를 희롱하고 있다. 그 대화를 듣고 소년은 "자신이 허영에 내몰리며 조롱당하는" 한 마리 짐승 같다는 생각을 하게 되고 고통과 분노에 찬 눈물을 머금는다. 자신의 욕망과 현실 간의 괴리를 순간적으로 깨닫는 것인데, 이 점에서 조이스가 말하는 에피파니의 순간이라고 할 수 있다.

ⓒ D. H. 로렌스의 「국화냄새」

「국화냄새」("Odour of Chrysanthemums", 1914)는 로렌스의 단편 소설로서 초기 작품이다. 남편과의 관계가 좋지 않은 상태에서 예기치 않게 탄갱 사고로 죽은 남편의 주검을 마주하게 된 한 여인의 복합적인 내면 심리와 인식의 성장을 다룬 소설이다. 다음은 남편 월터(Walter)의 시신을 마주한 엘리자베스(Elizabeth)가 월터의 "별개성"(seperateness)을 인식하면서, 남편과의 관계 파탄에 있어서 남편이란 결국 '타자'임을 인정하지 못한 자신에게도 책임이 있음을 깨닫는 순간을 포착한 장면이다.

Elizabeth looked up. The man's mouth was fallen back, slightly open under the cover of the moustache. The eyes, half shut, did not show glazed in the obscurity. Life with its smoky burning gone from him, had left him apart and utterly alien to her. And she knew what a stranger he was to her. In her womb was ice of fear, because of this separate stranger with whom she had been living as one flesh. Was this what it all meant--utter, intact separateness, obscured by heat of living? In dread she turned her face away. The fact was too deadly. There had been nothing between them, and yet they had come together, exchanging their nakedness repeatedly. Each time he had taken her, they had been two isolated beings, far apart as now. He was no more responsible than she. The child was like ice in her womb. For as she looked at the dead man, her mind, cold and detached, said clearly: "Who am I? What have I been doing? I have been fighting a husband who did not exist. *He* existed all the time. What wrong have I done? What was that I have been living with? There lies the reality, this man."--And her soul died in her for fear: she knew she had never seen him, he had never seen her, they had met in the dark and had fought in the dark, not knowing whom they met nor whom they fought. And now she saw, and turned silent in seeing. For she had been wrong. She had said he was something he was not; she had felt familiar with him. Whereas he was apart all the while, living as she never lived, feeling as she never felt.

In fear and shame she looked at his naked body, that she had known falsely. And he was the father of her children. Her soul was torn from her body and stood apart. She looked at his naked body and was ashamed, as if she had denied it. After all, it was itself. It seemed awful to her. She looked at his face, and she turned her own face to the wall. For his look was other than hers, his way was not her way. She had denied him what he was--she saw it now. She had refused him as himself.--And this had been her life, and his life.--She was grateful to death, which restored the truth. And she knew she was not dead.

엘리자베스는 얼굴을 들었다. 사내의 입은 콧수염에 덮여 약간 벌어진 채 물러나 있었다. 반쯤 감긴 눈은 어둠 속이라 흐린 빛을 보이지 않았다. 연기를 내며 타오르던 생명이 그를 떠나버리고 그는 그녀로부터 떨어져 완전히 낯선 존재가 되어 있었다. 그리고 그녀는 이제 그가 자신에게 얼마나 낯선 사람인가를 알았다. 한 몸으로 살아왔던 그가 이제 별개의 낯선 사람이 되어버렸다는 점 때문에 그녀의 자궁 속에는 얼음장 같은 두려움이 생겨났다. 삶의 열기에 가려 보이지 않던, 바로 이 절대적인 고립이 전부였단 말인가? 두려움에 그녀는 얼굴을 돌려버렸다. 그 사실은 너무나도 치명적이었다. 그들 사이에 아무것도 없으면서도 반복적으로 서로의 발가벗음을 교환하며 그들은 함께 살아왔던 것이다. 그가 그녀를 안았을 때마다 그들은 지금과 마찬가지로 서로 멀리 떨어져 있는 고립된 두 존재였다. 그녀의 책임이 아니듯이 그의 책임도 아니었다. 아이는 그녀의 자궁 속에서 마치 얼음과 같았다. 죽은 사람을 바라볼 때, 차갑고 초연해진 그녀의 마음이 이렇게 분명히 말했기 때문이다. "나는 누구인가? 나는 이제껏 무엇을 해온 것인가? 나는 이제껏 존재하지도 않는 남편이란 것과 싸워왔다. 늘 존재해온 것은 바로 이 사람이었다. 나는 무슨 잘못을 저질렀던 것일까? 이제껏 내가 함께 살아온 것은 무엇이란 말인가? 진짜는 여기 바로 이 사람인데." --두려움 때문에 그녀의 영혼은 그녀 속에서 죽어갔다. 그녀는 결코 그를 본 적이 없음을, 그도 그녀를 결코 본 적이 없음을, 그러고도 그들은 누구와 만나는지도 모른 채 어둠속에서 만나왔으며, 누구와 싸우는지도 모른 채 어둠속에서 싸워왔음을 알았다. 이제 그녀는 보게 되었고, 보면서 입을 다물게 되었다. 그녀가 틀렸기 때문이다. 그녀는 그를 그 아닌 다른 어떤 것이라고 말해왔던 것이며, 그와 친숙하다고 느꼈던 것이다. 하지만 그는 줄곧 그녀와 별개의 존재였으며, 그녀가 결코 살아본 적이 없는 식으로 살았고, 그녀가 결코 느껴본 적이 없는 식으로 느꼈던 것이다.

두려움과 수치심으로 그녀는 그의 벌거벗은 몸, 그녀가 잘못 알고 있었던 몸을 바라보았다. 그런데 그는 그녀 아이들의 아버지였다. 그녀의 영혼은 그녀의 몸으로부터 찢겨나가 따로 떨어져 서 있었다. 그녀는 그의 벌거벗은 몸을 바라보았고, 마치 이전에 그녀가 그것을 부정했던 것처럼 부끄러움을 느꼈다. 결국 그것은 그 자체였던 것이다. 이제 그녀에게 그것은 외경스럽게 보였다. 그녀는 그의 얼굴을 바라보고 나서 자신의 얼굴을 벽 쪽으로 돌렸다. 그의 표정은 그녀의 표정과는 다른 것이었으며, 그의 방식은 그녀의 방식이 아니었기 때문이다. 그녀는 지금의 그의 모습을 전에는 부정했으며, 이제야 그것을 보게 되었다. 전에는 그 자신으로서의 그를 부정했던 것이다. 이것이 그녀의 삶이었고 그의 삶이었다. 그녀는 이렇게 진실을 회복시켜준 죽음에 감사했다. 그리고 그녀는 자신은 죽지 않았음을 알고 있었다.

해설

엘리자베스의 내적독백은 '나는 누구인가'라는 자기정체성에 대한 물음으로 시작하여 남편의 '실체'를 부정해온 자신을 통렬히 반성하는 성찰로 이어진다. 이를 통해 엘리자베스는 인간 각자의 개별성과 인간과 인간 사이의 절대적 차이를 깨닫는다.

ⓓ E. M. 포스터의 『인도로 가는 길』

1920년대 제국주의 시대를 배경으로 지배민인 영국인과 피지배민인 인도인 사이의 긴장과 갈등관계를 천착하고 있는 이 소설의 구조는 두 개의 차원으로 나뉘어져 있다. 하나는 두 국민 사이의 정치, 사회적 갈등과 그들 사이의 인간관계 수립의 문제점을 다루는 사실적 차원이다. 다른 하나는 자연의 원리가 인간의 한계성을 노정해주는 척도이자 화합의 방안으로 제시되는 상징적이고 신비적인 차원이다. 다음은 이러한 구조가 축약된 제 1부 제 1장이다.

Except for the Marabar Caves—and they are twenty miles off—the city of Chandrapore presents nothing extraordinary. …The streets are mean, the temples ineffective, and though a few fine houses exist they are hidden away in gardens or down alleys whose filth deters all but the invited guest…. There is no painting and scarcely any carving in the bazaars. The very wood seems made of mud, the inhabitants of mud moving. So abased, so monotonous is everything that meets the eye, that when the Ganges comes down it might be expected to wash the excrescence back into the soil. Houses do fall, people are drowned and left rotting, but the general outline of the town persists, swelling here, shrinking there, like some low but indestructible form of life.

Inland, the prospect alters. There is an oval Maidan, and a long sallow hospital. Houses belonging to Furasians stand on the high ground by the railway station…. On the second rise is laid out the little civil station, and viewed hence Chandrapore appears to be a totally different place. It is a city of gardens. It is no city, but a forest sparsely scattered with huts…. Especially after the rains do they screen what passes below, but at all times, even when scorched or leafless, they glorify the city to the English people who inhabit the rise, so that new-comers cannot believe it to be as meagre as it is described, and have to be driven down to acquire disillusionment. As for the civil station itself, it provokes no emotion. It charms not; neither does it repel…. It has nothing hideous in it, and only the view is beautiful; it shares nothing with the city except the overarching sky.

The sky too has its changes, but they are less marked than those of the vegetation and the river. Clouds map it tip at times, but it is normally a dome of blending tints, and the main tint blue…. But the core of blue persists, and so it is by night. Then the stars hang like lamps from the immense vault. The distance between the vault and them is as nothing to the distance behind them, and that farther distance, though beyond colour, last freed itself from blue.

The sky settles everything— not only climates and seasons but when the earth shall be beautiful. By herself she can do little — only feeble outbursts of flowers. But when the sky chooses, glory can rain into the Chandrapore bazaars or a benediction pass from horizon to horizon. The sky can do this because it is so strong and so enormous.

찬드라포어는 20마일쯤 떨어진 곳에 있는 마라바 동굴을 제외하고는 특별한 것이라고는 없는 도시이다. …이 도시의 거리들은 초라하고 사원들도 미미하며 몇몇 좋은 집이 있기는 하지만 정원에 가려져 있거나 초대받은 손님이 아니면 피해갈 만큼 지저분한 골목들을 지나야 갈 수 있다…. 시장에는 칠을 한 건물을 찾아볼 수 없고 조각 장식도 거의 없다. 목재 자체도 진흙으로 만들어진 듯하고 움직이는 주민들 역시 진흙으로 빚어진 것 같다. 눈길이 닿는 모든 것이 너무나 초라하고 단조로워서 차라리 갠지스 강이 모조리 휩쓸어가 다시 흙으로 되돌려 놓는 것이 나을지도 몰랐다. 집들은 무너지고 익사한 사람들은 그대로 방치되어 썩고 있지만 도시의 전체적인 외관은 불멸의 생명력을 지닌 하등 동물처럼 여기가 팽창하면 저기가 움츠려드는 식으로 끈질기게 유지되고 있다.

내륙으로 들어오면 도시의 풍경이 달라진다. 타원형 광장이 하나 있고 길쭉하고 누르스름한 병원도 있다. 기차역 옆의 고지대에는 유라시안(유럽인과 아시아인의 혼혈)들이 사는 집들이 있다…. 이 두 번째 고지대에 소규모의 영국인 거주지가 있는데 이곳에서 보면 찬드라포어는 완전히 장소로 보인다. 찬드라포어는 정원의 도시이다. 아니 도시라기보다는 드문드문 오두막이 흩어져 있는 숲이다…. 특히 비가 온 후 나무들은 그 밑으로 지나가는 것들을 모두 가리고 시들거나 잎이 다 떨어진 때에도 항상 고지대에 사는 영국인들에게 찬드라포어를 실제보다 아름답게 보이도록 만들기 때문에, 새로 온 영국인들은 직접 마차를 타고 내려가 환멸을 겪기 전까지는 이 도시가 앞에서 묘사한 만큼 초라하리라고는 생각하지 못한다. 영국인 거주지 자체는 아무런 감정을 일으키지 않는다. 그곳은 특별히 매혹시키지도 않고 거부감을 주지도 않는다. …그곳에는 끔찍스러운 게 없고 전망만큼은 아름답다. 찬드라포어와 공유한 것이라고는 둥그렇게 에워싼 하늘 밖에 없다.

하늘도 변화를 보이지만 그 변화는 초목과 강에 비하면 두드러지지 않는다. 때때로 구름이 지도를 그려놓기도 하지만 하늘은 대개 파란색을 주조로 하여 여러 빛깔이 섞인 둥근 천장의 모습을 하고 있다. …그러나 파란색의 핵은 밤까지도 남아 있다. 밤이 되면 광활한 둥근 하늘에 별들이 등불처럼 걸린다. 지구에서 별들까지의 거리는 별들 너머의 거리에 비하면 아무 것도 아니며 저 멀리 색깔을 초월한 그 공간은 파란색에서 벗어나 있다.

하늘은 모든 것을 결정한다. 기후와 계절 뿐 아니라 언제 땅이 아름다울 것인지도 결정한다. 혼자 힘으로 할 수 있는 것이 거의 없어서 단지 꽃들을 피워내는 정도이다. 하지만 하늘이 마음만 먹으면 찬드라포어 시장 바닥에 비처럼 영광이 쏟아지게 만들 수도 있고, 축복이 휩쓸고 지나가게 할 수도 있다. 하늘이 이렇게 할 수 있는 것은 너무나 강하고 거대하기 때문이다.

해설

첫 두 단락에서는 무질서와 더러움이 뒤섞여 있는 인도인의 거주 지역과 청결하고 질서 있는 모습이지만 무미건조한 영국인 거주 지역이 대비된다. 셋째 단락에서는 서로 대극을 이루고 있는 두 지역을 포용하고 있는 하늘이 제시되어 무한대의 우주와 연관된다. 무한대의 우주적 관점에서 인간이 살아가는 모습을 내려다보면 현실 사회에서의 차이점은 부질없을 만큼 사소하다는 생각이 이 단락의 저변에 흐르고 있다. 이는 하늘이 땅에 행사하는 거대한 힘을 보여줌으로써 상대적으로 그 힘에 지배되는 인간의 왜소함을 부각한 넷째 단락에서 분명해진다.

2. 20세기 중, 후반

1) 역사, 사회적 배경

제 2차 세계대전 후 영국 경제는 저성장에 시달리고 급속도로 국력을 상실하게 되었다. 1946년 파운드화의 가치하락과 재정 위기를 겪었고 잦은 파업으로 경제 활동도 침체되었다. 많은 해외 식민지에서 민족주의가 부상해 식민지 국가들이 차례로 독립하면서 제국주의가 종식되기 시작했다. 이로써 국제사회에서 영국의 위상은 한층 축소되었다. 1949년에는 남 아일랜드가 아일랜드 공화국으로 독립했다. 1956년 이집트 정부가 수에즈 운하 국유화를 선언하자 영국은 이집트에 군사작전을 감행했다가 국제 여론에 밀려 철수하는 굴욕을 맛보았다. 엘리자베스 2세(Elizabeth Ⅱ, 재위 1952-)가 즉위한 지 4년 후의 일이다. 이와 함께 제 3세계의 거센 독립요구로 대영제국은 해체의 길로 접어들었고, 이로써 대영제국에서 영국 연방으로 변모하게 되었다. 전쟁 후 인력난을 겪은 영국 정부는 1945년 이래 서인도 제도, 인도, 방글라데시에서 인력을 수급하는 정책을 실시했고 1960년대와 1970년대에는 그들 대신 오스트레일리아, 뉴질랜드. 캐나다와 같은 영연방 국가 출신의 이민을 받아들였다.

1950년대 집권 노동당은 복지 국가를 내세워 대대적인 사회 복지 정책을 실시하였다. "요람에서 무덤까지"라는 슬로건이 당시 복지 정책을 대변한다. 영국은 1960년대까지 안정적인 성장을 하지만, 이후 대륙의 프랑스, 독일, 이탈리아 등에 비해 낮은 경제성장률을 보인다. 1973년의 오일 파동 등으로 영국 경제는 장기불황에 빠졌으며 두 자리 수 인플레이션(double-digit inflation), 제조업의 위축에 따른 실업률 상승, 생활수준 하락이 뒤를 이었다. 재정 적자는 심해지는데 복지 지출은 많아져 '영국병'이라는 말이 생길 정도로 경제적 위기를 맞았다. 결국 1976년 IMF의 구제 금융을 받는 처지까지 내몰렸다. 1980년대 마거릿 대처(Margaret Thatcher, 1925-2013)의 보수정권은 사회 복지의 대폭 삭감, 석탄 산업의 대대적인 구조 조정, 금융 분야 규제 철폐, 유연한 노동 시장의 운영, 다수 국영기업의 민영화 등의 엄격한 보수정책을 펼쳤다. 한편 영국은 북해에서 석유와 천연 가스가 생산되는 바람에 경제적으로 활로를 찾게 되었다. 석탄 산업을 구조조정하면서 대량 정리해고 당한 광부들이 북해 가스전이나 유전으로 들어가 일자리를 얻게 된 것도 경제 활성화와 사회 안정에 이바지했다. 대처 수상은 대처리즘이나 '철의 여인'이라는 용어가 생겨날 정도로 강력한 정책을 펼쳤다. 그의 집권 초기에는 실업률 상승 등으로 경제가 악화되었으나 중기부터는 효과가 나타나기 시작했다. 이후 금융 산업은 영국 경제에서 가장 경쟁력 있는 분야로 발전했고 지금도 변함이 없다.

2) 포스트모더니즘

20세기 중반 1960년대에 모더니즘 예술에 대한 반발로 발생한 문화운동이 포스트모더니즘이다. 제 2차 세계대전 및 여성운동, 학생운동, 흑인민권운동과 구조주의 이후에 일어난 해체현상의 영향을 받았다. 탈 이성적이고 탈 중심적이며 다원적인 사고, 그리고 경계의 해체가 포스트모더니즘의 가장 큰 특징이다. 모더니즘은 파편화된 현실을 파편화된 형식으로 그려내면서도 통합과 본질적 조화를 지향하지만, 포스트모더니즘은 중심과 본질을 인정하지 않고 흩어진 그대로를 존중한다. 이런 연유로 모더니즘은 인식론적 불확실성을 표현한 사조이고, 포스트모더니즘은 존재론적 불확실성을 표현한 사조로 보는 평자도 있다. 포스트모더니즘은 모더니즘을 전통적이고 인습적이며 권위주의적인 것으로 설정한다. 특히 예술 작품 자체가 하나의 유기적인 통일체로서 자율적으로 존재한다는 모더니즘의 미학을 거부한다. 모더니즘이 지나친 주관성, 내적 지향성, 자아탐닉 경향을 보였다면, 포스트모더니즘은 '자아 반영적'(self-reflective)이며 파편화된 글쓰기의 양상을 보이면서 메타내러티브라는 문학양식을 낳았다. 포스트모더니즘은 모더니즘과 마찬가지로 소수 엘리트 중심의 난해한 경향으로 흐르게 되었고 이로 인해 대중과 예술가는 분리되었다.

3) 문학

(1) 20세기 중, 후반의 시

1920년대 말에 가서 모더니즘의 기운이 쇠퇴한 후 사회 고발 시인들이 등장했다. 경제 불황과 파시즘의 득세로 특징 지워지는 1930년대는 지식인들이 사회주의 등의 좌익사상에 영향을 받아 사회문제에 깊은 관심을 보이며 현실에 적극 참여한 시기였다. 모더니스트들이 지향했던 내면의 문학에서 벗어나 현실참여 성향이 강했던 이들은 시인 오든(W. H. Auden, 1907-1973)의 이름을 따서 '오든 세대'로 지칭된다.

(2) 20세기 중, 후반의 드라마

20세기 전반기의 드라마는 같은 시기의 소설이나 시의 발전에 비해 덜 혁명적인 것처럼 보이지만 2차 세계대전이 끝날 무렵에는 많은 혁신이 있었다. 가령 존 오스본(John Osborne, 1929-1994)은 새로운 종류의 극을 썼다. 그는 『성난 얼굴로 돌아보라』(*Look Back in Anger*, 1956)에서 불만에 찬 인물들이 거칠게 대립하는 모습을 무대에 올렸다. 이는 이전 극과 비교해볼 때 내용 면에서의 큰 변화였다.

극의 형식면에서까지 획기적인 변화를 가져온 작가는 부조리극(The Absurd Drama)을 대표하는 새뮤얼 베켓(Samuel Beckett, 1906-1989)과 해럴드 핀터(Harold Pinter, 1930-2008)이다. 부조리극은 처참한 양차 세계대전 후에 전통적 기독교 신앙을 회의하게 된 사람들이 그것을 대체할 새로운 믿음을 갖지 못하게 되면서 처하게 된 부조리한 상황을 그려낸 드라마이다. 1950년대 부조리 극작가들은 스스로를 사회로부터 단절되고 절연된 존재로 보고 서구 현대 사회가 현대인들에게 던져주는 불안, 불확실성, 절망의 문제를 그려낸다. 베켓은 모방적 재현과 논리적 구성을 넘어서는 실험적 글쓰기를 추구했다. 베켓의 글은 이성에 대해 회의하고, 언어와 작가의 권위를 불신한다는 점에서 포스트모더니즘적인 특징을 지닌다. 존재의 혼란을 예술적 질서 속에 담아내려고 했던 모더니스트와는 달리, 포스트모더니스트였던 그는 혼란스러운 세상과 불안정한 자의식을 인위적인 가공 없이 자연스럽게 드러내려 했다. 그는 인간이 이성으로써 무엇인가를 끊임없이 알고자 노력해도 쓸모없다는 부조리성을 침묵과 반복적인 언어를 통해 나타냈다. 『고도를 기다리며』(*Waiting for Godot*, 1955)에서 베켓은 침묵, 단절, 비약 등을 이용하여 인간의식이 작동하는 방식을 드러냈다.

베켓과 카프카(Franz Kafka, 1883-1924)의 영향을 받은 핀터는 1950년대부터 창조적인 극을 무대에 올렸고 2005년에는 노벨문학상을 수상했다. 그는 『생일 파티』(*The Birthday Party*, 1957), 『귀가』(*The Homecoming*, 1964) 등을 썼고 이를 영화로 각색하기도 했다.

(3) 20세기 중, 후반 소설

① 개관

대략 1930년대 이후로 영국소설은 모더니스트들이 보였던 자아 탐구와 소외현상을 탈피하여 타인과의 연대를 강조하는 경향을 보인다. 미학적 가치보다는 인간적 가치를 재확인하려는 사회적 분위기에 따라 이제 작가는 고립 속에서 예술에 빠져있기 보다는 현실에 참여하고자 했다. 전통적인 소설기법을 답습하면서 사회를 비판하는 사회풍자(Social Satire) 소설을 즐겨 썼던 작가들도 있었다. 조지 오웰(George Orwell, 1903-1950)을 포함하여 이블린 워(Evelyn Waugh, 1903-1966), 올더스 헉슬리(Aldous Huxley, 1894-1963), 그래엄 그린(Graham Greene, 1904-1991) 등이 여기에 속한다. 이들은 전통적인 소설기법을 답습하면서 사회를 비판하는 사회 풍자 소설을 썼다. 조지 오웰은 좌파였지만 소련에서 자행되는 스탈린의 독재를 보며 공산주의에 실망하고 이를 『동물농장』(*Animal Farm*, 1945)에서 그려냈다.

워는 주로 상류층의 기행, 구습, 유행을 냉소적으로 풍자했고, 전통과 파편화된 현대 사이의 갈등을 그렸다. 그린은 코믹하고 흥미 위주의 작품을 즐겨 썼다. 헉슬리는 『멋진 신세계』(*Brave New World*, 1932)에서 과학이 극단적으로 발전한 미래의 유토피아를 그리는 가운데 그것이 실제로는 결코 유토피아가 아니라는 사실을 함축해냈다. 그린은 '아래로부터의 신학'을 강조하며 종교적 교의에의 충실보다는 인간에 대한 이해와 사랑이 우선되어야 한다는 믿음을 지닌 작가였다. 『권능과 영광』(*The Power and the Glory*, 1940)이나 『사건의 핵심』(*The Heart of the Matter*, 1948)이 대표작이다. 그린은 이념과 종교의 절대성을 넘어서려 했다. 사실주의 소설형식으로 회귀하게 되면서, 전위적 실험성으로 특징 지워지는 모더니즘은 1950년대에 이르러 사라지게 되었다.

1950년 이후에는 전통적인 소설형식으로 되돌아가려는 반 모더니즘이 등장했다. 도리스 레싱(Doris Lessing, 1919-2013), 앵거스 윌슨(Angus Wilson, 1913-1991) 등이 이 계열에 속한다. 1950년대 영국문단에 등장한 작가로는 윌리엄 골딩(William Golding, 1911-1903), 아이리스 머독(Iris Murdoch, 1919-1999), 뮤리얼 스팍(Muriel Spark, 1918-2006) 등이 있다. 머독은 철학적이며 사변적인 소설을 썼다. 골딩은 『파리대왕』(*Lord of Flies*, 1954)에서 알레고리 형식을 빌려 인류의 타락상을 폭로했으며, 1983년에 노벨문학상을 수상했다. 골딩과 스팍은 사회의 부패와 인간 도덕성의 타락이란 주제를 즐겨 다루었고 이것과 소설 형식과의 관계를 탐색했다.

영국 밖에서 제국주의가 초래한 폐해를 다룬 대표적인 여성작가로는 도리스 레싱과 진 리스(Jean Rhys, 1894-1979)가 있다. 영국의 식민지였던 남부 로디지아(지금의 짐바브웨)에서 성장했던 레싱은 제국주의가 남긴 상처, 인종간의 불화 및 착취와 불평등, 제국주의와 자본주의의 모순을 날카롭게 포착했다. 『황금 노트북』(*The Golden Notebook*, 1962)이 레싱의 대표작이다. 도미니카에서 태어난 리스는 식민주의가 남긴 정체성의 불안을 작품 속에서 다루었다. 그녀의 『드넓은 싸가소 바다』(*Wide Sargasso Sea*, 1966)는 샬롯 브론테의 『제인 에어』를 식민지인의 입장에서 다시 쓴 것이다. 리스는 서구 우월주의 아래서 일방적으로 배제된 크리올 여성 버싸 앙뚜아네뜨(Bertha Antoinette)의 불안정한 정체성을 조명했다.

비슷한 시기의 작가로는 존 파울즈(John Fowles, 1926-2005)가 있다. 그의 대표작인 『프랑스 중위의 여자』(*The French Lieutenant's Woman*, 1969)는 욕망의 억압과 분출을 병치시키는 방식을 통해 리얼리즘과 포스트모더니즘 사이의 불안정한 긴장감을 자아낸다.

20세기 후반에 접어들어 다양한 국적의 작가들이 현재 영국에서 작품 활동을 하고 있다. 일본계 가즈오 이시구로(Kazuo Ishiguro, 1954-), 트리니다드 출신의 나이폴(V. S. Naipaul, 1932-), 남아프리카공화국 출신의 존 쿳시(John Coetzee, 1940-), 인도계 살만 루시디(Salman Rushdie, 1947-) 등이 그들이다. 나이폴은 『거인의 도시』(*A Bend in the River*, 1979)에서 콩고를 배경으로 탈 식민적 상황을 그렸다. 이시구로의 『남아있는 나날』(*The Remains of the Day*, 1989)은 충직한 영국인 집사 스티븐스(Stevens)의 시각에서, 1930년대 격동하는 유럽 사회를 배경으로 한 영국 현대사의 몰락과정을 잔잔하게 형상화했다. 이와 함께 이 작품은 '품위'를 중시하는 영국의 전통에 대해서도 생각할 여지를 남겼다. 오늘날에는 비 유럽계 출신의 다문화적 색채가 강한 작가들이 큰 활약을 하고 있다. 20세기 영문학은 영연방을 넘어 외부세계의 작가들까지도 널리 포용함으로서 다문화주의 문학으로 나아가는 과정에 있다고 할 수 있다.

② 가즈오 이시구로의 『남아있는 나날』

이 소설에서는 영국의 한 명문가에서 오랜 기간 집사 일을 해오다 이제 미국인 주인을 섬기게 된 화자 스티븐스(Stevens)가 생애 첫 여행을 떠나는 현재와, 달링턴(Darlington) 홀에서의 지난 시절에 대한 회상이 교차되며 펼쳐진다. 화자는 회상을 하면서 집사로서의 '품위'를 지켜온 자기의 삶에 대해 자부심을 드러낸다. 화자가 생각하는 품위는 자신의 개인적인 감정을 배제하고 맡은 바를 최우선으로 꿋꿋이 해내는 태도이다. 하지만 그에게는 주인에 대한 맹목적인 충성과 의무감만이 있었을 뿐 자기의 역할에 대한 깊이 있는 자각이나 사태를 분별하는 능력이 없었다. 자신의 감정에 충실하지 못했던 그는 인생에서 정말 소중한 인간적인 관계를 소홀히 했고 다가온 사랑을 놓쳐버렸다. 이제는 이를 되돌릴 수 없다. 다음은 스티븐스가 이 사실을 아픈 마음으로 확인하는 장면이다.

> 'Excuse me, Mrs. Benn. But the fact is we may not meet again for a long time. I wonder if you would perhaps permit me to ask you a rather personal question. It is something that has been bothering me for some time.'
>
> 'Certainly, Mr. Stevens. We are old friends, after all.'
>
> 'Indeed, as you say, we are old friends. I simply wished to ask you, Mrs. Benn. Please do not reply if you feel you shouldn't. But the fact is, over the years I have had a number of letters from you over the years, and in particular the last letter, have tended to suggest that you are -how might one put it? -rather unhappy. I simply wondered if you were being ill-treated in some way. Forgive me, but as I say, it is something that has

worried me for some time. I would feel foolish had I come all this way and seen you and not at least asked you.'

'Mr. Stevens, there is no need to be so embarrassed. We are old friends after all, are we not? In fact, I'm very touched you should be so concerned. And I can put your mind at rest on this matter absolutely. My husband does not mistreat me at all in any way. He is not in the least a cruel or ill-tempered man.'

'I must say, Mrs. Benn, that does take a load from my mind.'

I leaned forward into the rain, looking for signs of the bus.

'I can see you are not very satisfied, Mr. Stevens,' Miss Kenton said. 'Do you not believe me?'

'Oh, it's not that, Mrs. Benn. not that at all. It's just that the fact remains, you do not seem to have been very happy over the years. That is to say --forgive me --you have taken it on yourself to leave your husband on a number of occasions. If he does not mistreat you, then, well··· one is rather mystified as to the cause of your unhappiness.'

I looked out into the drizzle again. Eventually, I heard Miss Kenton say behind me: 'Mr. Stevens, how can I explain? I hardly know myself why I do such things. But it is true, I've left him three times now.' She paused a moment, during which time I continued to gaze out towards the fields on the other side of the road. Then she said:

'I suppose, Mr. Stevens, you're asking whether or not I love my husband.'

'Really, Mrs. Benn, I would hardly presume···'

'I feel I should answer you, Mr. Stevens. As you say, we may not meet again for many years. Yes, I do love my husband. I didn't at first. I didn't at first for a long time. When I left Darlington Hall all those years ago, I never realized I was really, truly leaving. I believe I thought of it as simply another ruse, Mr. Stevens, to annoy you. It was a shock to come out here and find myself married. For a long time I was very unhappy, very unhappy indeed. But then year after year went by, there was the war, Catherine grew up, and one day I realized I loved my husband. You spend so much time with someone, you find you get used to him. He's a kind, steady man, and yes, Mr. Stevens, I've grown to love him.'

Miss Kenton fell silent again for a moment. Then she went on:

'But that doesn't mean to say, of course, there aren't occasions now and then --extremely desolate occasions --when you think to yourself: "What a terrible mistake I've made with my life." And you get to thinking about a different life, a *better* life you might have had. For instance, I get to thinking about a life I may have had with you, Mr. Stevens. And I suppose that's when I get angry over some trivial little thing and leave. But each time I do so, I realize before long --my rightful place is with my husband. After all, there's no turning back the clock now. One can't be forever dwelling on what might have been. One should realize one has as good as most, perhaps, and be grateful.'

I do not think I responded immediately, for it took me a moment or two to fully digest these words of Miss Kenton. Moreover, as you might appreciate, their implications were such as to provoke a certain degree of sorrow within me. Indeed --why should I not admit it? --at that moment, my heart was breaking. Before long, however, I turned to her and said with a smile:

'You're very correct, Mrs. Benn. As you say, it is too late to turn back the clock. Indeed, I would not be able to rest if I thought such ideas were the cause of unhappiness for you and your husband. We must each of us, as you point out, be grateful for what we *do* have. And from what you tell me, Mrs. Benn, you have reason to be contented. In fact, I would venture, what with Mr. Benn retiring, and with grandchildren on the way, that you and Mr. Benn have some extremely happy years before you.

You really mustn't let any more foolish ideas come between yourself and the happiness you deserve.'

'Of course, you are right, Mr. Stevens. You are so kind.'

"실례합니다, 벤 부인. 사실 우리는 오랜 기간 다시 못 만날지도 모릅니다. 혹시 다소 개인적인 질문을 해도 괜찮으실는지요. 한동안 제가 걱정해왔던 문제가 있어서요."

"물론이에요, 스티븐스 씨. 우리는 오랜 친구잖아요."

"그래요. 우리는 오랜 친구이지요. 난 단지 묻고 싶어요, 벤 부인. 대답하기가 곤란하시면 안하셔도 됩니다. 사실 수년간 당신으로부터 많은 편지를 받았는데요. 그 편지, 특히 마지막 편지를 보면 뭐랄까 당신은 행복하지 않은 것 같았어요. 난 단지 당신이 어떤 면에서 대우를 잘못 받고 있는 것은 아닌지 궁금했습니다. 용서하세요. 하지만 전 한동안 이 문제로 걱정했답니다. 만일 이렇게 와서 당신을 만나면서도 이를 묻지도 않는다면 내 자신이 바보 같다는 생각을 할 것 같군요."

"스티븐슨 씨. 그렇게 어려워하실 것 없어요. 우린 오랜 친구가 아닌가요? 아무튼 그렇게 염려해주시니 가슴이 뭉클해요. 그리고 그 문제에 대해서는 확실히 안심시켜 드릴 수 있어요. 남편은 결코 저를 부당하게 대하지 않아요. 남편은 잔인한 사람도 성격이 나쁜 사람도 아니랍니다."

"그 얘기를 들으니 벤 부인, 확실히 마음의 짐을 덜어낸 기분입니다."

나는 빗속으로 고개를 내밀고 버스가 오는지 살펴보았다.

"제가 보기엔 만족하신 것 같지 않군요. 스티븐스 씨." 켄턴 양이 말했다. "제 말을 믿지 못하시나요?"

"아 아니에요, 벤 부인. 절대 그런 건 아닙니다. 다만 당신이 지난 세월 행복한 것 같지는 않았다는 사실은 그대로 남아서요. 이런 말을 하게 되어 미안합니다만, 그 동안 남편을 떠나기로 여러 차례 마음먹은 것 같더군요. 남편이 잘못 대한 게 아니라면, 글쎄요… 당신이 왜 행복하지 않았는지 감이 잘 잡히지 않군요."

나는 가랑비 속으로 다시 머리를 내밀고 버스가 오는지 살펴보았다. 잠시 후 켄턴 양이 내 뒤에서 하는 말을 들었다.

"스티븐스 씨. 어떻게 설명할 수 있을까요? 제가 왜 그런 짓을 하는지 저도 잘 모른답니다. 그래요, 사실입니다. 이제까지 그를 세번 떠났었지요." 그녀가 잠시 말을 멈추었고 나는 도로 맞은 편 들판을 바라보고 있었다. 이윽고 그녀가 말했다. "스티븐스 씨. 당신은 제가 남편을 사랑하는지 아닌지를 묻고 있는 것 같군요."

"아니요, 벤 부인. 제가 어떻게 감히 그런…"

"어쨌든 꼭 답변해드려야 할 것 같아요. 스티븐슨 씨. 당신도 말하셨듯이 이제 우리는 오랜 세월 다시 만나지 못할 수도 있으니까요. 저는 남편을 사랑합니다. 처음에는 안 그랬어요. 처음 오랫동안은 그렇지 않았어요. 그 옛날 달링턴 홀을 떠날 때만 해도 저는 정말이지 영원히 떠나게 될 거라고는 생각하지 못했어요. 그저 스티븐스 씨. 당신을 약 오르게 할 또 하나의 책략정도로만 생각했던 것 같아요. 여기로 와 한 남자의 아내가 된 나 자신을 발견했을 때 그건 충격이었어요. 오랫동안 저는 무척이나 불행했어요. 정말이지 무척 불행했어요. 그러나 한 해 두 해 세월이 가고 전쟁이 있었고 캐서린이 성장했어요. 그리고 어느 날 문득 남편을 사랑한다는 걸 깨달았습니다. 누구하고든 오랜 시간을 함께 하다보면 그 사람에게 익숙해지게 되잖아요. 남편은 자상하고 착실한 사람이에요. 그래요, 스티븐스 씨. 이제 저는 그를 사랑하게 되었답니다."

켄턴 양은 잠시 침묵에 빠졌다가 다시 말을 계속했다.

"하지만 이따금 한없이 처량해지는 순간이 없다는 건 아닙니다. '내 인생에서 얼마나 끔찍한 실수를 저질렀던가.' 하고 자책하게 되는 순간들 말입니다. 그러면 누구나 지금과 다른 삶, 자기가 누릴 수도 있었을 더 나은 삶을 생각하게 되지요. 이를테면 저는 스티븐스 씨 당신과 함께 했을 수도 있는 삶을 생각하곤 한답니다. 제가 중요하지 않은 사소한 일로 화를 내며 집을 나와 버리는 때가 그런 때인 것 같아요. 그러나 그럴 때마다 전 오래지 않아 깨닫게 되요. 내가 있어야 할 곳은 남편 곁이라는 사실을. 아무튼 이제 와서 시간을 되돌릴 수는 없으니까요. 우리는 과거의 가능성만 생각하며 살 수는 없잖아요. 지금 가진 것도 그 못지않게 좋다, 아니 아마도 그 무엇보다 더 좋을 수도 있다는 걸 깨닫고 감사해야 하는 거죠."

그때 내가 즉시 대꾸를 했던 것 같지는 않다. 켄턴 양의 말을 제대로 소화해 내는 데 1, 2분이 걸렸기 때문이다. 더구나 여러분도 짐작하겠지만 그녀의 말이 함축하는 의미는 내 마음에 상당한 슬픔을 불러일으키는 그런 것이었다. 이제 와서 왜 인정하지 않으려 하겠는가? 정말이지 실제로 그 순간 내 가슴은 찢어지고 있었다. 그러나 얼마 지나지 않아 나는 그녀 쪽으로 돌아서서 미소를 띠며 말했다.

"옳은 말씀이에요. 벤 부인. 말씀하신대로 시간을 돌리기에는 너무 늦었습니다. 그래요, 그런 이유들 때문에 당신과 부군이 불행하다고 생각하면 저 또한 마음이 편치 않을 겁니다. 당신도 지적했듯 우리 각자는 '지금 현재' 자신이 가진 것에 감사해야 합니다. 그리고 얘기를 들어보니 벤 부인, 당신도 만족해 하실 만합니다. 조만간 벤 씨가 은퇴하고 손주도 얻게 될 테니 두 분 앞에 무척이나 행복한 세월이 기다리고 있을 거라고 감히 말씀드리고 싶군요. 이제는 정말이지 그런 어리석은 생각들이 당신 자신과 당신이 마땅히 누릴 행복 사이에 끼어들게 해서는 안 됩니다."

"물론입니다, 스티븐스 씨. 옳은 말씀이에요. 정말 자상하시군요."

해설

스티븐스는 과거 하녀장이었던 켄턴(Kenton) 양을 사랑했으면서도 집사로서의 의무를 완벽하게 수행하려는 생각에 애모의 감정을 표현하지 못한 채 그녀를 떠나보냈다. 그녀와 주고받은 몇 통의 편지를 통해 그녀가 행복하지 못한 결혼생활을 하고 있을 거라고 짐작한 상태에서 그는 그녀를 다시 만난다. 하지만 이제는 돌이킬 수 없는 세월에 대한 아쉬움만을 간직한 채 쓸쓸히 헤어진다. 인생의 황혼기에 접어든 스티븐스는 잃어버린 것들로 인한 허전함에 젖지만, 평소 품위를 강조해온 그답게 감정을 절제하는 모습을 보인다.

VII. 문학용어 (알파벳 순서)

알레고리(allegory):

추상적 개념이나 동물을 의인화하여 자구대로의 의미 이면에 또 다른 의미를 함축한다. 알레고리나 상징 모두 추상적인 것을 구체화한다는 공통점이 있지만, 그 방법은 전혀 다르다. 추상적인 것을 눈에 보이는 사물로 표현하는 것이 상징이라면, 알레고리는 보다 은유적이고 의인화된 것으로 표현한다. 15세기의 연극인 『만인』(*Everyman*), 16세기 작품 『선녀 왕』(*The Faerie Queene*), 18세기 작품 『천로역정』(*Pilgrim's Progress*) 등에 알레고리가 많이 사용되었다.

두운(alliteration):

한 시행 안에서 단어의 초성 자음이나 자음군이 반복된다. 어두 또는 강세가 있는 자음이 연속해서 되풀이되는 형식이다.

인유(allusion):

신화, 전설, 성서, 문학작품에 나오는 잘 알려진 사람이나, 사건, 사물, 문구 등을 명시적으로나 암시적으로 빗대어 말하는 것이다.

원형(archetype):

집단무의식에서 생겨난 문학적 이미지이다. 칼 융(Carl Jung)의 심리학 이론에 따르면 모든 사람의 무의식이나 억압된 기억 속에는 인류의 선조들이 겪은 무수한 경험들의 기억 즉 집단무의식이 존재한다. 이런 기억들은 독자에게 비논리적인 연상을 불러일으킨다.

모운(assonance):
시행에서 강세가 있는 음절의 모음이 똑같거나 비슷하지만 그 뒤에 따르는 자음이 다른 경우 이를 모운이라고 한다. 자음이 다르고 모음만이 같으므로, 같은 모음에 같은 자음이 따르는 압운과 구별된다.

담시(ballad):
12, 13세기부터 민중 사이에서 자연스럽게 발생하여 노래로 불려 지며 구전되어 온 단순한 운문의 이야기이다. 극적 구성을 띠고 대부분 후렴이 반복되며, 민요라고도 지칭된다. 15세기에 유행했다.

무운행(blank verse):
각운이 없는 약강 5보격 시행이다. 16세기 영어로 쓰기 쉬운 형식을 만들고자 했던 서리 백작이 최초로 사용하여 영시에서 가장 일반적인 시형이 되었다. 무운행은 일상어의 자연스러운 리듬을 쉽게 살릴 수 있게 해주었고, 극, 철학적인 내용의 장시, 이야기체의 시에서 주로 사용되었다. 말로와 셰익스피어의 작품들, 그리고 밀턴의 『실낙원』, 워즈워드의 『서곡』(*The Prelude*) 등에서 무운행을 찾아볼 수 있다.

해학(burlesque):
장르의 서열과 특성에 따라 지켜야할 규범인 '예법'(decorum)을 의식적으로 위반하여 웃음을 유발하는 것이다.

성격묘사(Characterization):
등장인물을 묘사할 때 작가는 등장인물이 어떻게 행동하는지, 어떤 부류의 사람인지, 혹은 인물의 생김새와 분위기는 어떠한지를 독자들에게 직접적으로 말할 수 있다. 일반적인 서술을 통해 말해줄 수도 있고 혹은 행동으로써 보여줄 수도 있다. 반면에 극작가는 대화와 행동만으로 등장인물을 보여준다.

희극(comedy):
아리스토텔레스의 시학 제 2장과 4장에 따르면 희극은 사람들을 실제

보다 더 나쁘게 재현하는 것이고 우스꽝스러운 것을 극화한다. 시학 5장에 따르면 희극은 보다 저급한 유형의 성격들의 모방(재현)이고 우스꽝스러운 것은 단지 결함이나 추함에서 비롯되는 것으로서 아픔을 주지도 않고 파괴적이지도 않다. 희극은 고난을 극복한 승리를 극화한다는 점에서 멜로드라마와 유사하다. 하지만 희극에는 극 전체에 희극정신이 만연해 있다는 점에서 멜로드라마와 다르다.

기질희극(comedy of humours):
어떤 인물의 성격 중 지배적인 기질 및 특징을 과장하거나 희화화하여 인간의 어리석음을 풍자하고 조소하는 극이다.

풍속희극(comedy of manners):
왕정복고 시대에 본격적으로 출현한 극이다. 상류 사회, 사교계의 관습 및 규범을 배경으로 하여 상류사회의 남녀관계를 다룬다. 재치 있는 대화와, 어리석은 인물들이 인습을 어김으로써 유발되는 엉뚱한 상황에서 희극이 벌어진다. 18세기와 19세기 초까지 시들했다가 오스카 와일드와 버나드 쇼에 의해 다시 빛을 발했다.

기상(conceit):
전혀 혹은 거의 상관이 없는 것들 사이에 밀접한 관계가 있는 것처럼 말하는 기발한 비유법이다.

자운(consonance):
각운(end-rhyme)에서 마지막 자음은 같으나 그 앞에 나오는 강세가 있는 모음이 비슷하거나 다를 때 이를 자운이라고 한다.

문화(culture):
인류학적 의미로는 한 집단의 사회적, 지적 특징들을 가리키고, 일반적인 의미로는 훌륭하게 발달된 지성, 취향, 감수성을 가리킨다.

비가(elegy):
친구, 연인 등의 죽음을 애도하거나 인간의 필연적인 죽음에 관해 사색하는 명상적인 서정시이다.

서간체 소설(epistolary novel):
편지 형식을 빌려 쓴 소설.

에세이(essay):
작가의 의도에 의해서 자유롭게 길이, 주제, 내용 그리고 구조가 결정되는 유연한 형태의 산문이다.

우화(fable):
동물이 인물로 등장하는 이야기로 알레고리의 일종이다.

소극(farce):
과장되거나 희화화된 성격유형들을 등장시켜 관객들로 하여금 소박한 웃음을 터뜨리게 하는 유형의 희극이다.

민담(folk tale):
몇 백년 동안 거의 변하지 않고 전해지는 한 민족의 전통적인 이야기.

음보(foot, feet):
한 시행의 리듬을 이루는 기본 단위로서 대개 한 개의 강세가 있는 음절과 한, 두 개의 강세 없는 음절들로 구성된다. 강세 있는 음절은 '^' 부호로, 강세 없는 음절은 '⌣'부호로 표시한다. 음보에는 약강보(⌣ ^)의 iamb, 강약보(^ ⌣)의 trochee 등이 있다.

서사시적 2행 연구(heroic couplet):
영웅 2행 연구, 즉 2행의 약강 5보격(iambic pentameter) 운율, 즉 각 행이 강세 있는 다섯 개의 음절로 이루어진 압운하는 대구이다. 처음 초서가 도입했고 그 이후로 많은 영국 시인들, 특히 의사서사시(mock-epic)를 구사하는 18세기의 신고전주의 시인들이 사용했다. 초서가 사용한 couplet과의 차이점은 2행마다 기능부호(:, ;, , . 등)를 사용하여,

완전한 생각을 나타낸다는 점이다. 각 2행은 한 쌍으로 대비되거나 병렬된다.

심상(image, imagery):
말에 의한 회화적인 표현이다. 감각적으로 경험하게 해줌으로써, 외적 현실을 정확하게 반영해주는 그 이상의 의미를 전달해준다. 시각적 심상이 가장 흔하다.

아이러니(irony):
아이러니는 말한 것의 자의적 의미가 아니라 실제로는 함축된 의미에 진실을 담은 반어법이다. 드러난 의미와 다르거나 반대되는 숨겨진 의미를 전달하기 위한 양식으로서 남을 속인다(dissembling)는 뜻을 내포하고 있다. 아이러니에는 여러 종류가 있다. 화자가 함축시킨 의미와 겉으로 주장하는 진술이 다를 때를 언어상의 아이러니라고 한다. 이 예로는 제인 오스틴의 『오만과 편견』의 첫 문장을 들 수 있다. "상당한 재산을 소유한 독신 남자가 아내를 필요로 한다는 것은 보편적으로 인정되는 진실이다."(It is a truth universally acknowledged that a single man in possession of a good fortune nust be in want of a wife.) 하지만 이 문장은 실제로는 "독신 여자는 부자 남편을 원한다"는 반어적 의미를 함축하고 있다.

어떤 일을 성취하려다가 정반대의 결과를 얻는 의도의 뒤바뀜, 즉 예상한 것과 다른 결과가 발생할 때가 극적 아이러니이다. 상황과 관계되거나 비극에서 흔히 볼 수 있어서 상황의 아이러니 혹은 비극의 아이러니라고도 불린다. 독자 혹은 관객은 알고 있지만 인물은 알지 못하고 있을 때도 극적 아이러니가 유발된다.

서정시(lyric):
시인의 주관적인 느낌과 개인적 정서를 표현하는 시.

멜로드라마(melodrama):
마지막 순간에 선이 악을 압도하고 간신히 위험과 어려움을 극복한 주인공이 곤경이나 악한으로부터 여주인공을 구출하여 행복한 결말을 맺는 드라마이다.

은유(metaphor):
은유는 일치 또는 등식이다. 사물 A와 B가 상사점이 있을 때 A(원관념)를 지칭하기 위해 B(보조관념)를 가져오는 경우이다. 일차적 사물의 본질인 원관념을 이차적 사물의 특징적 성격인 보조관념과 동일시하면서 관념은 말하지 않고 그 관념을 지닌 두 사물을 동일한 것으로 말하는 형식이다. '그대는 나의 태양'이 은유의 예이다.

율격(meter):
시의 리듬을 만들어내는 규칙적인 강세 배열의 형식이다. 시보(foot)가 리듬을 생성시키는 반복의 단위가 된다. 한 행이 몇 개의 시보로 이루어져 있느냐로 구분되는데, 한 행을 이루는 시보가 다섯 개일 경우 5보격(pentameter)이라고 한다. 약강격의 시보 5개로 이루어진 행을 약강5보격(iambic pentameter)이라고 한다.

환유(metonymy):
그리스어로 이름 바꾸기를 의미한다. 나타내고자 하는 원래의 사물이나 개념의 이름 대신 그것과 밀접하게 관련되거나 그것에 의해 암시되는 다른 말을 사용하는 비유적 표현이다. 치마는 여자를, 약한 용기(the weak vessel)는 연약한 여자를 뜻하는 환유이다.

의사 서사시(mock-epic):
사소하고 보잘 것 없는 소재를 서사시의 장중한 시어와 고양된 문체로 표현함으로써 소재와 스타일상의 불균형을 통해 우스꽝스럽게 만듦으로써 풍자하려고 한 신고전주의의 대표적 장르이다. 알렉산더 포우프의 『머리 타래의 강탈』이 대표적인 예이다. 이 시는 귀족 처녀의 머리카락이 일부 잘려나가는 사소한 소재를 장중하고 영웅적인 문체로 다룸으로써 소재와 문체의 괴리를 초래하여 웃음을 자아낸다.

의사 영웅시(mock-heroic):
저급한 소재에 어울리지 않은 위엄 있는 형식을 의도적으로 사용한 시이다. 서사시 이외의 다른 위엄 있는 형식을 구사한 점에서 의사 서사시와 구별된다.

신화(myth):
현대적 의미의 신화학(mythology, 신화의 총칭)은 특수한 문화집단에 의해서 한때는 진실로서 믿어졌던 전래되는 이야기들의 묶음이고, 신화(myth)는 그 중의 하나의 이야기이다. 인간의 보편적인 태도와 행동 방식에 토대를 두고 있다.

송시(ode):
고양된 문체 및 열렬한 어조로 특정한 인물이나 사물 또는 의인화된 어떤 추상적인 것을 찬미하는 서정시로서 정교한 연의 구조를 갖고 있다. 송가 혹은 부라고도 번역된다.

모순어법(oxymoron):
양립할 수 없는 상반된 두 단어를 묶어 하나의 어구로 만드는 수사적 표현 방법이다. 얼핏 보면 모순이지만 역설적으로 그 안에 심오한 의미가 담긴다. '미운 정', '싸늘한 불꽃' 등이 그 예이다.

비유담(parable):
어떤 가르침을 짧은 예화의 형식으로 구체화한 이야기로 알레고리의 일종이다.

역설(paradox):
일견 자가당착적이거나 불합리해 보이지만 좀 더 세밀히 검토해보면 그 속에 심오한 의미가 담겨있는 진술이다. "죽은 것이 사는 것이다" 혹은 "사는 것은 죽는 것이다"와 같은 표현이 그 예이다.

패러디(parody):
조롱하기 위해 원전을 모방해 그것을 우스꽝스럽게 보이게 만드는 풍자의 한 형식이다.

목가(pastoral):
고대 그리스와 로마에서 발달한 문학 형식으로서 엘리자베스조의 중요한 문학적 관습의 하나였다. 궁정의 타락상과 대비되는 전원생활을 이상화하여 소박하게 묘사했기 때문에 전원시라고도 불린다. 이상화된 목가적 배경 속에서 이상화된 목자가 화자로 등장한다. 다양한 내용의 목가들 중 동료 목자의 죽음을 애도하는 것을 목가풍 애가(pastoral elegy)라고 부른다. 밀턴의 「리시더스」와 셸리의 『아도네이스』(*Adonais*, 1821), 그리고 테니슨의 「추도시」(*In Memoriam*, 1849)가 대표적인 예이다.

플롯(plot):
포스터가 『소설의 국면들』(*Aspects of the Novel*)에서 정의한 바에 따르면, 플롯이 이야기(story)와 다른 점은 인과관계를 강조한다는 것이다. '왕이 죽고 다음에는 왕비가 죽었다'는 이야기이고 '왕이 죽었고 그 다음 왕비가 슬픔으로 죽었다'는 플롯이다. 독자는 이야기를 들으면 "그리고 그 다음은요?"(and then?)라고 묻지만 플롯을 들으면 "왜요?"(Why?)라고 묻는다는 말로 양자를 구별한다.

말재롱(pun):
동음(homonym) 혹은 유사음을 갖고 있으나 뜻은 아주 다른 단어들로 유발된다.

각운(rhyme):
두 개 혹은 그 이상의 단어, 두 개 이상의 시행의 끝에 강세 있는 모음과 그것에 뒤따르는 자음이 서로 동일하고 그 앞에 오는 자음은 다를 때를 지칭한다. love와 dove가 그 예이다.

풍자(satire):
아이러니를 보내거나 빈정대기를 하여 악덕이나 우매함 등을 폭로하고 고발하며 조롱하는 것이다. 아이러니와 빈정대기는 그 자체로는 풍자가 될 수 없고, 악덕이나 우매함을 폭로하고 고발할 때 비로소 풍자가 된다. 조롱을 목적으로 한다는 점에서, 웃음을 자아내는 것을 주목적으로 삼는 희극과는 다르다.

풍자희극(satiric comedy):
정치상황이나 철학적 주장들을 조소하거나 도덕이나 예의범절의 규범을 어긴 자들을 조롱함으로써 사회의 무질서를 공격한다. 벤 존슨이 대표적인 풍자희극 작가이다.

감상 희극(sentimental comedy):
풍속희극의 부도덕성과 대화의 외설성에 대한 반발로 18세기에 생겼다. 위트가 넘치는 인물이라는 점에서는 풍속희극의 인물과 유사하지만, 풍속희극과는 달리 부도덕하지 않고 감정이 풍부한 인물을 등장시켰다. 골드스미스(Oliver Goldsmith, 1730-1774)의 『그녀는 정복하기 위해 굽힌다』(*She Stoops to Conquer*)가 감상희극에 속한다.

직유(simile):
서로 다른 두 개 물건의 명시적 비교이다. 두 개의 서로 다른 것을 '처럼', '같이', '보다'와 같은 접속사 혹은 '~처럼 보인다,' '~인 것 같다'와 같은 동사를 사용하여 비교한다.

소네트(sonnet):
약강 5보격의 각운을 밟는 14행시이다. 14행의 전개는 8행(octave)과 6행(sestet), 또는 4행(quartrains)을 세 번 중복하면서 마지막을 2행 대구(couplet)로 결합하는 형식이 있다. 14세기에 이태리의 페트라르카에 의해 고안된 이래 르네상스 궁정 문학의 정점을 장식했다. 프랑스를 거쳐 16세기에 영국으로 들어왔고, 와이어트와 서리 백작의 노력으로 영국에 정착했다.

운을 밟는 방식은 크게 세 가지로 대별된다. 첫째는 페트라르카 소네트(Petrarchan sonnet)이다. 8행(octave)과 6행(sestet)으로 abbaabab, cdecde 또는 cdcdcd의 각운이다. 둘째는 스펜서 소네트(Spenserian sonnet)이다. 3개의 4행(quatrains)과 2행대구(couplet)로 ababbcbc, cdcdee 또는 cdcdcd의 각운이다. 셋째는 세익스피어 소네트(Shakespearian sonnet)로 abab, cdcd, efef, gg의 각운을 따른다.

연(stanza):
두 개 혹은 그 이상의 시행으로 하나의 그룹을 만든 것으로 시의 일부가 된다. 네 줄의 시행으로 만들어진 연을 4행시련(Quatrain)이라고 하는데, 영시에서 가장 흔하다.

문체(style):
스타일은 다른 사람의 글과 구분되는, 글을 쓰는 이의 개성을 드러내준다. 단락의 길이를 포함한 글의 구조나 문단을 구성하는 문장도 스타일을 좌우한다.

상징(symbol):
그 자체 이외의 무엇을 나타내거나 물체나 사건을 표상하는 단어 혹은 구이다. 상징은 자의적인(literal) 동시에 비유적(figurative)이며, 하나가 아닌 많은 의미를 암시한다. 요소(element) 대 의미(meaning)의 관계가 one-to-many의 관계이다.

제유법(synecdoche):
일부로서 전체를, 혹은 반대로 전체로서 일부를 의미하는 표현 방식이다. 열 명의 일군들(ten workmen)을 열 손(ten hands)이라고 표현할 때 사람 신체의 한 부분인 'hand'가 전체인 'men'을 의미하는 것이다. '돛'(sail)을 '배'(ship)의 뜻으로, '칼날'(blade)을 '검'(sword)의 뜻으로 사용하는 것도 일부로써 전체를 나타내는 제유법의 예이다.

삼일치 법칙(three unities):
아리스토텔레스의「시학」에 나오는 법칙으로 극에 있어서의 시간, 공간, 극적 행동의 일치를 가리킨다. 즉 연극은 '시작과 중간과 끝이 있는' 하나의 줄거리가 있어야 하고 사건은 24시간 이내로 그리고 장소는 상연시간 내에 이동할 수 있는 범위로 한정되어야 한다.

비극(tragedy):
아리스토텔레스의「시학」제 6장에 따르면, 비극은 진지하고 온전하며 상당한 규모를 지닌 행위의 모방이다(Tragedy is an imitation of an action that is serious, complete, and of a certain magnitude). 비극의 플롯은 일정한 크기의 'a whole'이어야 한다. 'a whole'은 시작(a beginning), 중간(a middle), 끝(an end)을 갖고 있어야 한다. 인과율에 의해서 연결된 사건들의 연속인 것이다. 시작은 중간의 원인(cause)이고, 중간은 시작의 결과(effect)이며, 끝의 원인이고, 끝은 중간의 결과이다. 비극은 진지한 행위의 예술적 모방(mimesis) 즉 재현(representation)이다. 행위는 일련의 긴밀하게 연결된 사건들이며 설화적이 아니라 극적이다. 또한 비극은 연민과 두려움을 불러일으킴으로써 관객의 마음을 정화시키는 카타르시스(katharsis)의 효과를 낸다.

시행(verse):
시행의 길이는 한 행의 시구가 한 개의 음보를 가지고 있는 1보격부터 시작해서 2보격, 3보격, 4보격, 5보격 등이 있다. 이 중 한 행의 시구가 다섯 개의 음보를 가지고 있는 5보격(pentameter) 시행, 그 중에서도 'iambus(약강) 음보로 된 5보격 시행' 즉 약강오보격(iambic pentameter)이 영시에서 가장 흔하다.

● 연대표

사 건		문학작품	
450	앵글로 색슨족의 잉글랜드 도래	1000경	『베어울프』 필사본
1066	노르만 정복		
1095	십자군 (-1248)		
1204	노르망디 상실		
1215	대헌장		
1337	백년전쟁 시작		
1348	흑사병 발생		
		1377경	랭런드 『농부 피어스』
1381	농민반란		
		1387경	초서 『캔터베리 이야기』
1399	리차드 2세 폐위, 헨리 4세 즉위		
1400	리차드 2세 피살	1400경	『가웬 경과 녹기사』, 『진주』
1413	헨리 5세 즉위		
1422	헨리 6세 즉위		
1453	백년전쟁 종결		
1455	장미전쟁 시작		
		1473	캑스턴 『트로이 역사』 (최초의 영어 인쇄본)
1485	장미전쟁 종결, 리차드 3세 피살, 헨리 7세 즉위	1485	맬러리 『아서의 죽음』
1492	콜럼버스 항해 (-1504)		
1509	헨리 8세 즉위		
		1516	모어 『유토피아』
1517	루터, 비텐베르그 95개조 발표, 종교개혁 주도		
1534	잉글랜드에서 교황권 철폐, 수장령 발표		
1536	잉글랜드와 웨일즈의 통합		

1536	수도원 해산 (-1539)		
1554	메어리의 로마 가톨릭 재도입		
1558	깔레 상실, 엘리자베스 1세 즉위		
1577	드레이크 세계 주항 시작, 커튼 극장 개관	1577	시드니 『아카디아』
		1579	스펜서 『양치기 달력』
		1581	시드니 『에스트로펠과 스텔라』
		1582경	시드니 『시의 옹호』
1587	스코틀랜드의 메어리 여왕 처형		
1588	에스파니아의 무적함대 격파	1588	셰익스피어 초기극 (-1592)
		1590	스펜서 『선녀 여왕』(1-3권)
		1592	키드 『스페인 비극』
		1594	셰익스피어 『소네트 시집』 셰익스피어 성장기 극 (-1600)
		1601	셰익스피어 원숙기 극 (-1607)
1603	제임스 1세 즉위, 잉글랜드와 스코틀랜드의 통합		
1606	버지니아 회사 설립, 칙허장 교부		
1608	글로브 극장 개관	1608	셰익스피어 말기극 (-1613)
		1611	흠정성서
1620	순례자들 아메리카로 출항		
1625	찰스 1세 즉위		
1628	권리청원		
1629	찰스 1세 의회 해산		
		1633	던 『시집』
		1637	밀턴 「리시다스」
1640	장기의회 소집		
1642	청교도 혁명 개시, 의회의 극장 폐쇄		
1649	찰스 1세 처형		

		1651	홉즈 『리바이어던』
1653	크롬웰 호국경이 됨		
1660	찰스 2세의 복위, 극장 개장		
1665	런던 대역병		
1666	런던 대화재		
		1667	밀턴 『실낙원』
		1671	밀턴 『복락원』
		1677	드라이든 『모두 다 사랑위해』
		1678	번연 『천로역정』
		1681	드라이든 『압살롬과 아키토펠』
1685	제임스 2세 즉위, 뉴턴 만유인력의 법칙 발견		
		1687	뉴턴 『원리』
1688	명예혁명		
		1690	로크 『인간 오성론』 콩그리브 『세상 풍습』
1694	잉글랜드 은행 창립		
1701	에스파니아 왕위계승전쟁 (-1713)		
1702	앤 즉위		
1707	잉글랜드와 스코틀랜드의 통합법		
		1712	포우프 『머리타래의 강탈』
1714	하노버 선제후 조지 1세 즉위		
1715	제임스파 ('대 왕위요구자' 지지) 반란		
		1719	디포우 『로빈슨 크루소』
1721	월폴 내각 구성		
		1722	디포우 『몰 플랜더즈』
		1726	스위프트 『걸리버 여행기』
1727	조지 2세 즉위, 월폴은 수상직 유지		

		1733	포우프 『인간론』
		1740	리차드슨 『파멜라』
1742	월폴 실각	1742	필딩 『조셉 앤드류스』
1745	제임스파 ('소 왕위요구자'지지) 반란		
		1748	리차드슨 『클라리싸』
		1749	필딩 『톰 존스』
		1755	존슨 『영어사전』
1757	인도 정복 시작		
1759	대영박물관 개관	1759	스턴 『트리스트람 섄디』
1763	영국의 인도와 북아메리카 차지		
		1764	월폴 『오트랜드 성』
1765	제임스 와트 증기기관 발명		
		1768	스턴 『감상 여행』
1769	아크라이트 방적기 발명		
1776	미국 독립선언	1776	스미스 『국부론』, 기번 『로마제국 쇠망사』(-1788)
		1778	버니 『이블리나』
		1779	존슨 『시인전』 (-1781)
1783	미국 식민지 독립		
1785	카트라이트 역직기 발명		
1787	노예매매 폐지협회 창설		
1789	프랑스 혁명, 인권선언	1789	블레이크 『순수의 노래』
		1790	버크 『프랑스혁명에 관한 고찰』, 블레이크 『천국과 지옥의 결혼』
		1791	페인 『인권론』 (-1792)
		1792	울스턴크래프트 『여성의 권리 옹호』
1793	루이 16세 처형, 공포정치, 영국과 프랑스 교전		
1794	로베스피에르 처형	1794	블레이크 『경험의 노래』 래드클리프 『우돌프 수사』

1796	나폴레옹 이태리 원정	1796	루이스 『수사』
		1798	워즈워드와 콜리지 『서정담시집』
1799	나폴레옹 제1통령 취임		
1800	연합령으로 아일랜드 통합	1800	엣지워쓰 『랙런트 성』
1801	영국의회와 아일랜드 의회통합		
		1802	스콧 『에딘버러 논평』
1803	프랑스와 전쟁 재개		
1804	나폴레옹 황제로 즉위	1804	블레이크 『밀턴』
1805	넬슨 트라팔가 해전 승리	1805	워즈워드 『서곡』 집필
1807	영국 노예매매 폐지	1807	워즈워드 『시집』
1811	조지 3세 때 황태자 섭정, 러다이트 운동	1811	오스틴 『이성과 감성』
		1812	바이런 『차일드 해럴드의 순례』
1814	나폴레옹 폐위, 루이 18세 복위	1814	오스틴 『맨스필드 영지』, 스티븐슨의 증기기관차, 스콧 『웨이벌리』
1815	워털루 전투, 나폴레옹 전쟁 종식		
		1816	콜리지 『쿠블라 칸』, 오스틴 『엠마』
		1817	코울리지 『문학 평전』, 바이런 『맨프레드』
		1818	오스틴 『설득』, 메리 셸리 『프랑켄슈타인』
1819	피털루 학살	1819	바이런 『돈 주안』
1820	조지 4세 즉위	1820	셸리 『풀려난 프로메테우스』
			스콧 『아이반호』
			램 『엘리아 수필집』
1821	그리스 독립전쟁	1821	바이런 『카인』, 셸리 『아도니스』
1825	스톡턴과 달링턴 철도 개통	1825	핍스의 일기 출판
1829	가톨릭 해방령, 런던 경찰청 설립		
1830	맨체스터와 리버풀 철도 개통	1830	테니슨 『서정 시집』
1831	런던 지하철 건설 개시		

1832	제1차 선거법 개정안		
1833	노예제도 폐지, 옥스포드 운동 시작, 공장법	1833	칼라일 『의상철학』
1834	빈민법		
1835	자치개혁법		
1836	차티스트 운동 시작	1836	디킨즈 『픽윅 원고』(-1837) 첫 회
1837	빅토리아 여왕 즉위	1837	디킨즈 『올리버 트위스트』
1838	'인민헌장' 발표, 런던까지 철도 개통		
1840	아편전쟁		
		1841	칼라일 『영웅과 영웅숭배』
1842	차티스트 폭동, 채드윅 보고서	1842	테니슨 『시집』
1843	극장 규제안	1843	칼라일 『과거와 현재』 디킨즈 『크리스마스 캐럴』
1844	공장법 (부녀자 노동제한법)		
1845	아일랜드 감자 기근 (-1849)	1845	디즈레일리 『씨빌』
1846	아일랜드 기근, 곡물법 폐지	1846	디킨즈 『돔비와 아들』
		1847	샬롯 브론테 『제인 에어』 에밀리 브론테 『워더링 하이츠』 새커리 『허영의 시장』(-1848)
1848	차티스트 런던 대행진, 마르크스와 엥겔스의 『공산당 선언』	1848	개스켈 『매리 바튼』
		1849	샬롯 브론테 『셜리』 디킨즈 『데이비드 코퍼필드』
1851	대 박람회	1851	개스켈 『크랜퍼드』
		1852	디킨즈 『블리크 하우스』
		1853	샬롯 브론테 『빌레트』
1854	크림 전쟁 (-1856) 런던 노동자대학 설립	1854	디킨즈 『어려운 시절』
		1855	개스켈 『남과 북』 디킨즈 『리틀 도릿』

1857	인도반란, 무굴제국 멸망	1857	브라우닝 『오로라 리』
1858	영국령 인도 제국 선포		
		1859	디킨즈 『두 도시 이야기』 엘리어트 『아담 비드』 밀 『자유론』 다윈 『종의 기원』
		1860	엘리어트 『플로스강의 방앗간』 디킨즈 『막대한 유산』
1861	미국 남북전쟁 발발	1861	엘리어트 『사일러스 마너』
		1862	브래든 『오들리 부인의 비밀』
		1864	디킨즈 『우리 서로의 벗』(-1865)
1865	자메이카 반란 진압, 링컨 암살		
1867	제2차 선거법 개정, 마르크스 『자본론』(-1894)		
		1868	콜린즈 『월장석』
		1869	밀 『여성의 종속』
1870	기혼여성 재산권법		
1871	파리 코뮌	1871	엘리어트 『미들마치』 (-1872)
		1874	하디 『광란의 무리를 멀리 떠나』
		1876	엘리어트 『다니엘 데론다』
1877	빅토리아 인도 여제 선포		
		1878	하디 『귀향』
1880	글래드스턴 수상 취임		
1882	기혼여성 재산권법		
1884	제3차 선거법 개정		
		1886	스티븐슨 『지킬 박사와 하이드씨』
1890	파넬 아일랜드 자치당 당수 사임		
		1891	하디 『더버빌 가의 테스』
1895	엑스선 발견	1895	와일드 『진지함의 중요성』

1896	무선전신 발명	1896	하디 『무명의 주드』
		1898	하디 『웨섹스 시』
1899	보어전쟁 (-1902)		
		1900	콘래드 『로드 짐』
1901	에드워드 7세 즉위		
1903	최초의 비행기		
		1904	콘래드 『노스트로모』
		1905	쇼 『인간과 초인』
		1907	콘래드 『밀정』
1908	노령연금법	1908	포스터 『전망좋은 방』
1910	조지 5세 즉위, 제1회 후기인상파전	1910	포스터 『하워즈 엔드』
1911	국민연금법	1911	콘래드 『서방인의 눈으로』
1912	제2회 후기인상파전, 타이타닉호 침몰		
		1913	로렌스 『아들과 연인』
1914	제1차 세계대전, 아일랜드 자치법안 의회통과	1914	조이스 『더블린 사람들』
		1915	로렌스 『무지개』
		1916	조이스 『젊은 예술가의 초상』
1918	30세 이상 여성에게 투표권 부여		
1920	국제연맹	1920	로렌스 『연애하는 여인들』
1921	아일랜드 자유국 수립		
1922	이태리에 파시스트 정부	1922	엘리어트 『황무지』, 조이스 『율리시즈』, 로렌스 『무의식의 환상곡』
1924	첫 노동당 내각	1924	포스터 『인도로 가는 길』
		1925	울프 『댈러웨이 부인』
		1927	울프 『등대로』
1928	21세 이상 여성에게 투표권 부여	1928	예이츠 『탑』, 로렌스 『채터리 부인의 사랑』

1930	세계 경제 공황	1930	엘리어트 『재의 수요일』
		1931	울프 『파도』
		1932	헉슬리 『멋진 신세계』
1933	히틀러 독일연방 수상 취임		
		1934	엘리어트 『번트 노턴』
1938	독일의 오스트리아 합병		
1939	제2차 세계대전 (영국과 프랑스의 독일에 대한 선전포고)		
		1940	그린 『권세와 영광』
1941	일본의 진주만 습격	1941	울프 『막간』
		1942	엘리어트 『리틀 기딩』
1945	제2차 세계대전 종전, 국제 연합 출범, 노동당 내각 선출	1945	오웰 『동물농장』 국제연합
1947	인도, 파키스탄 독립		
		1948	그린 『문제의 핵심』
		1949	오웰 『1984년』
1950	노동당 재집권		
1951	총선에서 보수당 승리		
1952	엘리자베스 2세 즉위		
1953	힐러리의 에베레스트 등정		
		1954	골딩 『파리대왕』 베케트 『고도를 기다리며』
1956	이집트 수에즈 운하 국유화	1956	오스본 『성난 얼굴로 돌아보라』
1957	스푸트니크 우주선 발사		
1962	국립극장 설립	1962	레싱 『황금 노트북』
1963	케네디 대통령 암살		
1967	북해 유전 발견		
1968	북아일랜드 소요 시작		

1969	아폴로 우주선 달 착륙, 18세 이상 투표권 부여	1969	파울즈 『프랑스 중위의 여자』
1973	영국 EEC(유럽경제공동체) 가입		
		1978	머독 『바다, 바다』
1979	마가렛 대처의 보수당 내각	1979	나이폴 『거인의 도시』
		1981	루쉬디 『자정의 자식들』
1989	동유럽 혁명으로 공산정권 와해	1989	이시구로 『남아있는 나날』
1990	마가렛 대처 실각, 존 메이어 수상 취임		
1991	유엔연합군과 이라크 전쟁, 소비에트 연방 붕괴		
		1992	온다체 『영국인 환자』
1993	유럽연합(EU)		
1994	영국, 프랑스 해저터널 개통		
1997	총선에서 노동당 압승, 토니 블레어 수상 취임, 홍콩 중국 반환		
1998	북아일랜드 평화협정		
1999	유럽 단일통화 '유로' 출범		

고영란

서울대학교 영어과를 졸업하고 서울대학교 대학원에서 영문학 석사학위, 충남대학교 대학원에서 영문학 박사학위를 취득하였으며 현재 수원대학교 영어영문학과 교수로 재직 중이다.
미국 예일대 영문과에서 객원교수로서 연구를 했고, 한국로렌스학회 회장과 근대영미소설학회 부회장 겸 편집위원장, 한국영어영문학회 이사 등을 역임했다.
저서로 『하디와 로렌스 다시읽기』, 『영미소설의 서술방법과 구조』, 『영미소설 해설총서 2: 「폭풍의 언덕」』과 『영미소설 해설총서 6: 「무명의 주드」』, 『영국소설과 서술기법』(공저, 대한민국학술원 우수도서 선정), 『미국소설과 서술기법』(공저, 문체부 우수도서 선정), 『영화로 읽는 영미소설 1: 사랑이야기』(공저), 『영화로 읽는 영미소설 2: 세상이야기』(공저), 『페미니즘 시각에서 영미소설 읽기』(공저), 『영미모더니즘 문학의 전개』(공저) 등이 있고, 역서로 『영국소설사』(공역), 『미국소설사』(공역)가 있다. 이외에도 영미소설에 관한 다수의 논문을 발표했다.

해설이 있는

영국문학개관

1판 1쇄 발행 _ 2015년 10월 20일
1판 3쇄 발행 _ 2020년 8월 30일

저 자 · 고 영 란
발행인 · 정 현 걸
발 행 · 신 아 사
인 쇄 · 대명프린팅
주 소 · 서울특별시 은평구 통일로 59길 4 2층(122-826)
전 화 · (02) 382-6411 팩스 · (02) 382-6401
홈페이지 · www. shinasa. co. kr
E-mail · shinasa@daum.net
출판등록 · 1956년 1월 5일(제9-52호)

ISBN: 978-89-8396-918-7(93840)

정가 *15,000* 원